O PODER DA REPUTAÇÃO

JOHN WHITFIELD

O PODER DA REPUTAÇÃO

Aprenda a construir e usar sua imagem para ser bem-sucedido no ambiente de trabalho

TRADUÇÃO DE
Gabriel Zide Neto

1ª edição

best.
business

Rio de Janeiro | 2014

CIP-BRASIL. CATALOGAÇÃO NA PUBLICAÇÃO
SINDICATO NACIONAL DOS EDITORES DE LIVROS, RJ

W59p Whitfield, John
O poder da reputação / John Whitfield; tradução: Gabriel Zide Neto. – 1ª ed. – Rio de Janeiro: Best Business, 2014.

Tradução de: People will talk

ISBN 978-85-7684-618-5

1. Profissões – Desenvolvimento. 2. Liderança. I. Título.

14-10737
CDD: 650.14
CDU: 331.548

Texto revisado segundo o novo Acordo Ortográfico da Língua Portuguesa.

Título original
PEOPLE WILL TALK
Copyright © 2012 by John Whitfield
Copyright da tradução © 2014 by Editora Best Seller Ltda.

Capa: Gabinete de Artes

Todos os direitos reservados. Proibida a reprodução, no todo ou em parte, sem autorização prévia por escrito da editora, sejam quais forem os meios empregados.

Direitos exclusivos de publicação em língua portuguesa para o Brasil adquiridos pela
EDITORA BEST BUSINESS um selo da EDITORA BEST SELLER LTDA.
Rua Argentina, 171, parte, São Cristóvão
Rio de Janeiro, RJ – 20921-380
que se reserva a propriedade literária desta tradução

Impresso no Brasil

ISBN 978-85-7684-618-5

Seja um leitor preferencial Record.
Cadastre-se e receba informações sobre nossos lançamentos e nossas promoções.

Atendimento e venda direta ao leitor
mdireto@record.com.br ou (21) 2585-2002

Para Tom

SUMÁRIO

Introdução 9

1. Siga o líder 19
2. Uma oferta inicial 41
3. Uma mão lava a outra 59
4. Lançando uma sombra 85
5. Mantendo as aparências 101
6. Tudo por uma reputação 121
7. Vizinhos abelhudos 149
8. Panóptico 169
9. Uma ferramenta e uma arma 185
10. Descontos futuros 207
11. Panóptico 2.0 229
12. Nós e eles 257

Agradecimentos 283
Notas 285

Introdução

CÁSSIO: Reputação, reputação, reputação! Ai, eu perdi a minha reputação. Perdi minha parte imortal, e tudo o que ficou foi a parte bestial.

IAGO: De minha parte, como sou honesto, pensei que o senhor só tivesse sofrido uma lesão física. Tem mais sentido que a reputação. A reputação é uma imputação vazia e geralmente falsa, muitas vezes obtida sem mérito, e perdida sem que se mereça. O senhor não perdeu nada da sua reputação, a não ser que se considere um perdedor.

— *William Shakespeare,* Otelo, *ato II, cena III*

No início de 1996, boa parte do tempo de Pierre Omidyar era consumido por um site chamado AuctionWeb, que ele lançara alguns meses antes como hobby. Uma das tarefas de Omidyar era lidar com uma dúzia de e-mails por dia, entre compradores e vendedores que ficavam se acusando. O AuctionWeb não tentava controlar os usuários, não cobrava nada e não dava garantias; era apenas um mercado digital, um lugar onde compradores e vendedores podiam se encontrar. Quando chegava uma reclamação, Omidyar, que trabalhava como programador de computador durante o dia, enviava a mensagem para a outra parte envolvida e pedia que ambas resolvessem a questão entre si. Geralmente funcionava, mas Omidyar teria preferido não se envolver.[1]

A AuctionWeb provavelmente era o ambiente de negócios menos confiável que se poderia imaginar. Os compradores eram chamados a dar lances sobre produtos que eles nunca tinham visto e mandar dinheiro para pessoas desconhecidas, as quais se identificavam por nomes de usuários que poderiam ser alterados gratuitamente e por vitrines virtuais que também não custavam um centavo. Num caso como esse, o risco mais óbvio era o de que, sem ter um encarregado capaz de punir o mau comportamento, a AuctionWeb acabaria se transformando naquilo que os economistas chamam de "mercado de limões".* Os compradores, temendo que os artigos que comprassem fossem chegar em um estado pior do que o anunciado (ou que sequer fossem chegar), fariam uma oferta baixa. Os vendedores de produtos de alta qualidade os levariam para ser vendidos em outro lugar e o resultado seria uma queda generalizada da qualidade, terminando numa liquidação em que quinquilharias seriam vendidas por trocados.

Omidyar e os usuários do site estavam diante da questão de como saber em quem confiar. Para a AuctionWeb, que parecia pedir uma fé cega da parte dos usuários, essa era uma questão fundamental, mas o fato é que nós lidamos com isso todos os dias, sempre que encontramos outra pessoa, ao vivo ou na internet, em negócios, em amizades, em relacionamentos amorosos, ou simplesmente ouvindo a previsão do tempo pela manhã. Quando decidimos confiar em alguém, na verdade estamos investindo um misto de tempo, energia e recursos em outras pessoas, acreditando que elas vão fazer o que prometeram. E o outro lado também acredita.

---

*Termo cunhado pelo economista americano George Akerlof, em 1970, ao tratar do problema da informação assimétrica, tomando como base o mercado de carros usados. Se o comprador não tem como saber se o carro é de boa qualidade (uma "ameixa") ou de má qualidade (um "limão"), ele acaba oferecendo um preço médio. Com o tempo, os bons carros usados desistem desse mercado e só ficam os "limões", de baixa qualidade. (N. do T.)

Mas Omidyar era capaz de dizer com certeza que só a fé não bastaria. Ele precisava de um mecanismo que os usuários da AuctionWeb pudessem operar para gerar essa confiança. A solução que ele criou era permitir que os usuários atribuíssem notas uns aos outros, sendo +1 recompensa, -1 punição e 0 se a opinião for neutra. Se os usuários quisessem, poderiam deixar também um breve comentário. O que todos dissessem sobre os outros seria revelado ao público. Assim, ao gerar um histórico do comportamento do usuário, esse tipo de feedback buscava dar aos vendedores honestos, de mercadorias de qualidade, uma alternativa ao mercado de limões e dar aos compradores uma maneira de encontrar esses vendedores.

Em fevereiro de 1996, Omidyar levou a público esse sistema, ao postar um comunicado no site:

> A maioria das pessoas é honesta e age de boa-fé. Tem gente que faz um esforço enorme para fazer tudo certo. Já ouvi muitas boas histórias sobre a honestidade de algumas pessoas daqui. Mas também tem aquelas que são desonestas — ou trapaceiras. Isso vale para este site, para os murais de avisos, para os classificados dos jornais e até para um vizinho. Faz parte da vida. Mas aqui, esse pessoal não vai poder se esconder, porque nós vamos afastá-los. Vamos proteger as pessoas. Essa grande esperança depende da sua participação ativa. Cadastre-se como usuário. Use o nosso fórum para dar feedback. Elogie quando o outro lado merecer e reclame quando for o caso.[2]

Naquele mês, o site recebeu tantos visitantes que o provedor de internet subiu o preço, e Omidyar começou a cobrar dos vendedores uma porcentagem sobre o preço das vendas feitas pela AuctionWeb. Agora vamos dar um pulo de 14 anos no tempo; no primeiro trimestre de 2011, o eBay (atual nome da antiga AuctionWeb) anunciou um faturamento de US$ 2,5 bilhões.

O feedback do eBay é o que se chama hoje de um sistema de reputação on-line. Se você for daqueles que gostam de medir o significado de uma coisa pelo seu valor em dinheiro, a alquimia de Omidyar prova o poder da reputação. Ele utilizou a vocação que as pessoas têm de falar umas das outras para transformar seu hobby num grande sucesso de bilhões e bilhões de dólares.

 O manifesto de Omidyar representa um resumo da natureza humana difícil de ser superado. Mas seus princípios de bom senso abriram portas para uma série de mistérios e maravilhas. A maioria das pessoas realmente é honesta e age de boa-fé. É possível confiar na maioria de nós, na maioria das vezes. Mas por que, se há tantas vantagens em ser desonesto? E, por falar nisso, por que há tanta gente desonesta e trapaceira? Por que Omidyar pôde confiar que seus clientes iriam desmascarar e excluir essas pessoas? Afinal, mesmo que eu faça um bom negócio, talvez eu nunca mais venha a comprar alguma coisa do mesmo vendedor — então, por que perder meu tempo o elogiando? E, se me passarem para trás, eu sei que nunca mais vou tratar com aquele cara — nesse caso, por que perder tempo alertando os outros contra ele?

 Este livro trata exatamente das maneiras que utilizamos para confiar nos outros e como nós os convencemos a confiar em nós. Como os usuários do eBay foram os primeiros a descobrir, o mundo digital e sem rosto onde passamos cada vez mais tempo e gastamos cada vez mais dinheiro começou a apresentar esses problemas numa nova forma. Mas se a nossa espécie não tivesse sido capaz de lidar com isso no passado, não haveria sequer a possibilidade de ser fraudado no eBay, nem haveria internet, computadores, livros, lojas, cidades, civilização ou sociedade. Nossa boa vontade ao confiar em estranhos e de ganhar a confiança de alguém que não nos conhece é uma das coisas mais incríveis e poderosas na história da humanidade, e uma das mais difíceis de explicar.

 Toda vez que as pessoas interagem, elas criam ondas de informação que repercutem pelos círculos sociais. As pessoas são consistentes. A maneira como se comportaram no passado tende a ser uma boa indicação de como vão se comportar no futuro, de modo que, ao detectar e interpretar essas ondas, os outros decidem se devem confiar em nós ou nos evitar. Em outras palavras, a reputação é uma forma de experiência indireta, um mecanismo econômico que nos permite experimentar uma amostra das pessoas antes de "comprá-las".

É claro que a reputação não se baseia somente no comportamento. Ela também ajuda a moldá-lo. Saber que talvez a forma como os outros nos tratarão no futuro dependa do que fizermos agora acaba se contrapondo ao benefício rápido de uma trapaça rasteira. Saber que tem gente olhando acaba fazendo com que nos comportemos de uma maneira que mostre nossa personalidade e nossos interesses da melhor forma possível. A reputação nos permite tomar menos precauções, mas também ter menos liberdades. Como já escrevia o pai da economia moderna, Adam Smith, nos idos de 1766: "Um negociador tem medo de perder sua honra e com isso age de maneira escrupulosa em todos os seus compromissos. Quando alguém fecha vinte contratos por dia, ele não tem muito a ganhar tentando impor algo lesivo aos seus colaboradores e tem muito a perder com a mera aparência de uma trapaça."[3] Vivemos naquilo que o filósofo Robert Axelrod chama de "a sombra do futuro". Nos 250 anos desde que Adam Smith resumiu em poucas palavras o poder da reputação, os economistas foram provavelmente os profissionais que mais se dedicaram a esse assunto — embora os autores de romances tenham chegado perto. Os economistas consideram a reputação como uma força que pode tornar as pessoas corretas e honestas, mesmo quando guiadas pelo próprio interesse; mesmo quando não têm nenhuma moral além do que possam fazer de errado e se dar bem; e mesmo quando não há uma autoridade externa para impor normas de conduta.

Mas a reputação estende seu manto além dos negócios e dos mercadores. Boa parte de nossa natureza — seja aquilo que somos, ou aquilo que fazemos — se dirige a influenciar e monitorar outras pessoas. Mesmo sem perceber (ou sem querer), vivemos nossas vidas de forma a anunciar nossas virtudes, ocultar nossos defeitos e descobrir as habilidades e as intenções das outras pessoas. A reputação deixou uma marca no nosso cérebro, no idioma, em nossas emoções, crenças, regras morais e nos nossos melhores e piores instintos. E o estudo da influência da reputação no comportamento humano passa pela biologia evolutiva, economia, computação, psicologia, neurociência e qualquer outra disciplina que envolva as ciências sociais e naturais. Ao reunir os insights de todos esses campos, meu desejo é mostrar o quanto a reputação está arraigada na nossa biologia. Também desejo mostrar como a reputação incentiva os bons comportamentos, inibe os maus, define nosso sucesso como indivíduos e é uma parte vital para o bom funcionamento de uma sociedade — e foi por isso que Omidyar teve que implantá-la na AuctionWeb. E, quando alguma coisa dá errado, a maneira como as pessoas usam sua reputação, ou tentam se livrar dela, acaba sendo parte do problema.

Vamos começar elaborando o que é reputação, de onde ela vem e como alguém a consegue. Muitas outras espécies também descobriram que a melhor maneira de se tomar uma decisão é simplesmente copiando o que os outros estão fazendo. Muitas das ferramentas utilizadas para se construir uma reputação já existiam muito antes dos seres humanos terem entrado em cena. Peixes, aves, macacos e insetos prestam muita atenção em seus semelhantes e usam essa informação para guiar o próprio comportamento. E, quando isso acontece, o animal que está sendo observado pode começar a manipular a plateia — como, por exemplo, exibindo o quanto ele é dotado de recursos físicos, materiais ou intelectuais. Esse é somente um dos tipos de reputação, e os seres humanos, com seus atos ostensivos de coragem, força e generosidade, a desejam com o mesmo entusiasmo de qualquer outra espécie.

Nem todo mundo tem condições de se exibir dessa maneira, mas todos podem fazer um bem pelo próximo. Ao ajudar os outros, moldamos a maneira como todas as pessoas — e não apenas a que estamos ajudando — vão nos tratar no futuro. E é assim que a reputação pode transformar um grupo de animais egoístas, exibidos, fofoqueiros, julgadores e vingativos numa sociedade de seres humanos altruístas, generosos, cooperativos, capazes de chegar até mesmo ao autossacrifício.

Porém, como a reputação é um subproduto da fofoca, ela vai depender do que os outros dizem às nossas costas. E isso tem muito pouco a ver com o nosso comportamento e muito com os interesses particulares e as relações sociais das outras pessoas. A partir do momento em que se começa a pensar na reputação dessa maneira, muitas injustiças começam a fazer sentido. Você pode ser um excelente escritor, como Herman Melville, mas mesmo assim morrer desconhecido por não contar com a rede de contatos certa ou não saber se promover. (Todo grupo social, dentro ou fora de um navio baleeiro, tem os seus Queequegs, que fazem um trabalho magnífico e ganham pouco, e seus Ahabs influentes, carismáticos, bem relacionados e totalmente pirados.) No entanto, nós temos uma maneira de induzir o que os outros vão pensar de nós que é bem confiável por ser involuntária: nossas expressões faciais. Nossas emoções mais tristes e as mais felizes emitem sinais ao mundo que comunicam aos outros o que eles devem pensar a nosso respeito.

Todas essas ações e esses instintos ajudam-nos a conquistar e a defender uma reputação de bondade e generosidade. Para os biólogos evolucionistas, que procuram esclarecer como o egoísmo é capaz de levar ao altruísmo, esse tipo de ato é o mais difícil de se explicar. Mas basta ligar o noticiário da TV e perceber que as coisas mais terríveis que os seres humanos são capazes de fazer aos outros são as que perturbam e mais atraem a maior atenção. Um aspecto poderoso da reputação é ela ser capaz de explicar a raiva e a repugnância que sentimos diante de uma atrocidade cometida em outro continente, nosso desejo de ver os infratores levados aos tribunais e, ao mesmo tempo, os esquemas inconscientes que levam as pessoas a ferir umas às outras de maneiras que não só são imorais e irracionais, mas também contraproducentes. Compreender que tipo de ambiente recompensa a intimidação — e onde a melhor reputação a se ter é justamente aquela que repele os outros — ajuda a compreender boa parte da violência do mundo.

Ter uma reputação não só é uma maneira de incentivar as pessoas a fazerem boas ações, mas também de evitar as más ações. Ela permite que se controle o comportamento dos outros através de uma constante vigilância. Essa é mais uma habilidade também compartilhada por outros animais: a julgar pelas táticas de espécies que vão dos chapins aos chimpanzés, é de se imaginar que, no período pré-cambriano, assim que dois neurônios roçaram um no outro, o primeiro pensamento que apareceu foi: "o que será que aquele(a) ali está tramando?", imediatamente seguido por "o que será que ele(a) pensa de mim e como eu posso tirar algum proveito disso?" Você também pode pensar que, depois de ter inventado a língua, os seres humanos não deveriam mais ficar tão interessados nisso. Mas o que acontece é justamente o contrário: a sensação de ser observado é uma das maiores influências no comportamento humano, e nós temos uma característica muito particular de controlar os outros com nossos olhos. Evidentemente, o disse-me-disse também assume um papel considerável na hora de enquadrar os infratores e de diminuir o status de nossos rivais, ao atacarmos suas reputações. A reputação é uma maneira que a sociedade tem para controlar seus membros: nasce nas relações sociais e morre nas barreiras sociais. Quando as pessoas estão isoladas das outras, o lado egoísta de nossa natureza fica desinibido. Isso pode acontecer por algum acidente econômico ou tecnológico, ou pode se tratar da estratégia deliberada de um psicopata que precisa sempre se manter um passo à frente da própria reputação.

Por último, vamos lidar com duas situações sociais com as quais a nossa espécie nunca havia se deparado: o mundo virtual e o mundo da cooperação entre grupos e nações. No primeiro caso, a reputação está em toda a parte, embora ainda estejamos estudando como adaptar, ou reprimir, nossos instintos mais antigos ao lidar com as novidades das informações sociais pela web. No segundo caso, a reputação andou quase sempre ausente — o que é uma das razões pelas quais é tão difícil obter uma verdadeira cooperação global. Será que podemos ter algum tipo de esperança de se utilizar a reputação numa escala de tamanha magnitude?

A reputação gera desconforto porque permite que outras pessoas tenham poder sobre nós. Em *Otelo*, de Shakespeare, quando Cássio lamenta ter perdido sua reputação e Iago pede que ele se controle, cada um tem sua razão. Nossas reputações, mesmo não sendo exatamente imortais, acabam sendo maiores que nós, exercendo influência positiva ou negativa sobre nossos interesses mesmo depois de nossa morte — influenciando, por exemplo, a maneira como os outros tratam nossos filhos. E Iago, mesmo não sendo exatamente um homem honesto, tem razão ao dizer que a maneira como se ganha ou perde uma reputação tem pouca relação com os nossos atos em si. Mas ambos estão errados ao pensar que uma pessoa pode controlar as rédeas da própria reputação. O motivo pelo qual nossas reputações sobrevivem a nós mesmos é que elas não são parte de nós. Não é isso o que parece — todos temos grande apreço pela nossa honra e valor e, quando eles são feridos, parece que nosso próprio corpo foi atingido. Mas o fato é que nossas reputações não nos pertencem, e sim àqueles que nos conhecem ou que ouvem falar de nós. A informação que forma nossas reputações reside na mente das pessoas.[4]

Também podemos pensar a reputação como aquela parte sua que vive nas outras pessoas. Esse tipo de self distribuído é, ao mesmo tempo, uma espécie de embaixador e de refém, um ponto de influência, mas também de fraqueza. Pode fazer com que os outros atendam a seus pedidos, mas também serve como um controle remoto apontado para você. Pode ser perdido por uma falha sua, por uma decisão infeliz, ou porque isso interessa ao seu captor. Não cabe a Cássio, ou a qualquer pessoa, decidir se perdeu sua reputação. É isso o que a torna uma das influências mais poderosas sobre os seres humanos. A reputação não é o que os seres humanos utilizam para medir uns aos outros, e sim o que usam para colocar as pessoas sob seu controle.

CAPÍTULO 1

Siga o líder

Na minha frente está a revista da edição de sábado do jornal. Na contracapa, um improvável Matthew McConaughey careca anuncia um perfume Dolce & Gabbana. No miolo da revista, Diana Kruger faz o mesmo pela Calvin Klein. O famoso jogador de futebol Michael Owen mostra todo o seu bom gosto em matéria de relógio. Mais para o final, onde os anúncios costumam ser menos glamourosos, um apresentador de televisão de cerca de 70 anos apregoa as virtudes de um massageador de pés. Em outra semana, poderia ter sido a Nicole Kidman na contracapa anunciando relógios Omega, ou o George Clooney tentando nos empurrar cafeteiras elétricas.

As empresas pagam muito dinheiro para mostrar um famoso segurando seus produtos e sorrindo. A empresa de consultoria Accenture pagou milhões de dólares para ter seu nome associado ao do jogador de golfe Tiger Woods. Mas mudaram de ideia quando o casamento dele ruiu. Esse tipo de decisão, mesmo que uma consultoria não tenha nada a ver com golfe ou adultério, mostra quanto é arraigado o interesse que nós temos pelo que as outras pessoas fazem de suas vidas.

Kevin Laland começou a pesquisar o peixe *Pungitius pungitius* há mais de dez anos, por acaso. Os rios e lagos da Inglaterra contêm dois tipos de peixes pequenos: o *Pungitius pungitius* e o *Gasterosteus aculeatus*. Laland, que pesquisa o comportamento animal na Universidade de St. Andrews, na Escócia, mandou uma colega pegar alguns *Gasterosteus aculeatus* num lago ali perto. A colaboradora, no entanto, tinha acabado de começar a trabalhar no laboratório e não sabia a diferença entre os dois e acabou trazendo peixes das duas espécies. E então, já que a equipe tinha os dois, decidiu fazer algumas experiências com eles.

A equipe colocou sete peixes num aquário com divisórias de plástico transparentes que formavam três compartimentos. Dois deles eram áreas de alimentação, e cada uma tinha três peixes. O último se restringia a uma área de observação, sem comida, onde foi colocado um dos peixes. Uma das áreas de alimentação recebia fluxo regular de minhocas, que esses peixes gostam de comer. A outra área de alimentação não recebia nada, ou bem menos minhocas. Depois de deixar o peixe do compartimento de observação monitorar as áreas por alguns minutos, os pesquisadores retiraram os outros peixes das áreas de alimentação, soltaram o observador e ficaram vendo para onde ele se dirigia.

O peixe na área de observação podia ter passado o tempo monitorando seus semelhantes e tratando de aprender qual das duas estações de alimentos era a melhor. Foi o que o *Pungitius pungitius* fez. Ou então, o peixe na área de observação podia ter cuidado da própria vida e não aprendido nada sobre o melhor lugar de alimentação. E foi isso o que o *Gasterosteus aculeatus* fez, dirigindo-se aleatoriamente a uma ou outra área de alimentação.[1] Graças à confusão com as espécies, a equipe de Laland acabara de conhecer um peixe com habilidades sociais. Mas, estranhamente, essas habilidades eram encontradas no *Pungitius pungitius* e não no *Gasterosteus aculeatus*, embora sejam peixes muito parecidos.

A vida é feita de decisões — tanto para os seres humanos, quanto para os peixes. Devo comer aqui, ou é melhor tentar noutro lugar? Há predadores? Devo tentar anexar o território do meu vizinho?

Será que esse é um bom lugar para formar meu lar? Será que aquele macho será um bom pai para os meus filhos? Decisões como essas podem fazer toda a diferença entre a vida e a morte, tanto em questão de segundos, ou num sentido evolutivo, entre dar origem a uma nova geração ou ser o fim da linhagem. Uma maneira de se decidir é pelo mais puro instinto, ou seja, ter respostas prontas para aquele ambiente. Isso funciona bem num ambiente estável: se a melhor forma de agir continua sendo a mesma por um bom tempo, há uma forte possibilidade de que a seleção natural vá incutir aquele comportamento nos genes de um determinado animal. Os bichos-de-conta chegam ao mundo preferindo lugares úmidos, frios e escuros aos secos, quentes e claros. Isso faz com que eles procurem sua segurança debaixo das pedras, porque se isso funcionou para seus pais, seus avós e todas as gerações antes deles há uma boa chance de que continue funcionando. Quando um bicho-de-conta toma uma decisão, a história já fez o trabalho pesado.

Mas essa tática nem sempre é confiável. As lagartas que um dia saíram de seus ovos bem na hora em que folhas jovens e suculentas apareciam nas árvores estão descobrindo, num mundo mais quente e onde a primavera chega mais cedo, que as folhas já estão velhas e duras quando elas mais precisam delas. Seres humanos que desenvolveram um grande apetite por gordura e açúcar num ambiente em que os dois eram escassos não estão bem adaptados para chegar num bufê onde se pode comer de tudo. Os comportamentos inatos não são muito úteis num ambiente imprevisível — como, por exemplo, aqueles onde os melhores lugares para se caçar mudam de um dia para o outro. Nesse caso, você precisa da capacidade de aprender.

Uma maneira de aprender é por tentativa e erro. Isso dá uma valiosa experiência de primeira mão, mas também pode custar caro: se perder tempo demais num lugar onde é difícil conseguir alimento, pode acabar sendo tarde demais para tentar outro. Além do mais, o conhecimento pessoal só lhe dá a amostra de um universo composto por uma pessoa. Um pássaro que perde o ninho num ano não tem como saber se escolheu um lugar ruim para construir, ou se algum outro fator — como mau tempo, ou pura falta de sorte — foi o culpado.

No entanto, um animal não precisa confiar apenas na própria experiência. Ele vive cercado de informações, expostas no que os outros estão fazendo. Os animais introjetam essa informação pública e a utilizam para seus próprios fins. Colocando de uma maneira simples, isso é pura imitação. Uma das regras gerais mais importantes disponíveis para os animais é considerar uma boa ideia acompanhar o que os outros estão fazendo. A maioria dos animais não consegue chegar à vida adulta, e muitos que chegam não encontram um parceiro, nem criam filhotes. Assim, se encontrarem algum animal que pareça estar se dando bem, há uma boa chance de ele estar fazendo a coisa certa, e pode ser que se deem mal se não fizerem igual a ele.

Portanto, é assim que o *Pungitius pungitius* decide onde se alimentar — imitando seus vizinhos. É uma tática aparentemente tão óbvia que nos faz pensar por que seu primo *Gasterosteus aculeatus* confiaria apenas na própria experiência. A resposta é que os *Gasterosteus aculeatus* não vão se dar tão mal se cometerem um erro. Eles têm espinhas mais espessas e escamas mais fortes no corpo, o que os torna um tanto indigestos. Muitos peixes predatórios, como os lúcios, os engolem e depois cospem rapidamente. Já os *Pungitius pungitius* são mais delicados, com espinhas menores e sem escamas fortes. Eles se escondem entre as algas e ficam espiando, procurando sinais de perigo ou de segurança, antes de se lançarem à busca por comida. A equipe de Laland descobriu que a formação das espinhas e o conhecimento social são duas soluções diferentes para o mesmo problema.

Essa ação de imitar é o que se chama de aprendizagem social e é encontrada em todo tipo de animal, em todo tipo de situação.[2] Alguns pássaros que fazem seus ninhos em colônias densamente povoadas não vão começar a se reproduzir onde não há nenhum outro pássaro à vista, por mais desejável que o lugar possa parecer.

Conservacionistas que tentam reconstituir as populações de colônias de aves marinhas, como os papagaios-do-mar e as andorinhas-do-mar, tiveram de usar iscas para dar a impressão de que um ambiente vazio estava sendo habitado para incentivar os pássaros a colonizar uma nova região. É claro que os caçadores já aprenderam isso há muito tempo e costumam usar iscas para fazer com que os lugares na frente de suas armas pareçam mais atraentes para um pato que estiver passando por ali.

Comparados à maioria das espécies do mundo animal, os pássaros e até mesmo peixes como os *Pungitius pungitius* têm cérebros relativamente grandes. Mesmo assim, não é preciso ter muito cérebro, nem uma vida social muito intensa, para ter acesso a informações públicas. O grilo não tem nenhuma das duas coisas e mesmo assim percebe as decisões tomadas pelos vizinhos. Uma das maiores ameaças aos grilos são as aranhas-lobo e, se um grilo percebe que há uma aranha por perto, ele se torna mais cauteloso, passando mais tempo escondido sob as folhas. E se você colocar um grilo que nunca viu uma aranha no meio de um grupo de insetos recém-atacados, ele também vai se esconder sob as folhas, mesmo que não haja aranha alguma por perto.[3] O que sugere que os animais podem desenvolver a habilidade de copiar dos outros, se essa informação se revelar útil em determinadas circunstâncias.

Às vezes, o que os animais ao lado estão fazendo pode ir contra o que está diante de seus próprios olhos. Uma das escolhas mais importantes que um animal faz é com quem se acasalar. Para a maioria das espécies, a corte é rápida e as consequências, caras e irreversíveis. Por isso, qualquer informação que puderem obter antes de se comprometer não tem preço. Uma dessas informações é quem os outros estão escolhendo. Se você, sendo fêmea, vê outra fêmea se acasalando com um macho, isso é um voto a favor dele (desde que você não espere que ele vá ter que cuidar dos filhotes, como é o caso da maioria das espécies animais) e isso aumenta a chance de você cruzar com ele. Isso é chamado de "copiar a escolha do outro", e a primeira espécie que revelou se comportar assim, numa experiência controlada, foi outro peixinho, o guppy de Trinidad, ou "barrigudinho", que vive nos riachos das montanhas dessa ilha do Caribe.

As guppies-fêmeas são funcionalmente bem proporcionadas e coloridas. Os machos têm caudas maiores e de cores mais vivas; pela procriação seletiva, feita por seres humanos, essa cauda pode virar um leque reluzente, igual à roupa de um bailarino de flamenco. No que diz respeito à maioria das fêmeas, quanto mais reluzente for o macho, melhor. Essa preferência passa de mãe para filha e, quando Lee Dugatkin começou a trabalhar com os guppies no final dos anos 1980, isso era tudo o que se sabia a respeito — os pesquisadores simplesmente acreditavam que o gosto que as fêmeas tinham por esse tipo de macho fosse geneticamente programado. Mas Dugatkin achou que as coisas poderiam ser mais complexas. Na época, já havia pistas vindas do estudo de outras espécies de que as fêmeas percebiam tanto os atributos dos machos como as escolhas que as outras fêmeas faziam. O guppy, por morar em bancos de areia e porque já se sabia bem como escolhe seus parceiros, acabava sendo uma espécie ideal para analisar como a pressão dos semelhantes influencia o que as fêmeas consideram atraente.

Dugatkin pôs duas fêmeas, uma observadora e uma demonstradora, e dois machos, um bem reluzente e o outro apagado, dentro de um aquário. Cada peixe ficava dentro de um compartimento transparente próprio, o que o impedia de nadar livremente pelo recipiente. Ao colocar o compartimento da demonstradora mais perto do macho apagado, Dugaktin podia dar à observadora a impressão de que a outra fêmea havia optado por se aproximar do candidato mais insosso e esnobar o competidor mais brilhante.

Quando Dugatkin então permitiu que a observadora fizesse sua escolha, viu que ela também foi atrás do macho mais apagado. O exemplo da outra fêmea foi o bastante para se sobrepor à preferência ao macho reluzente programada em seus genes.[4]

Quando uma fêmea vê um macho apagado ser bem-sucedido com o sexo oposto, isso não significa simplesmente que ela prefira aquele macho, naquele momento. Os machos apagados acabam ficando mais atraentes em geral. E isso abre mais uma rota, além da mutação genética, pela qual o gosto de toda uma espécie em relação aos parceiros pode mudar. Entre os guppies selvagens, há algumas fêmeas que preferem os machos apagados, em vez dos reluzentes. Não se sabe ao certo como essas escolhas surgiram e por que elas não desapareceram, mas provavelmente aconteceu com as fêmeas imitando umas às outras e transformando isso numa característica que passou adiante através da cultura, em vez de pelos genes. Isso demonstra que, quando tiramos um animal de seu mundo social para estudá-lo, podemos apenas estar obtendo uma parte do quadro geral — e, mesmo assim, de forma distorcida. A experiência de Dugatkin mostra que, mesmo num peixe, o apelo sexual — a beleza, digamos assim — é, em parte, uma construção social. Os animais não vêm ao mundo com uma ideia inata do que seja um parceiro perfeito. Ou, melhor dizendo, eles até vêm de certa maneira programados, mas é uma programação maleável e depende do comportamento dos outros à sua volta.

Os benefícios de se pegar um atalho para uma boa decisão simplesmente imitando os outros se aplicam tanto à escolha de um parceiro pelos seres humanos, como por qualquer outra espécie. Seria surpreendente se nossas ideias sobre o que é atraente não fossem influenciadas pelas pessoas à nossa volta. Nem todos os estudos chegaram à conclusão de que homens compromissados são mais desejáveis aos olhos das mulheres: usar uma aliança de noivado ou casamento não faz com que os homens se tornem mais atraentes para elas.[5] Mas há indícios de que a opinião das outras pessoas moldam nosso gosto. Se uma mulher vê outra sorrindo diante da foto de um homem, por exemplo, este se torna mais atraente para ela. (Para os homens — para quem outro homem é um rival em potencial — as atenções de uma mulher tornam o outro homem menos atraente.)[6] Tentando investigar esse assunto no ambiente mais natural possível, Skyler Place, psicólogo na Universidade de Indiana, em Bloomington, e seus colegas realizaram uma experiência em que os observadores podiam monitorar uma autêntica corte humana. Primeiro, pediram aos voluntários em Indiana que olhassem fotografias de pessoas do sexo oposto e pensassem em quanto elas eram desejáveis. Depois, mostraram a esses voluntários pequenos vídeos de 10 segundos das mesmas pessoas, gravados em sessões de speed-dating na Universidade Humboldt, em Berlim. Nenhum dos voluntários americanos falava alemão. Assim, eles podiam entender a linguagem corporal e o tom de voz, mas não o que estava sendo dito. Então, os pesquisadores pediram aos voluntários que julgassem se o casal mostrado no vídeo estava se entrosando ou não e, no fim, dar uma nova nota à desejabilidade da pessoa que só tinham visto através da foto.[7]

Os speed-daters que pareciam estar ganhando o afeto dos parceiros pareceram mais atraentes para os observadores. Os homens, em geral, deram notas mais altas a todas as mulheres depois de verem o vídeo, mas o efeito foi muito maior para aquelas que atraíam o interesse de outro homem. Já as mulheres achavam um homem menos atraente se ele não estivesse se entrosando, mas muito mais atraente se ele estivesse se dando bem.

Outro exemplo de speed-daters, dessa vez utilizando alunos do curso de graduação de Harvard, demonstrou que imitar os outros na hora de escolher um parceiro é muito mais certo do que usar a intuição pessoal. Nesse estudo, as previsões das mulheres do quanto elas gostariam de ter um encontro de cinco minutos com um cara foram mais precisas quando simplesmente lhe disseram o quanto outra mulher havia curtido um encontro com o mesmo homem, em comparação a quando receberam informações sobre os gostos e a personalidade do tal sujeito. Resumindo: a experiência das outras pessoas pode ser mais útil que a própria imaginação (embora, ao contrário do que mostraram suas próprias experiências, as mulheres nesse estudo não acreditassem nisso).[8]

Seria um equívoco sugerir que o aprendizado social dos seres humanos seja igual ao dos animais. Nós somos muito melhores nesse ponto e muito mais suscetíveis às influências que qualquer outra espécie. Os humanos, por exemplo, podem imitar não só o que outra pessoa consegue fazer — usar uma vara para pescar um peixe, por exemplo —, mas também a maneira de fazer, a posição do braço, o jeito de jogar o anzol, etc. As outras espécies não são capazes de copiar as técnicas tão bem. Em vez disso, elas se concentram mais em atingir o mesmo objetivo. Nós utilizamos o aprendizado social o tempo todo, em todas as esferas da vida, em todos os níveis do nosso intelecto. E é isso que constrói e destrói marcas e negócios inteiros. Na minha vida, percebo que os selins para criança da Hamax são os mais usados nas bicicletas, então compro um também. Ao procurar um lugar para comer, passo batido pelo restaurante vazio e entro naquele que está cheio, ali ao lado, exatamente como faria um *Pungitius pungitius*. Aprendemos línguas, religiões, costumes e política não só provando um pouco de todas as opções e escolhendo a melhor, mas imitando as pessoas à nossa volta. E isso vale até para as decisões que não sabemos que tomamos: quando somos crianças, por exemplo, aprendemos o que temer em parte percebendo do que nossos pais têm medo.[9] Aprender com os outros, em vez de por tentativa e erro, nos dá acesso a enormes quantidades de conhecimento e expertise que nenhuma pessoa sozinha poderia descobrir de maneira independente. Depois que a roda e a bomba atômica foram inventadas, ficou muito mais fácil copiá-las do que reinventá-las. Alguns psicólogos chamam os seres humanos de imitadores por natureza, tentando copiar os outros, antes de optar pela tentativa e erro, ou de inovar.[10]

Outro estudo, feito por Kevin Laland e colaboradores, dá indicações de por que essa deve ser a melhor política.[11] É relativamente fácil adivinhar as vantagens de uma estratégia específica de aprendizado, porém muito mais difícil imaginar como ela vai se sair quando tiver que competir com outras estratégias possíveis. Para lidar com essa questão, Laland sugeriu um torneio de apostas entre programas de computador, com um prêmio de 10 mil euros para o vencedor. Divulgou em um anúncio para todos os interessados em escrever, enviar um programa e participar de uma espécie de jogo experimental chamado "bandido de vários braços". (Um "bandido de um braço só" seria um caça-níquel antigo, dotado de uma alavanca e uma probabilidade fixa de se ganhar.) No torneio de Laland, os programas tinham que se defrontar com um bandido de cem braços, cada um com uma determinada probabilidade de dar um determinado retorno. O objetivo do programa era estabelecer qual o braço mais rentável para se puxar. Para dificultar as coisas ainda mais, de vez em quando as recompensas de cada braço do bandido mudavam, de modo que os programas concorrentes tinham que se adaptar no meio do jogo.

Para saber que braço puxar, os programas tinham duas opções. Podiam obter informação diretamente de qualquer braço — o equivalente a uma puxada gratuita do braço, que não custava nada, mas também não dava nada. Esse movimento se chamava de "inovação". Ou podiam tomar o caminho social e receber um pouco de informação sobre como os demais programas estavam se saindo naquela hora — um movimento chamado de "observação". A terceira opção era fazer o programa se arriscar ao puxar um braço, o que chamavam de "explorar".

O torneio angariou 104 inscrições de projetos de 16 países, idealizados por pesquisadores de especialidades que iam desde primatologia até informática, passando por administração de empresas e filosofia. Os principais programas, inclusive o vencedor, que se chamava "Máquina de Descontos" e foi produzido por uma dupla formada por um matemático e um neurocientista canadense, se baseavam quase sempre em misturas alternadas de exploração com observação. A Máquina de Descontos raramente perdia tempo tentando descobrir alguma coisa sozinha, optando por inovar em menos que 5% dos movimentos. Ganhou mesmo quando o aprendizado direto não envolvia mais tempo ou esforço do que a imitação e mesmo quando, mais da metade do tempo, um programa que escolhia observar via outro programa puxando um braço do bandido cujo resultado ela já conhecia. Os programas altamente sociais ganharam mesmo quando Laland fez com que as imitações fossem menos precisas, aumentando a possibilidade de que, em vez de puxar o mesmo braço que o programa viu outro puxar, o programa imitador cometesse um erro e puxasse um braço ao acaso. Ao que parece, se você acredita que os outros estejam fazendo o que é melhor para eles, então imitar a experiência alheia é, de longe, a melhor maneira de se obter informação.

Os benefícios são evidentes, mas imitar não sai de graça. Toma tempo e energia que você poderia utilizar para descobrir algo só seu. Além disso, a tática tem seus riscos. Copiar é uma forma elementar de confiança: crer que o outro ali sabe das coisas. Mas essa confiança pode dar errado: o sujeito pode estar enganado, ou a situação pode ter se modificado desde que ele tomou a decisão. As coisas podem ficar especialmente nebulosas se quem tem a decisão pode tomar conhecimento das escolhas de seus vizinhos, mas não a informação que eles tinham à disposição quando tomaram tais decisões.[12] Nesse tipo de situação, depois que alguns indivíduos optaram por um certo caminho, qualquer animal suscetível ao aprendizado social é capaz de imitá-lo, mesmo que, talvez, contra o próprio julgamento. Sentimos segurança em nossas escolhas quando vemos muita gente tomando o mesmo caminho (como, por exemplo, investindo numa determinada ação), mas, se estivermos apenas seguindo os outros sem fazer qualquer tipo de avaliação própria, então mesmo que um novo recruta torne a massa mais impressionante, ele não estará trazendo nenhum conhecimento novo, nem tornando a decisão mais confiável. Em situações como essa, uma informação minúscula pode dar início a uma avalanche de decisões — o que os economistas chamam de "cascata de informações". Geralmente, a decisão inicial foi boa — não ficaríamos imitando os outros se ela mais desse errado do que certo. As consequências, em geral, são manias e modismos inofensivos. Mas às vezes até mesmo indivíduos racionais imitando uns aos outros podem provocar catástrofes sociais, como uma queda vertiginosa na bolsa de valores ou uma corrida bancária.

Às vezes compensa descobrir alguma coisa sozinho. O desafio é saber se a sua informação é melhor que a da multidão, especialmente quando sua experiência pessoal não bate com o que todo mundo está fazendo. Aqui também, os peixes que mostram o caminho. A equipe de Laland descobriu que, antes de um *Pungitius pungitius* escolher onde se alimentar, ele compara a informação disponível para todos — ou seja, onde os vizinhos estão comendo — com seu próprio conhecimento do ambiente. Se, num aquário dividido, um peixe tem que escolher entre imitar seis peixes se alimentando num compartimento com pouca comida e dois que se alimentam em outro compartimento com muita comida, é bem provável que ele ignore a maioria e parta para onde haja mais comida, evitando assim cair numa cascata de informação.[13] Se o peixe tiver a oportunidade de experimentar um pouco de cada área antes de ver os outros se alimentando, é mais provável que ele vá para a mais produtiva, mesmo que, nesse meio-tempo, os pesquisadores tenham mudado os compartimentos e deixado o peixe ver os outros se alimentando nessa nova situação. Pelo menos, é isso o que acontece se a segunda leva de comida vem logo após a primeira. Se o peixe tiver que esperar uma semana antes de voltar ao mesmo ambiente, ele deixa de lado a experiência prévia e passa a imitar os outros. Ele pode até ter se esquecido, mas isso também pode refletir a qualidade facilmente deteriorável da informação particular que o peixe tinha. Há pouca garantia de que o lugar que tinha tanta minhoca semana passada vá continuar a ser o melhor lugar para se alimentar agora.[14]

Como os peixinhos, os pássaros que escolhem um lugar para construir seus ninhos comparam informações particulares com as dos pássaros em geral. Um pássaro marinho habituado a viver em colônias, a gaivota tridáctila, uma bela ave dos oceanos do norte que constrói seu ninho em penhascos, em grupos que chegam a ter mil gaivotas, só muda o lugar de um ninho malsucedido se as outras à sua volta também se derem mal. Se um casal malsucedido tiver vizinhos que conseguiram criar os filhotes com sucesso, o provável é que continue tentando no mesmo lugar.[15] Aves que não conseguem criar sua prole não são os únicos animais a se valer das indicações dos outros. Depois que uma pessoa passa dos 30, os mais jovens passam a ser vistos como uma turma facilmente impressionável, que simplesmente segue o que está na moda. No entanto, ser impressionável pode fazer absolutamente todo o sentido, porque, se sua própria experiência for limitada, o que os outros estão fazendo pode ser a melhor informação disponível. (Um programa que conseguiu uma ótima colocação no torneio de Laland levava o autoexplicativo título de "ImiteQuandoForJovemEAprendaQuandoAsRecompensasCaírem".) As aves que estiverem dando cria pela primeira vez estão na mesma situação das aves malsucedidas — elas ainda têm que descobrir o que funciona. As curruíras e os periquitos são duas espécies em que as aves mais jovens à procura de um lugar para construir seu ninho têm maior chance de fazer sua casa perto dos ninhos dos outros, enquanto os mais experientes em criar sua prole tendem a procurar um lugar mais isolado. Quanto mais deficiente for a sua bagagem, melhor vai parecer a dos outros. É por isso que muitas vezes parece que "todos os bons parceiros já foram escolhidos". O simples fato de estarem comprometidos faz parecer que eles são bons.

Da mesma maneira, quando Dugatkin investigou mais a fundo como as guppies fêmeas escolhiam os machos, revelou que os peixes não imitam uns aos outros cegamente, mas levam em consideração diversos fatores, inclusive a aparência do macho, a preferência da fêmea, o leque de opções disponível e o que os outros peixes andam fazendo. Por exemplo, as influências sociais não deixam a fêmea imune ao charme de um macho: se um parceiro em potencial é muito mais reluzente que outro, a fêmea vai seguir seus próprios genes e ignorar a indicação de outra guppy. Porém, um macho apagado cortejado por mais de uma fêmea, ou por uma única fêmea por muito tempo, acaba se tornando atraente para as que estiverem observando, mudando a direção do equilíbrio do gosto inato de volta para as influências sociais.[16] É como se as fêmeas atribuíssem pontos a várias categorias e acabassem se acasalando com quem tivesse o resultado mais alto.

Quando um animal está decidindo se deve ou não seguir outro, ele também baseia sua decisão na qualidade do líder. Se um *Pungitius pungitius* decide imitar os outros, ele não escolhe um modelo aleatoriamente. Ele prefere imitar um peixe maior, em vez de um pequeno.[17] Além de ser um sinal de que aquele peixe deva saber onde encontrar comida, o tamanho é sinal de uma idade mais avançada, porque esses peixes continuam crescendo até o fim da vida. Um peixe grande é a prova viva das boas decisões que ele tomou; os vizinhos sabem disso e prestam suas homenagens. Se um chimpanzé recebe as soluções para dois problemas igualmente difíceis e que ofereçam a mesma recompensa em matéria de comida, ele copia a solução dada pelo mais velho e de ranking mais elevado — o que sugere que a tendência de copiar os principais animais de um grupo é mais antiga que a nossa espécie e evoluiu antes que a linhagem de humanos e chimpanzés se dividisse, há cerca de 6 milhões de anos.[18] O mesmo vale para a escolha de um parceiro. As guppies fêmeas jovens são mais suscetíveis à influência das outras e mais passíveis de imitar as decisões tomadas pelos peixes mais velhos e de maior porte. E os tais peixes mais velhos imitam outros da mesma idade, mas serão imunes aos modismos das novas gerações.[19]

A característica humana de imitar a escolha de um parceiro feita por outras pessoas também depende da qualidade de quem dá a indicação — com a diferença de que nós não seguimos os gostos dos mais velhos ou dos de maior porte, e sim dos mais bonitos. O estudo dos speed-daters de Berlim revelou que as opiniões dos observadores homens a favor de uma mulher aumentavam quando eles a viam conquistar um homem atraente, e mais ainda quando acreditavam que o homem era mais bonito que eles mesmos. O mesmo efeito não foi observado nas mulheres que faziam o papel de observadoras nesse estudo, mas outras experiências demonstraram que quando um homem chama a atenção de uma mulher bonita, ele se torna mais desejável para outras mulheres.[20] Um estudo descobriu que ter amigos bonitos no Facebook torna a pessoa fisicamente mais atraente para os que virem seu perfil.[21] Portanto, as mesmas regras parecem se aplicar tanto aos romances das pessoas quanto aos dos guppies. A atração pode até ser biológica, mas às vezes a biologia manda imitar a Angelina Jolie.

E isso nos traz de volta aos anúncios feitos por celebridades. Quando vejo George Clooney associar seu nome à Nespresso, a tendência é seguir sua dica, nem tanto por ter gostado de *E aí, meu irmão, cadê você?*, ou por eu achar que consumir café numa cápsula vá me deixar mais parecido com ele. É porque eu reconheço que Clooney é um indivíduo bem-sucedido e de status elevado, então suponho que ele está fazendo a coisa certa. Esse raciocínio não vale apenas para celebridades. A revista que eu tenho em mãos também traz um anúncio do aspirador de pó Eco-Max da Panasonic, que oferece um poder de sucção sem par e o máximo de eficiência. Mas, antes de ler tudo isso, você vê uma mulher bonita e bem-vestida com uma expressão incrível manejando o aparelho. Todos nós temos a atenção voltada para os sinais de sucesso biológico, financeiro e social, e há uma grande chance de sermos manipulados por aqueles que os demonstram, como o estudo de speed-dating demonstrou.

Por outro lado, raramente se vê uma pessoa idosa anunciar um produto que não seja dirigido ao público idoso. A cultura ocidental não honra mais os idosos do jeito que quase todas as outras sociedades estudadas um dia honraram. Talvez porque ficar velho hoje não seja tão incomum como antigamente e por isso deixou de ser um sinal de sucesso, e também porque o ritmo das mudanças tecnológicas e sociais aumentou tanto que ser velho hoje em dia é considerado mais um sinal de obsolescência do que de status. As mudanças deixam o aprendizado social menos confiável, porque nos arriscamos a imitar alguém cujas informações estejam ultrapassadas. Por isso, quando vemos um idoso anunciando um laptop, a mensagem não é "esse computador foi escolhido por um sábio", mas sim que "esse computador é tão simples que até seu avô é capaz de usar".

Às vezes, é fácil encontrar a ligação entre as características de um produto e a celebridade escolhida para promovê-lo. Estrelas de cinema facilmente reconhecíveis anunciam perfumes e cosméticos porque esses produtos são feitos para deixarem os usuários mais sexy. Cereais, bebidas energéticas e tênis costumam ser anunciados por ídolos do esporte, para dar a impressão de que aqueles produtos vão nos deixar mais saudáveis e atléticos. Para produtos que estão mais para símbolos de status do que para objetos funcionais, qualquer celebridade serve: ninguém compra um relógio Omega (anunciado por George Clooney e Nicole Kidman) para saber as horas, nem uma mala Louis Vuitton (anunciada por pessoas que vão de Diego Maradona a Mikhail Gorbachev, passando por Bono), porque precisam de algo onde possam carregar as meias. Fazem isso para anunciar que têm bom gosto e dinheiro. É claro que dispomos de nossas próprias ideias sobre o quanto um produto é desejável, independentemente de quem estiver anunciando, por isso uma celebridade tem que tomar cuidado com o que permite associar seu nome. Assim, é muito pouco provável que você veja a Nicole Kidman sorrindo e usando um aspirador de pó nos próximos anos.

Um guppy poderia até entender o que está acontecendo, mas talvez tivesse certa dificuldade em lidar com a ideia de por que uma empresa de contabilidade iria querer se ligar à imagem de um Tiger Woods. Mas seres humanos são imitadores promíscuos e, quando veem uma pessoa ser um sucesso em determinada área da vida, são mais propensos a copiar a tal pessoa também em outras áreas. A Accenture não estava pagando o Tiger Woods para que a empresa fosse associada à maneira como ele conseguia tirar a bola de um banco de areia, mas sim para usá-lo como um modelo de habilidades mais gerais, como dedicação, competitividade e atenção aos detalhes. A Accenture estava tentando explorar o que os psicólogos chamam de inclinação pelo prestígio.

Essa inclinação já foi encontrada em muitas sociedades diferentes — entre os caçadores, por exemplo, as opiniões dos melhores caçadores têm mais peso em todos os assuntos — e em muitas experiências distintas. Um estudo de 1972 mostrou que a opinião dos estudantes sobre ativismo estudantil era igualmente influenciada pela palestra de um expert no assunto e por outra, sobre o mesmo tema, ministrada por um especialista em dinastia Ming.[22] Preferimos imitar as pessoas que parecem ser mais profissionais do que as que parecem perdedoras, mesmo — descobriram os pesquisadores — que elas estejam apenas empurrando uma bolinha de gude num labirinto.[23] Pessoas de prestígio — os chamados formadores de opinião — moldam os gostos de suas comunidades em matéria de tecnologia, produtos, costumes e até mesmo palavras e sua pronúncia. (Por exemplo, o subúrbio de New Malden, em Londres, tem hoje a maior comunidade coreana da Europa, porque o embaixador sul-coreano se mudou para aquele bairro, nos anos 1960.) No caso dos seres humanos, o poder do prestígio se baseia não só em nosso julgamento positivo sobre o conhecimento de uma pessoa, mas também no julgamento negativo do que nós sabemos. Quanto menos soubermos, mais complicado e difícil é entender e mais nos tornaremos suscetíveis ao prestígio de alguém.

Por que generalizamos uma expertise dessa maneira? Numa hipótese bem convincente sobre a origem e a função do prestígio entre os seres humanos, os antropólogos Joseph Heinrich e Francisco Gil-White argumentam que isso se dá porque, para executar uma tarefa difícil de forma satisfatória, é preciso reunir várias habilidades distintas que formam uma totalidade complexa. Por exemplo, para ser um bom caçador, você tem que saber onde encontrar suas presas, como encontrá-las, de que jeito ficar à espreita e como abatê-las. Qualquer um que tente imitar um caçador bem-sucedido vai ter que passar muito tempo pensando em qual é a chave para o sucesso. Dá para ver que o caçador é bom, mas não dá para saber exatamente *o que* o faz ser tão bom assim. O mais seguro é comprar o pacote todo. A tendência de generalizar é uma via de mão dupla, e se alguém comete um deslize em alguma área da vida, logo o consideramos um fracasso total. (Embora o que seja considerado um deslize também vá depender dos valores da comunidade. O que é um comportamento absurdo para um jogador de golfe pode não ser nada de mais para um roqueiro.) O julgamento passa a ser, então, se o deslize de uma pessoa supera os seus sucessos e como conectar as diferentes áreas da vida. Assim, quando as dificuldades no casamento de Tiger Woods vieram a público, a Accenture encerrou o contrato que tinha com ele. Já a Nike permaneceu a seu lado, talvez por considerar que ela paga principalmente para se associar ao golfe, tendo menos interesse em suas qualidades mais gerais.

E o que ganha quem é tomado como modelo? Se for um animal, pouca coisa. Um peixinho que coma minhocas não se beneficia muito se outros seguirem a sua trilha. Até se daria melhor se conseguisse manter sua fonte de alimento em segredo. Isso com certeza valeria na hora de escolher um parceiro, onde você se arrisca a fazer seu parceiro ser mais desejável para alguém mais atraente do que você — o que poderíamos chamar de efeito "Jolene", em homenagem àquela música da Dolly Parton. O ciúme sexual é uma maneira de lidar com isso, enquanto Parton prefere se humilhar. O *Poecilia mexicana*, um peixe que vem da mesma família dos guppies, bolou uma estratégia mais perniciosa.

Nessa espécie, os machos imitam as escolhas feitas por outros machos, talvez porque as fêmeas só se mantenham férteis por alguns dias no mês e um macho não tem como dizer se uma fêmea lhe será receptiva, a não ser que a corteje. De modo que um *Poecilia mexicana* macho pode ver onde deve concentrar seus esforços observando os outros machos à sua volta. No entanto, a última coisa que um desses machos quer é ver um rival imitando seus movimentos. Se uma fêmea se acasala com múltiplos machos em rápida sequência, os espermatozoides precisam partir numa corrida desenfreada para fertilizar seus óvulos. A isso se dá o nome de competição de espermatozoides.

Martin Plath e seus colegas descobriram que o gosto de um *Poecilia mexicana* macho em relação às fêmeas varia dependendo de quem estiver olhando.[24] Se estiver sozinho, o macho vai dirigir sua atenção para a fêmea maior e que, portanto, provavelmente é a mais fértil entre duas possíveis. Mas, se você colocar outro macho no aquário, a escolha do primeiro macho às vezes vai parecer aleatória: há uma boa chance de ele tentar se acasalar com a fêmea menor. Esse efeito é especialmente acentuado se o observador for grande e, com isso, mais atraente para as fêmeas. Mas, se tirarmos o observador, o primeiro macho retorna ao comportamento inicial.

De modo que, aparentemente, se o *Poecilia mexicana* macho acreditar que o outro macho é um rival, ele tenta atrapalhar qualquer tentativa de ele observar qual é a sua escolha de acasalamento. No entanto, se o observador não for percebido como uma ameaça — se, por exemplo, os dois machos já dividiram o mesmo aquário e o primeiro macho nunca viu o observador cortejar alguma fêmea —, o primeiro macho não vai se preocupar em esconder sua preferência, já que o observador não faz a menor diferença. Não dá para saber com que frequência esse blefe dá certo, ou se os observadores tentam disfarçar seus interesses, de modo a poderem vigiar com mais precisão. Entretanto, para o macho que está em observação, disfarçar sua preferência aparentemente tem suas vantagens — senão, é difícil acreditar que ele iria perder tempo com isso. Mas provavelmente também não funciona sempre, senão os machos observadores não se dariam ao trabalho de imitá-lo.

Ao contrário das demais espécies, os seres humanos têm algo a oferecer àqueles que eles imitam. O prestígio que conferimos às pessoas bem-sucedidas em alguma área da vida, argumentam Heinrich e Gil-White, é uma espécie de pagamento para ficar perto da excelência, de modo que possamos observá-la mais detidamente e imitá-la com maior precisão. Ao homenagear seu modelo, você também estará se ajudando. Num mundo de aprendizado social, os talentosos são um recurso valioso. Em troca de dividir seus talentos, eles recebem deferência, influência, tratamento especial e uma certa margem de manobra para quebrar regras e fugir de compromissos que seriam considerados intoleráveis se a pessoa fosse menos talentosa.

Os chimpanzés também copiam aqueles de status elevado, mas eles não chegam ao topo da hierarquia resolvendo seus problemas com muito tato. Eles alcançam o topo brigando e ganhando. Isso vale para todo o reino animal. Os indivíduos dominantes podem pegar o que quiserem e coagir os outros a fazer o que eles querem. O status elevado repele os outros animais. Os mais fracos mantêm distância dos mais fortes e olham para eles de soslaio e rapidamente. Os seres humanos também contam com esse repertório, é óbvio, mas, na nossa espécie, o status também exerce um poder de atração. Damos a maior atenção às pessoas que tentamos imitar, e a maioria dos grandes profissionais das sociedades humanas — políticos, artistas, cientistas, empresários e até mesmo militares e ídolos do esporte — alcançam o topo porque têm talentos que as outras pessoas desejam, e não porque dominam quem está embaixo. Aliás, como notam Heinrich e Gil-White, em muitas sociedades as pessoas de status elevado tendem a ser autodepreciativas, mostrando que, apesar de todo o seu prestígio, não querem dominar ninguém. Isso é uma forma de educação, mas também uma atitude inteligente, porque, como veremos nos capítulos mais à frente, há poucas formas de se tornar impopular tão eficientes quanto tentar dominar os outros.

O aprendizado social é apenas o início da nossa história. A reputação, da maneira como os seres humanos a utilizam, é muito mais do que simplesmente imitar o que os outros estão fazendo e honrar quem for o melhor. O aprendizado social não é algo que só vai servir num futuro distante. Nós imitamos porque vale a pena aqui e agora. Já a construção de uma reputação, ao contrário, é uma maneira de se fazer coisas caras, para obter um benefício a longo prazo. O aprendizado social é utilizado para planejarmos nosso comportamento em geral, considerando que usamos a reputação de alguém para planejar nosso comportamento diante daquela pessoa — o que não precisa envolver, necessariamente, algum tipo de imitação.

O uso da imitação, no entanto, fornece os dois pilares da reputação. Os benefícios do aprendizado social — que se estende por todo o reino animal e não exige muito daquilo que chamamos de inteligência, nem de autoconsciência — nos dão uma razão para nos preocuparmos com o que os outros à nossa volta estão fazendo. A economia do prestígio — que, tanto quanto se saiba, é exclusiva dos seres humanos — nos dá uma razão para nos preocuparmos com o que os outros pensam a nosso respeito. E aqui nós podemos começar a vislumbrar a outra faceta vital da reputação: que a plateia acaba moldando a performance. As pessoas continuariam tendo que procurar comida mesmo que não houvesse alguém para admirá-las, mas a possibilidade de ser admirado é uma motivação a mais para fazer isso e pode até indicar que tipos de comida decidimos procurar. E pode até fazer com que distribuamos um pouco da comida que conseguimos.

CAPÍTULO 2

Uma oferta inicial

A ilha de Murray fica no extremo norte da Grande Barreira de Coral, no estreito de Torres, situado entre a Austrália e a Papua Nova Guiné. Os habitantes indígenas, que agora são cerca de 450, a chamam de Mer, e por isso eles são conhecidos como os Meriam. Quando dão uma festa, comem carne de tartaruga, e quando planejam um banquete — como, por exemplo, ao descerrar a lápide do túmulo de um parente morto —, os organizadores da cerimônia encarregam um dos seis caçadores de tartaruga da ilha de levar a cabo esta incumbência.

O líder da caçada monta uma equipe, geralmente composta por outros dois homens. Na véspera da festa, eles partem num pequeno barco aberto a motor e procuram as tartarugas entre os canais e as lagunas do recife. O líder fica na proa do barco, lendo as marés e as correntes, tentando descobrir a localização das tartarugas e examinando a água à procura de qualquer sinal delas. Quando avista uma, decide se ela é grande o suficiente para valer a caçada e, se for, orienta o ataque, dando ordens ao pescador que fica no leme. Quando a tartaruga fica cansada e é encurralada, os caçadores se aproximam e o outro auxiliar, o saltador, pula em cima do casco dela. Quando as tartarugas eram caçadas de canoa, o auxiliar prendia o bicho com um peixe preso a uma linha, como se fosse um arpão vivo. Agora, os saltadores prendem um gancho de metal na carapaça da tartaruga e puxam o animal — que às vezes chega a pesar 130 kg e é capaz de quebrar um braço ou uma perna com as patas — para dentro do barco. A caçada pode durar mais de 12 horas e o grupo costuma voltar com duas ou três tartarugas, que são entregues ao organizador da cerimônia.

Em troca, os caçadores não ganham nada. Não recebem dinheiro, nem coisa alguma, pela tartaruga. Não ficam sequer com parte da carne do animal, a não ser que participem do banquete — mas, mesmo nesse caso, não recebem mais do que qualquer outro participante. Eles não são convidados de honra. Não ganham nem dinheiro para cobrir as despesas — têm de arcar sozinhos com a manutenção do barco e a gasolina que utilizam na caçada.

No Capítulo 1, vimos como começa a reputação, com o sucesso. Se você for realmente bom em alguma coisa, as pessoas vão pensar que você é ótimo em muitas outras coisas (e vice-versa). Mesmo assim, elas têm de saber que você é um cara de sucesso, e é aí que entram os atos dispendiosos e aparentemente altruístas desses caçadores de tartaruga.

No final da década de 1990, o antropólogo Eric Smith da Universidade de Washington, em Seattle, viajou à ilha de Murray com dois membros de sua equipe de pesquisa que eram experts na cultura dos Meriam, Rebecca Bliege Bird e Douglas Bird. O objetivo era tentar descobrir o que os caçadores poderiam receber em troca da carne que fornecem e aprender mais sobre todo o esforço que eles têm que fazer para consegui-la. Apesar dos feitos dos caçadores não receberem qualquer distinção em público, ficou claro que todo o trabalho que eles tinham não passava despercebido. Pesquisando o assunto, logo se viu que quase todo mundo sabia e concordava quem eram os melhores caçadores, tanto entre os atuais, como entre os mais antigos. (Os homens de Mer viram saltadores na adolescência e cerca de metade dos auxiliares começam a liderar caçadas quando se aproximam dos trinta anos; geralmente se aposentam com 40 e poucos anos.) A partir das entrevistas, os pesquisadores também construíram árvores genealógicas, para saber quem virou parceiro sexual de quem e o quanto essas uniões foram produtivas.

Os estudos genealógicos mostraram que os caçadores começavam a se reproduzir antes dos não caçadores — um em cada cinco caçadores já era pai na adolescência, enquanto a proporção dentre os não caçadores cai para um a cada 14. Os caçadores tinham apenas metade da chance de um não caçador de não procriar e tinham em média cinco filhos, comparado com uma média pouco acima de dois das pessoas comuns. Para comparar as recompensas em outras áreas, Smith e seus colegas perguntaram aos Mers quem eram os notáveis em outras habilidades, como líderes políticos e pescadores. Descobriram que o sucesso reprodutivo dos caçadores de tartaruga era maior que o de todos os outros grupos masculinos, fossem eles pescadores, fazendeiros e até sedutores conhecidos.

Os caçadores de tartarugas geram filhos com um maior número de mulheres que os outros homens, e suas parceiras costumam ser mais jovens e mais férteis. No entanto, o maior efeito em matéria de sucesso reprodutivo parece estar na qualidade das parceiras que eles atraem. Os habitantes da ilha de Murray descrevem certas mulheres como *au dorge dorge koskir*, cuja tradução mais próxima é: muito "trabalhadoras". Essas mulheres são duronas, versáteis e criativas e são tão boas na hora de pescar, cuidar do jardim e catar conchas que produzem um excedente de comida para dividir com os vizinhos. E os caçadores de tartaruga têm uma tendência especial de escolherem como parceiras essas mulheres trabalhadoras. Perguntadas sobre o que elas procuravam num homem, essas mulheres disseram que ele deveria ser um bom provedor, mas nenhuma delas disse que tinha uma "queda" pelos caçadores de tartarugas. Smith acredita que caçar tartarugas é um caminho para obter um status elevado entre os homens — os saltadores, segundo ele, são os garotos do grupo, enquanto os líderes da caçada são vistos como ases — e que as mulheres se valem dessa hierarquia ao escolherem seus parceiros. As pessoas percebem as habilidades dos que estão à sua volta e recompensam quem tem maior prestígio. O estudo de Smith revela os benefícios evolucionários tangíveis que o prestígio traz e prova por que vale a pena ser um bom caçador.[1]

Aprendizado social significa que pessoas inteligentes, talentosas e atléticas atraem seguidores que querem aprender com elas. Mas imitar só pode levá-los até um certo ponto. Existe um limite de pessoas que podem, digamos, acompanhar um caçador talentoso em sua jornada e um limite de quantas querem ou têm condições de virar caçadoras. Todos nós precisamos criar redes sociais mais abrangentes para poder encontrar amigos, aliados e parceiras. Precisamos que as pessoas acreditem nas nossas intenções e habilidades.

Como em todas as interações humanas, a ignorância e o desconhecimento criam barreiras para a confiança. Não há investimento muito maior que se possa fazer noutra pessoa do que permitir que ela seja pai dos seus filhos, e poucas decisões podem ser mais importantes do que essa. É difícil dizer quem pode ser um bom parceiro só de olhar para ele. Assim, uma mulher que procura um parceiro precisa de algum indicador que revele se um homem é forte, saudável e inteligente. O mesmo vale para qualquer pessoa que procure um parceiro para um projeto arriscado, mas potencialmente compensador, como uma aliança política, uma sociedade de negócios, ou algum trâmite bancário.

Só tem um probleminha. Você pode se enganar — ou achar que vale a pena enganar alguém. O sujeito que conta um monte de histórias sobre sua capacidade de prover uma família na verdade pode ser fraco e preguiçoso. O inventor que tenta seduzir um investidor milionário com sua máquina moto-contínua pode não ter mais do que uma caixa cheia de fios e um diploma por correspondência. O jovem criminoso que parece muito esperto pode ter aprendido tudo o que sabe jogando *Grand Theft Auto*. O blefe pode virar um risco e uma tentação toda vez que os interesses dos parceiros entram em conflito, o que acontece praticamente sempre que existe a possibilidade de um dos lados explorar o outro — ou seja, em todos os casos em que se pode criar alguma coisa que valha a pena.

Mas há uma maneira de tornar a informação confiável: fazer com que ela seja cara. Uma comunicação barata não é confiável, porque a mensagem pode ser falsa. É muito mais fácil comprar uma caneca dizendo "O Melhor Pai do Mundo" do que efetivamente ser um bom pai. As mulheres inteligentes aprendem a ignorar sinais pouco confiáveis e procuram ver coisas que sejam difíceis de se obter, como um trabalho bem pago. Quanto mais difícil for realizar um trabalho, menos pessoas serão capazes de fazê-lo, o que faz dele um bom sinal de qualidade e um poderoso gerador de confiança.

Sinais caros de serem mandados existem em todas as esferas do reino animal. Antes de os cervos chocarem suas galhadas, eles berram um para o outro. O berro serve como um substituto para a força bruta: o cervo maior e mais apto tem o berro mais grave e mais alto. Pela voz do rival, um cervo pode avaliar a capacidade de luta dele e se beneficiar disso, podendo evitar uma luta que poderia lhe ser fatal. (Os humanos também consideram a voz grave como um sinal da capacidade de luta.)[2] Machos e fêmeas geralmente têm interesses bem distintos ao procurarem um parceiro. Exagerando um pouco na simplificação, o caminho do macho para o sucesso evolutivo consiste em acasalar com o máximo de fêmeas possível, enquanto que para as fêmeas a qualidade é mais importante que a quantidade, e elas geralmente vão escolher o macho que pode lhes dar os melhores filhotes. Consequentemente, exibições sexuais — como a plumagem das aves-do-paraíso ou o coaxar dos sapos — são caros e só os machos de primeira linha são capazes de realizá-las. Há uma teoria paralela na economia que sustenta que os empregados demonstram seu valor provando terem uma educação que lhes custou caro, e os empregadores, por sua vez, os recompensam com melhores salários.

Se quaisquer desses sinais — humanos ou animais — fossem baratos, seriam uma medida pouco confiável de qualidade, e seus alvos deveriam ignorá-los.

 Smith e seus colaboradores acreditam que caçar tartarugas entre os Meriam é um sinal caro. Ao fornecer a carne para as festividades, os caçadores mostram que estão entre os poucos da ilha dotados do vigor físico para capturar um réptil marinho grande e nada cooperativo, ou do intelecto e da capacidade de liderança para organizar e executar uma caçada. O ritual de compartilhar a carne em Mer é uma maneira particularmente adequada para enviar um sinal, mas compartilhar é uma coisa bastante comum quando se lida com caças de grande porte. Em todas as sociedades em que se estudou a ligação entre caçar e se reproduzir — cerca de meia dúzia até hoje —, verificou-se que os melhores caçadores têm mais filhos. Você não pode simplesmente comer e formar uma dinastia gloriosa, mas pode alimentar os outros e abrir seu caminho.

 Nas sociedades em que a carne é comprada no supermercado, as pessoas encontram outras maneiras de enviarem sinais dispendiosos. Pode-se, por exemplo, comprar carne orgânica em mercados especializados e mostrar que você se preocupa com o meio ambiente e com os produtores e os animais — e tem os meios financeiros para pagar por isso. As pessoas em geral conseguem dar um jeito de se exibir mesmo nas situações mais improváveis.

 Henry Lyle, aluno de pós-graduação de Eric Smith, usou as mesmas táticas que funcionaram tão bem entre os Meriam para estudar um comportamento bem mais recente e mais próximo de casa: o compartilhamento ilegal de arquivos de computador entre os alunos de graduação de duas faculdades de Sacramento, na Califórnia.[3] Ele descobriu que fazer um download é um crime que dá oportunidades iguais a todo mundo: sete em cada dez alunos confessaram que faziam downloads ilegais e o número de homens e mulheres era mais ou menos o mesmo. No entanto, criar o recurso, ou seja, fazer o upload de músicas e vídeos para as redes P2P, é coisa de menino. Três quartos de quem fazia isso eram homens. Essa tendência ao domínio masculino não é apenas um sinal de que eles sejam viciados em computador, pois quem fazia os uploads não entendia mais de informática do que uma pessoa normal de qualquer um dos sexos.

Assim como os caçadores de tartaruga, quem faz esses uploads está fornecendo um recurso que é bem valorizado pelos membros de sua comunidade, tanto na forma de arquivos, como no equipamento de informática necessário para armazená-los. Como nos banquetes da ilha de Murray, uns poucos criadores fornecem para uma ampla quantidade de consumidores. E, como os caçadores de tartaruga, os criadores pagam um preço por isso. Ao abrirem suas máquinas para a rede, os uploaders se expõem a vírus, hackers e ainda se arriscam a serem processados por empresas de mídia vingativas, que podem levar a uma multa de mais de US$ 100 mil.

E o que eles querem em troca de todos esses riscos? Para surpresa de Lyle, eles não estavam preocupados com suas reputações na internet, assim como quem fazia o download não estava preocupado com a origem dos arquivos, nem com as especificações técnicas para baixá-los. Portanto, fazer um upload não é uma maneira de se tornar conhecido e admirado na internet. Aparentemente, quem compartilha os arquivos quer mesmo é ter prestígio entre os colegas do mundo real. As poucas mulheres que faziam uploads de arquivos em geral não contavam a ninguém, mas os homens sabiam quais de seus amigos forneciam os arquivos, costumavam falar mais sobre isso e havia maior chance de que fizessem um upload se houvesse alguém olhando.

Lyle descobriu que compartilhar arquivos na internet era a mais nova forma de se exibir. Quando juntou grupos de alunos para discutir sobre como compartilhavam arquivos, verificou que rapazes do século XXI discutiam a velocidade de seus processadores e a potência dos discos rígidos da mesma maneira que seus correspondentes da metade do século XX se gabavam da potência e da aceleração de um Ford Mustang envenenado. "Qual é a sua potência?", referindo-se à velocidade de conexão da internet, era um tema comum entre os estudantes de Sacramento. Ao contrário do que acontece com os carros, a generosidade de fazer um upload de arquivos digitais, assim como a de caçar tartarugas, são sinais que beneficiam os receptores. Quando um amigo envia a mensagem de que ele é um verdadeiro Robin Hood da banda larga, com um equipamento de primeiríssima linha, ela vem com o último episódio do *Glee* e o mais novo álbum dos Foo Fighters. A produção ilustre é uma maneira ainda melhor de exibir sua riqueza do que o consumo notável, e a internet torna tão fácil divulgar e compartilhar recursos que parece até que ela foi desenhada para aumentar o poder da generosidade como um sinal. Se você puser um arquivo na rede, ele se torna acessível a um público amplo e, o que é melhor, o arquivo não se desgasta pelo consumo, de modo que não há limites para a sua audiência. Um arquivo de MP3, nesse caso, serve como um suprimento infindável de tartarugas.

A exibição dispendiosa dá uma nova dimensão à economia do prestígio criada pelo aprendizado social. Dar coisas de graça, seja carne ou música, é uma boa maneira de exibir seus talentos e atributos, o que pode ser especialmente importante se, como os caçadores da ilha de Murray, ninguém puder vê-lo em ação. Você também está dizendo que é tão bom em uma coisa que pode até fornecer de graça para os outros. É como se fosse uma oferta inicial, uma espécie de pagamento para criar um relacionamento, que você espera que vá compensá-lo a longo prazo.

Para o público-alvo dessas ofertas, há o benefício adicional de estar num mercado que favorece os compradores. Quem emite sinais dispendiosos não tem que mostrar apenas que é bom naquilo que faz. Tem que provar também que é *melhor* do que os outros parceiros potenciais disponíveis. Isso serve como um incentivo para investir o máximo possível nos sinais, porque você não quer que uma pessoa menos capaz emita um sinal melhor que você. E isso pode acabar criando uma espécie de "corrida armamentista", à medida que as pessoas tentam atrair os parceiros de mais alta qualidade (as mulheres mais trabalhadoras, por exemplo) superando a generosidade dos outros.

Karolina Sylwester e Gilbert Roberts, psicólogas evolucionistas da Universidade Newcastle, testaram a ideia de que as pessoas escolhem seus parceiros com base em quem dá mais, e quando as pessoas têm que competir pelos colegas elas aumentam ainda mais sua generosidade.[4] Primeiro, as duas psicólogas reuniram um grupo de voluntários para participar de uma experiência com um dilema social chamado o jogo dos bens públicos. (Esse e outros tipos de jogos vão aparecer repetidas vezes ao longo deste livro.) Na versão de Sylwester e Roberts para esse jogo, os jogadores, trabalhando em grupos de quatro, receberam um pouco de dinheiro e depois lhes foi dada a opção de colocar um pouco, tudo ou nada num "monte" comum. Os organizadores então dobraram a quantidade que estava no monte e dividiram igualmente entre os quatro jogadores, independentemente do quanto eles tivessem contribuído. Isso gerou uma tensão entre o benefício individual e o benefício do grupo. Se todo mundo começa com $10 e deposita tudo no monte, todo mundo termina com $20. Mas, se apenas três jogadores fizerem isso e o último não colocar nada, ele vai ganhar um quarto do monte comum (no caso, $15) e vai acabar com $25, enquanto os outros ficam com $15.

A tentação é se aproveitar do esforço alheio. Quando os jogos dos bens públicos são realizados em laboratório, a maioria das pessoas se mostra, no início, generosa, mas quando percebem que alguns indivíduos estão "tirando uma onda", elas param de contribuir e os recursos comuns acabam minguando até chegarem a zero. Estudos de campo mostraram a mesma coisa: Nichola Raihani e Tom Hart manipularam o número de pratos sujos deixados na pia da sala de chá da Zoology Society de Londres e mediram o quanto isso afetava a probabilidade de os outros limparem seus pratos. E descobriram que quanto mais suja ficava a pia comum — quanto mais ficava claro que os outros estavam se aproveitando dos certinhos —, maior a probabilidade de que as pessoas deixassem pratos e canecas na pia, sem lavar.[5]

Sylwester e Roberts, entretanto, adicionaram uma variante ao jogo. Depois do jogo dos bens públicos, elas permitiram que os jogadores escolhessem um membro do grupo para um jogo a dois. Aqui também, eles colocavam uma quantia em dinheiro num monte comum, que era multiplicado e dividido — sem dilema social. O monte comum era multiplicado por dois ou por oito, antes de ser dividido igualmente entre ambos, de modo que cada um podia ficar tranquilo de que receberia de volta no mínimo aquilo que depositou. Só havia um probleminha: você só podia jogar com o parceiro escolhido se ele ou ela também tivesse escolhido você. Caso isso não acontecesse, você teria que jogar com outra pessoa sorteada aleatoriamente.

Os pesquisadores descobriram que os que contribuíram mais para o monte comum tinham uma chance maior de serem escolhidos pelos outros membros do grupo. Ao darem mais, eles haviam comunicado suas virtudes aos outros jogadores que procuravam alguém generoso para cooperar. Quando o monte comum na rodada de dois jogadores era multiplicado por oito — aumentando assim os benefícios de se encontrar um parceiro cooperativo —, os jogadores mais generosos no jogo dos bens públicos se tornaram ainda mais populares. Os jogadores mais generosos tinham maior probabilidade de fazerem dupla com os parceiros que eles escolheram e saíam do jogo com mais dinheiro no bolso. O fato é que as pessoas mais solidárias acabaram gerando um patrimônio maior, junto com seus semelhantes. Pessoas cooperativas atraem parceiros mais cooperativos e com isso forjam relações mais lucrativas entre si. Aparentemente, isso também se aplica ao caso de Mer: a carne da tartaruga é um bem público, dividido por todos. Mas os caçadores que a fornecem são escolhidos pelas mulheres mais trabalhadoras e com elas criam as maiores famílias.

O grande lance do jogo do bem público é que os participantes recebem a mesma quantia do monte, independentemente da contribuição de cada um. Isso gera aquilo que se chama de problema de ação coletiva. Esse tipo de problema surge toda vez que nos vemos diante de um recurso do qual todo mundo pode se aproveitar, mesmo que não contribuam para a sua criação ou manutenção. Numa situação como essa, todo mundo se sai melhor se cada um fizer a sua parte, mas os indivíduos, em si, se dão melhor pegando o máximo que puderem e contribuindo com o mínimo possível. Se não houver alguma força contrabalançando essa lógica, os recursos naturais — como as florestas, a água potável, os peixes e o clima — são destruídos, numa verdadeira tragédia para todo mundo.

Resolver os problemas de ação coletiva é um dos maiores desafios das sociedades humanas, e o papel que a reputação exerce nesse ponto é um dos assuntos mais importantes deste livro. Transformar um recurso público numa arena onde as pessoas possam demonstrar sua generosidade e assim se tornar mais atraentes para aqueles que elas querem impressionar em outras áreas da vida parece ser uma boa solução para os problemas de ação coletiva. Muitas boas ações são melhor explicadas como uma forma daquilo que passou a ser chamado de "altruísmo competitivo", uma maneira de exibir suas características mais positivas e comprar uma boa reputação.

O altruísmo competitivo ajuda a explicar determinados atos paradoxais de generosidade. Outra dupla de psicólogos evolucionistas, Mark Van Vugt e Charlotte Hardy, fez uma experiência em que os voluntários jogaram uma variante do jogo do bem público, em que os participantes ganhavam um bônus adicional e particular, se a quantia no monte comum ultrapassasse um determinado nível.[6] Quando deram aos jogadores um incentivo para construírem uma boa reputação — avisando que eles disputariam um segundo turno com pessoas que saberiam quanto eles haviam contribuído para o monte —, as contribuições públicas aumentaram significativamente. Aconteceu até mesmo quando os jogadores já sabiam que a meta havia sido alcançada e a contribuição não faria mais diferença para o bem comum. O mesmo resultado aconteceu quando os pesquisadores estipularam uma meta tão alta que chegava a ser inatingível, mesmo que um jogador doasse todo o seu dinheiro. As pessoas continuavam a aumentar sua contribuição pública, se com isso tivessem uma chance de construir uma boa reputação. Esse tipo de generosidade, que parece mais um desperdício, aparentemente deu certo: os jogadores conferiram o status mais elevado aos membros mais generosos de seus grupos, mesmo quando a generosidade era desnecessária ou até mesmo inútil. Isso, sugerem Van Vugt e Hardy, pode explicar por que nós contribuímos para certas causas, mesmo quando nosso esforço individual dificilmente vai fazer alguma diferença (como numa eleição), e por que as pessoas continuaram a fazer doações para as vítimas da tsunami da Ásia, em 2004, mesmo depois que os organismos envolvidos avisaram que já tinham recebido mais dinheiro do que poderiam gastar.

Isso não quer dizer que todas as boas ações sejam movidas somente pelo ego e pela necessidade de se exibirem, mas que as emoções e as razões que motivam um ato não são as mesmas forças que fazem esse tipo de comportamento evoluir. O calor que sentimos quando vemos ou fazemos algo de bom é igual ao prazer que sentimos diante de uma boa comida ou de um ambiente aconchegante, uma vontade de fazer aquilo que vai ser útil para nós — no caso, nos aproximar de pessoas mais generosas e poderosas.

Veja o que acontece numa doação de sangue. Esse é mais um recurso gerado por poucos para o benefício de muitos. Apenas 5% da população dos Estados Unidos doam sangue, mas muita gente vai precisar fazer uma transfusão em algum momento da vida. Se você algum dia já doou sangue, sabe que isso toma um pouco do seu tempo, pode provocar certo desconforto e fraqueza. Não existe uma recompensa direta. Na maioria dos países, os doadores não recebem remuneração, nem dispõem de um acesso preferencial ao banco de sangue para si mesmos ou para suas famílias.

A única recompensa que os doadores recebem é uma etiqueta ou um adesivo que mostra para os outros que eles fizeram uma boa ação. E aqui vai uma pista sobre o que os doadores podem conseguir com sua generosidade. Quem vê uma pessoa usando essa etiqueta sabe que ela é suficientemente saudável para ter sido aceita como doadora (nos Estados Unidos, um em cada três doadores em potencial é descartado por motivo de saúde) e tem coragem suficiente para ficar com uma agulha espetada no braço. Um estudo realizado por Henry Lyle, que levou à análise do compartilhamento de arquivos que citamos anteriormente, descobriu que as pessoas veem os doadores de sangue como cidadãos generosos e saudáveis e que elas consideram doar sangue como algo que tem um custo — principalmente ansiedade. A doação de sangue, argumenta Lyle, pode ser mais um sinal dispendioso.[7]

Doar sangue e outras atitudes filantrópicas, como os US$ 21 bilhões que Bill e Melinda Gates doaram para a instituição de caridade do casal, não são feitos para serem exibições de riqueza ou poder. O incômodo de uma doação de sangue e o custo de desenvolver uma vacina contra a malária parecem ser um preço que vale a pena pagar para salvar a vida de um estranho. Mas mesmo que as pessoas não façam o bem pensando na recompensa, o fato é que ela existe. O bom trabalho da Fundação Gates dá aos usuários do Windows algo mais em que pensar na hora de fazer o download do último item de segurança, e uma pesquisa de 2010 considerou a Microsoft a companhia mais inspiradora dos Estados Unidos.[8]

E, assim, a generosidade traz benefícios não só porque o beneficiário se sente agradecido, mas porque cria um boca a boca que o torna mais atraente diante daqueles que, mesmo sem terem sido beneficiados pelo ato, passam a conhecer sua reputação de generoso.

Por outro lado, qualquer um que faça um grande esforço para mostrar como é bonzinho provavelmente vai despertar uma onda de cinismo. Quando vemos uma pessoa se gabando de suas virtudes como um pavão exibindo a cauda, dá para sentir que ela está querendo comprar alguma coisa, em vez de dar. As boas ações anônimas parecem especialmente nobres, porque os doadores estão deixando de aproveitar uma oportunidade de autopromoção. No Evangelho segundo Mateus 6:1-4, Jesus diz:

> Por isso, quando distribuíres tuas esmolas, não soe uma trombeta à sua frente, como fazem os hipócritas nas ruas e nas sinagogas, para que recebam a glória dos homens. Em verdade, digo que eles já receberam seu galardão. Mas quando ofertares tuas esmolas, não permitis que a mão esquerda saiba o que a direita está fazendo: Que tuas esmolas sejam secretas: e teu Pai, que vê tudo em segredo, venha a lhe recompensar amplamente.

Ao alertar seus seguidores de que Deus ignora a generosidade pública, Jesus está os instando a atingir um nível mais alto de nobreza, além de fazê-los desconfiar dos motivos dos "bons samaritanos" exibidos.

Aqui também as experiências com jogos econômicos ajudam a revelar a desconfiança intuitiva que temos das exibições de generosidade. Outra dupla de psicólogos evolucionistas, Pat Barclay e Rob Willer, conduziu uma série de dois jogos parecida com a que Sylwester e Roberts fizeram sobre a escolha de parceiros numa competição, citada anteriormente. Primeiro, os voluntários disputaram um jogo chamado "Dilema do Prisioneiro Contínuo". Nesse jogo entre dois voluntários, os participantes receberam $10 e a opção de mandar qualquer quantia para o outro jogador. ("Contínuo", nesse caso, significa que um jogador pode escolher mandar qualquer parte de seu montante, e não apenas algo como $0, $5 ou $10.) Os pesquisadores, então, dobravam o que quer que os jogadores dessem ao monte, de modo que, da mesma maneira que no jogo do bem público, o lucro do grupo era maior se os dois jogadores dessem todo o seu dinheiro e cada um terminasse com $20. No entanto, para cada indivíduo o melhor a fazer era não dar nada e fazer o outro jogador de otário.

Depois disso, um jogador da primeira dupla jogava mais uma rodada de dilema do prisioneiro contínuo com um terceiro participante. Às vezes, as duplas eram formadas aleatoriamente, e o que havia acontecido na primeira rodada era mantido em segredo. Outras vezes, as duplas eram formadas aleatoriamente e as decisões da primeira rodada eram divulgadas. E em outros jogos, o terceiro jogador escolhia com qual dos dois primeiros participantes ele gostaria de jogar.

Quando as doações eram feitas em segredo e as duplas posteriores eram formadas aleatoriamente, os jogadores não doavam quase nada. Quando as doações eram divulgadas, mas as duplas eram formadas aleatoriamente — de modo que os jogadores não podiam influenciar a escolha do terceiro jogador —, eles eram um pouco mais generosos. No entanto, quando percebiam que estavam competindo pela chance de jogar de novo com outra pessoa, e assim ganhar mais dinheiro, eles davam cerca de metade de seus $10 para o outro jogador. Novamente, isso prova que fazer as pessoas competir por um parceiro as deixa mais generosas.[9]

A experiência também mostrou que as pessoas desvalorizam a generosidade quando sabem que ela está sendo usada como um sinal. No segundo jogo, quem havia doado generosamente na situação aleatória, quando não tinham condições de exibir seu altruísmo a um terceiro participante, que ficava os observando, receberam mais desse jogador do que nos jogos em que ele poderia escolher com quem jogar. Aparentemente, apesar de os observadores escolherem parceiros generosos, eles sabiam que aquela generosidade também era uma espécie de isca e, portanto, não estavam dispostos a dar muita confiança a pessoas exibidas. Barclay e Willey argumentaram que aumentar os benefícios reputacionais de um sinal — como, por exemplo, divulgá-lo para um público mais amplo —, sem que isso seja mais caro, equivale a um decréscimo no custo do sinal, que passa a ser considerado como menos confiável.

Nossa aversão aos atos exagerados de altruísmo é outro exemplo da manipulação. Ao conferirmos prestígio aos atos de altruísmo, incentivamos os ricos e os fortes a revelar sua grandeza ao exibirem sua bondade. Porém, nós também precisamos evitar que o prestígio se torne uma forma de dominação e que os incentivos acabem se transformando numa forma de coação. No livro *Hierarchy in the Forest* [Hierarquia na floresta], o primatologista Christopher Boehm descreve como os grupos de caçadores e coletores usam a fofoca e o deboche para evitar que qualquer indivíduo se torne dominante.[10] Até mesmo os guerreiros e caçadores verdadeiramente excepcionais são impedidos de alcançar um status maior que o do restante do grupo, porque aí eles podem começar a oprimir seus companheiros. Boehm cita as palavras de um bosquímano do Kalahari: "Nós rejeitamos os que se gabam, porque um dia seu orgulho poderá fazê-lo matar alguém." (Ainda assim, mesmo que uma grande realização não traga maior poder político, aqui também os maiores caçadores têm mais filhos.)

O comentário do bosquímano indica por que a necessidade de diminuir as pessoas pode ser tão forte e por que as fofocas sobre uma celebridade que dá um passo em falso dá muito mais ibope do que quando ela faz sucesso. Palavras e expressões como "caxias" e "pomposo" estão longe de serem elogios. Os ingleses gostam de fazer pouco das celebridades e falam da *tall-poppy syndrome* ("síndrome de derrubar quem é bom"), a necessidade de derrubar qualquer um que se erga alto demais. Os holandeses usam a palavra *maaiveldcultur*, em que *maaiveld* se refere a um pasto que é cortado, deixando tudo e todos no mesmo nível. Os poderosos, evidentemente, não gostam nada disso. "Você não aumenta a estatura de um anão cortando as pernas de um gigante", disse, em 1950, Benjamin Franklin Fairless, presidente da United Steel Corporation, diante de uma investigação da Câmara de Deputados americana sobre os monopólios industriais. É verdade, mas fica mais difícil para o gigante tripudiar de você. A síndrome de derrubar quem é bom é outra ilustração de que a reputação não é uma medida do nosso valor na sociedade, mas uma maneira de as pessoas controlarem umas às outras.

Qualquer um que deseje incentivar a solidariedade nos outros — seja um governo em seus cidadãos, uma empresa em seus empregados, ou as escolas nos alunos — deve pensar numa maneira de como ele pode canalizar a necessidade que as pessoas têm de aparecer numa direção que venha a resultar em algum benefício para os outros (como isenção de impostos para atos de caridade); e como poderá criar as condições sociais em que o altruísmo possa gerar um prestígio saudável, mas não leve as pessoas a dominar as outras, provocando com isso uma desconfiança cínica e sistemática de qualquer ato generoso.

Para os pesquisadores que tentam explicar a generosidade humana, o importante a se notar nas exibições públicas de generosidade e na teoria do altruísmo competitivo e das sinalizações dispendiosas é que as ações do doador têm que ser incondicionais. Os caçadores de tartaruga, os doadores de sangue, os alunos que compartilham arquivos e os filantropos em geral não direcionam sua generosidade a um indivíduo em particular e não esperam receber na mesma moeda. Na verdade, o que estão fazendo é investindo em suas reputações. Isso pode torná-los especialmente poderosos para criar e preservar bens públicos, porque se as outras pessoas contribuem não importa para os doadores — ao contrário, quanto menos os outros contribuírem, mais eles vão se destacar. Nesse tipo de situação, a generosidade é um anúncio, não uma troca, e a questão dos aproveitadores é irrelevante.

Evidentemente, em muitas situações, nós nos perguntamos se os beneficiários de nossa ajuda a merecem. Há outras razões para o altruísmo além de se exibir e outros tipos de reputação além da saúde física e financeira. Todos nós nos utilizamos e nos preocupamos com esses tipos de reputação, que formam uma parte crucial das feições de cada um e do bem-estar coletivo de uma sociedade.

CAPÍTULO 3

Uma mão lava a outra

Enquanto eu escrevia este capítulo, minha mãe foi fazer um tour a pé pela república de Montenegro, na antiga Iugoslávia. Duas semanas mais tarde, recebemos pelo correio um envelope com um selo da Inglaterra. Dentro veio um cartão-postal que minha mãe havia enviado, um pouco manchado e amassado, com um bilhete onde alguém que eu não conhecia dizia: "Este cartão chegou preso a outro, mandado pelo meu irmão, que fazia um tour a pé por Budva" (uma cidade no mar Adriático). Não havia nem o nome, nem o endereço de quem mandara o cartão.

Eu me lembrei de um incidente ocorrido há cerca de dez anos, quando encontrei um calendário de planejamento caído numa rua. Depois de verificar se havia algo de escandaloso ali, enviei à pessoa cujo nome aparecia com maior frequência no calendário, na expectativa de que ele acabasse chegando ao legítimo dono. Assim como o meu benfeitor, fiz isso anonimamente, e isso me custou um envelope, um selo e uma pequena parcela do meu tempo.

Quando pensamos em altruísmo humano, geralmente são os exemplos grandiosos e extraordinários que vêm primeiro à mente, como atos heroicos que salvam vidas ou algum ato de generosidade que muda uma vida. Mas nossa natureza cooperativa se manifesta de maneiras tão corriqueiras, que são quase invisíveis. O cartão-postal e o calendário ficaram na minha memória, mas, diariamente, pessoas que eu não conheço e que nunca mais vou ver de novo são gentis e prestativas de maneiras que eu acabo me esquecendo, e eu mesmo tento ser gentil e mostrar consideração pelos outros. Abrimos portas para as pessoas, esperamos na fila, passamos o sal e esperamos "um minutinho". No segundo ano de vida, crianças que já estejam fisicamente preparadas são capazes de fazer tudo para ajudar, deixando o brinquedo de lado para pegar uma coisa que alguém deixou cair, ou abrindo a porta para alguém que esteja com as mãos ocupadas. Fazem isso sem ser preciso que lhes peçam e sem esperar recompensa. Crianças também dividem seus recursos, como comida e brinquedos, e informação — como apontar o dedo e ajudar alguém a encontrar alguma coisa — desde muito cedo.[1] Nós realmente gostamos de ajudar os outros.

No entanto, a qualquer momento há mais a ser ganho pelo egoísmo do que pela cooperação, e qualquer pessoa que fique com os benefícios da vida social sem pagar o preço sai imediatamente em vantagem. Toda vez que ajudamos, estamos dando a mão a alguém que pode vir a ser nosso concorrente, dificultando um pouquinho mais a nossa vida e facilitando um pouquinho a vida deles. Se você simplesmente deixar a porta bater na cara de alguém, vai poder chegar ao lugar para onde já estava indo um pouquinho mais rápido. Se conseguir furar a fila do cinema, isso pode acabar sendo a diferença entre ver o filme *A origem*, ou ter que aguentar um filme qualquer do Vin Diesel.

Nas décadas de 1960 e 70, os biólogos evolucionistas ergueram dois pilares para sustentar uma teoria que explicava por que as pessoas são altruístas e cooperativas. O primeiro foi o nepotismo. Num artigo publicado em 1964, o falecido Bill Hamilton (um inglês muitas vezes descrito como o biólogo evolucionista mais importante desde Charles Darwin) mostrou que uma das moedas em que o altruísmo pode dar lucro são os genes de seus parentes. O carinho que os pais dão aos filhos é um exemplo visível disso. O insight de Hamilton foi perceber que as mesmas forças atuam entre irmãos, primos, etc. Quanto mais próximo o parentesco entre dois organismos, mais genes eles têm em comum e por isso maiores os interesses em matéria de evolução e menor a barreira para o comportamento cooperativo. Para obter meu doutorado, por exemplo, pesquisei espécies de afídios que produzem soldados, que por sua vez se utilizam de patas poderosas e garras fortes para se livrar dos predadores e muitas vezes acabam sendo mortos em combate. Mas, desde que esse sacrifício salve um membro da família, ele vale a pena. Os afídios se reproduzem fazendo clones de si mesmos, de modo que um soldado é geneticamente idêntico a todos os irmãos e, portanto, valoriza a vida deles tanto quanto a sua. (Que apenas cerca de 1% das 4 mil espécies conhecidas de afídios produzam soldados mostra que ter parentes incrivelmente próximos não é o bastante para a evolução do comportamento social, mas esse não é um assunto para ser tratado aqui.) A seleção de parentesco, como chamamos a teoria de Hamilton, pode ajudar a explicar muitos outros exemplos de cooperação, como pássaros que continuam ajudando no ninho dos pais, em vez de construir seu próprio, e a solidariedade grupal de espécies como os suricatas e os lobos.

As pessoas com certeza são nepotistas. Colocamos nossos parentes no primeiro lugar da fila de favores, tanto consciente, quanto inconscientemente. Se uma pessoa que não tem filhos morre, ela provavelmente deixará seu patrimônio para irmãos, primos, etc. Há um provérbio beduíno que diz: "Eu contra o meu irmão, meu irmão e eu contra os nossos primos, e eu e os meus primos contra todos os outros." Experiências mostram que as pessoas são mais generosas com aqueles que têm o mesmo sobrenome que elas e, como mostraram estudos com fotos manipuladas, com pessoas que se parecem com elas.[2] Mas isso não explica por que ajudamos pessoas que não são nossas parentes, expondo-nos à possibilidade de sermos tapeados, ou por que deveríamos resistir à tentação de tapear essas pessoas.

Em 1971, o biólogo americano Robert Trivers, que pode muito bem ser considerado o pensador evolucionista mais importante desde Bill Hamilton, sugeriu algo mais além dos laços genéticos que poderia explicar a evolução do altruísmo. Pode valer a pena ajudar, se o beneficiário vier a retribuir o favor. Se você tiver certeza de que vai encontrar a mesma pessoa no futuro, vale a pena ajudá-la quando ela estiver precisando, para que ela também lhe ajude quando você precisar. Trivers chamou isso de altruísmo recíproco e este se tornou o segundo pilar da cooperação animal.[3]

Para ilustrar essa ideia matematicamente, Trivers se valeu do dilema do prisioneiro, aquele jogo econômico que discutimos no Capítulo 2, onde dois jogadores devem, sem saber o que o outro está pensando, escolher se vão cooperar ou trapacear. O nome vem da situação em que dois cúmplices criminosos devem decidir se vão entregar o outro. Se os dois ficarem quietos (cooperarem entre si), o caso contra eles vai perder força e cada um vai pegar uma sentença relativamente pequena, digamos que uns dois anos. O problema é que, se alguém delatar e o outro se calar, o traidor acaba se saindo bastante bem (é condenado a um ano de prisão) e o que ficou quieto se dá muito mal (é condenado a quatro anos). Se os dois abrirem o bico e entregarem o outro, a situação não fica tão ruim, mas o tribunal tem provas suficientes para encarcerá-los por três anos.

O dilema é que a cooperação vale mais a pena do que um tentar passar a perna no outro, mas paga pior do que uma trapaça unilateral. Isso gera uma situação insana em que a melhor coisa a se fazer é trapacear, independentemente do que o outro jogador fizer, e o mesmo vale para ele. Não dá para responder a essa lógica. No entanto, como indivíduo, você se daria melhor se os dois cooperassem. Mais importante que isso: se houver outras duplas de prisioneiros na mesma situação e se eles cooperarem, vão ser soltos primeiro e provavelmente vão tomar o seu lugar nos negócios.

Se você disputar o dilema do prisioneiro com um parceiro só uma vez, não há qualquer incentivo para não trair. Mas a vida não é necessariamente assim. Dois animais que vivam no mesmo lugar têm a chance de interagir repetidas vezes entre si, de modo que existe a chance de surgir uma atmosfera de confiança e, com ela, uma cooperação onde os dois lados saiam ganhando. No entanto, a tentação de trair nunca desaparece totalmente, por isso a confiança precisa ter certos dentes — qualquer animal que coopere indiscriminadamente acaba fazendo o papel de bobo. Por exemplo, uma estratégia poderosa para jogar o dilema do prisioneiro se chama *tit for tat* (olho por olho). Significa cooperar no primeiro movimento e depois copiar o que o seu oponente fizer na vez dele. Portanto, se você estiver diante de um jogador cooperativo, vai surfar numa onda cooperativa; se der de cara com um trapaceiro, só vai ser enganado uma vez; e se ele se arrepender, você retribui.

A maior parte da moralidade e psicologia humanas, escreveu Trivers, pode ser explicada como ajustes para promover o altruísmo recíproco, como amizade, gratidão e a confiança que sentimos em relação aos que nos ajudaram e a suspeita, a raiva e o desejo de vingança contra aqueles que só sabem tomar, sem dar nada em troca.

O altruísmo recíproco parece óbvio — e ninguém duvida que esse seja um fator importante na cooperação humana —, mas é mais difícil de alcançar do que se imagina. Muitos primatas e antílopes parecem trocar carícias e gentilezas, mas isso só acontece durante alguns minutos. Para qualquer coisa de mais longo prazo, você precisaria de uma vida mais longa e de um mundo social suficientemente estável, a ponto de tornar provável encontrar o mesmo animal muitas e muitas vezes. Isso exclui as espécies muito móveis e que vivem pouco. Você também precisa ter a técnica de reconhecer bem as pessoas; de lembrar como foi tratado por elas (e elas por você) no passado; e se valer dessa informação para adotar o comportamento adequado no próximo encontro. Isso exige um cérebro grande e expansivo. Muito poucas espécies, além dos humanos, atendem a todos esses requisitos, e a maioria dos comportamentos de animais sugeridos como exemplos de altruísmo recíproco e complexo acabaram revelando ter outras possíveis explicações: o animal ajudado pode ser um parente, ou quem ajuda pode receber outro tipo de benefício. Até o exemplo mais conhecido de altruísmo recíproco, que ocorre quando um morcego vampiro bem alimentado regurgita o sangue para oferecer a machos menores e famintos, agora é visto com suspeita: os morcegos fêmeas que compartilham o sangue, por exemplo, tendem a conviver com parentes, de maneira que a seleção por parentesco pode acabar se revelando uma explicação melhor para o compartilhamento da comida.[4]

Mas o altruísmo recíproco não chega a explicar por que ajudamos estranhos que dificilmente voltaremos a ver — por que alguém sequer pensaria em me mandar um cartão-postal extraviado. Uma hipótese é que tudo isso é só um erro. As pessoas se desenvolveram ao lado de parentes, em pequenos grupos onde sempre estávamos em contato com as mesmas pessoas. Valia a pena ajudar e não discriminar. Hoje, muito embora vivamos no meio de uma multidão de estranhos, talvez nossa psicologia ainda não tenha se atualizado às novas circunstâncias e tratamos as pessoas bem porque, subconscientemente, pensamos que elas têm alguma ligação conosco ou porque vamos vê-las de novo.

No entanto, além de ser insuficiente, essa ideia não parece se conformar com aquilo que vemos. As pessoas podem cooperar, mas não cegamente. Sabemos quem é parente e quem é só conhecido; sabemos se as pessoas são recíprocas quando fazemos um favor; torcemos o nariz para o mau comportamento, seja conosco ou em relação aos outros. Se o altruísmo não é um erro, a gentileza direcionada a estranhos é um enigma que merece ser desvendado. Com certeza alguém tem que ganhar alguma coisa ajudando um estranho que nunca viu na vida e que talvez nunca venha a ver de novo. Superar o compreensível temor de que a pessoa possa se aproveitar de você exige uma força considerável e essa força se chama reputação.

No final da década de 1960, Richard Alexander participou de um simpósio no departamento de biologia da Universidade de Michigan, onde ele lecionava, no qual um paleoantropólogo exibiu um diagrama que mostrava como o cérebro humano havia crescido enormemente ao longo dos tempos. O *Homo habilis*, por exemplo, vivia há 2 milhões de anos e tinha um cérebro de aproximadamente 500 cm³, um pouquinho maior que o de um chimpanzé. O *Homo erectus*, que surgiu na Terra cerca de meio milhão de anos mais tarde, tinha um cérebro que era mais ou menos do dobro do tamanho e o campeão do gênero. Já o *Homo sapiens* tem um cérebro cerca de 50% maior, em torno de 1.400 cm³. Isso é muito dispendioso para ser apenas um luxo: ele responde apenas por 2% do nosso peso, mas consome 20% da nossa energia. Por que, então, raciocinou Alexander, os cérebros teriam aumentado de tamanho e, mesmo quando já eram maiores que os de qualquer outro primata, teriam continuado a crescer? Que força tão hostil seria a responsável por essa mudança?

Naquele tempo, não era comum que biólogos evolucionistas se debruçassem sobre o comportamento humano. Alexander construíra sua carreira estudando grilos, gravando dezenas de milhares de fitas com os sons de milhares de espécies e descobrindo mais de quatrocentas novas espécies que a ciência desconhecia. Mas na época em que estava na pós-graduação, na década de 1950, quando o estudo da evolução mal existia como especialidade, ele havia prometido a si mesmo descobrir a resposta para o que considerava ser os maiores problemas a decifrar. Os seres humanos pareciam ser o tema mais complexo de todos e o comportamento humano, o assunto mais complicado para a biologia explicar. O enigma do cérebro hominídeo, que não parava de crescer, reacendeu sua velha chama e ele se jogou nos livros de antropologia.

Ele estabeleceu que um cérebro grande servia como uma ferramenta social. O único motivo para os seres humanos investirem em inteligência era o desafio de lidar com os demais seres humanos. Andar em grupo oferece uma enorme vantagem, especialmente na luta contra outros grupos, mas também oferece a oportunidade de se aproveitar dos integrantes do próprio grupo. Por isso, as pessoas precisam evitar serem exploradas por quem está à sua volta e também precisam ficar atentas para as oportunidades de obter alguma vantagem. A chave do enigma é que, na maioria das situações sociais, os interesses das pessoas até certo ponto estão alinhados. Os participantes de um grupo raramente querem as exatas mesmas coisas. Por outro lado, também é raro que queiram coisas totalmente diferentes — podem concordar, por exemplo, sobre a necessidade de instalar um sistema de irrigação (algo que ninguém pode fazer sozinho), mas podem discordar sobre como o trabalho em si deva ser dividido, ou para onde a água deva ser canalizada. Para Alexander, a maioria dos problemas morais parecia surgir desses conflitos e confluências de interesses, daquelas situações nas quais o ganho de uma pessoa representa uma perda para outra e os benefícios da cooperação entram em atrito com os benefícios da tapeação. A moralidade é uma maneira de resolver esse tipo de conflito e a recompensa para isso é a coesão do grupo. Pela lógica de Alexander, as pessoas são o maior recurso, mas também a maior ameaça para as outras. Cooperamos no nosso grupo para podermos competir com mais eficiência com outros grupos.

Alexander já conhecia o artigo de Robert Trivers sobre altruísmo recíproco e achou que era um dos melhores trabalhos que lera na vida. Depois de lidar com o tema da ajuda recíproca entre dois animais, Trivers passava a discutir o que chamava de interações multilaterais. Num grupo de humanos bastante fechado, escreveu ele, poderia haver uma vantagem em saber quem ajudou e quem trapaceou no passado. Se as pessoas pudessem aprender com as experiências umas das outras, você deveria se preocupar com a opinião de todo mundo que sabe o que você está fazendo e não apenas com a opinião de quem você ajuda ou atrapalha. Pode até valer a pena ser altruísta de maneira geral, ajudando livremente qualquer pessoa do grupo, para que todos venham a lhe ajudar, no futuro.

Isso parecia ser especialmente relevante para o comportamento humano. Nós não reparamos e nos importamos apenas com a maneira como os outros nos tratam. Também nos importamos com a forma como as pessoas tratam umas às outras e as punimos ou recompensamos, mesmo se suas ações não nos afetem diretamente. Isso, raciocinou Alexander, era um incentivo extra poderoso para cooperar também com pessoas com quem não temos nenhuma relação de parentesco e para trocar favores, além de uma maneira de os grupos se manterem unidos e policiar seus conflitos de interesse. Pode valer a pena mandar um cartão extraviado a alguém, não porque você espera que aquela pessoa algum dia vá retribuir, mas porque alguém vai perceber o quanto você é solidário e vai confiar em você quando precisar de ajuda. Jogar fora o cartão seria uma má ideia, porque nesse caso sua plateia vai se recusar a ajudá-lo quando você precisar.

A ideia de Alexander era a de que seguir a regra de ouro seria uma forma de autoajuda: você trata os outros como gostaria de ser tratado e não faz com eles aquilo que não gostaria que fizessem com você. (Versões dessa regra podem ser encontradas em todas as grandes religiões do mundo.) Ele chamou isso de reciprocidade indireta, para se diferenciar do altruísmo recíproco de Trivers, e a estendeu a outros campos, como a filosofia. Em 1986, ele escreveu:

> A reciprocidade indireta é a base fundamental da moral, da ética e dos sistemas jurídicos. Acredito que sua existência e sua presença na vida social dos seres humanos são os fatores mais importantes a se ponderar na análise da natureza e da complexidade da psique humana. Acredito que isso justifica o interesse humano em todas as formas de teatro, das novelas ao teatro de Shakespeare, da poesia à sociologia e da festa do seu vizinho até os Jogos Olímpicos.[5]

A consciência que temos de nós mesmos permite que nos vejamos como os outros nos veem, podendo manipular suas opiniões. Nossas consciências nos informam do que podemos nos safar, sem prejudicar muito nossas perspectivas futuras. Nossa ética gira em torno de perguntas como o que nós devemos aos outros e como devemos tratá-los, baseado em como eles trataram a nós e às outras pessoas no passado. Tudo isso, segundo Alexander, nasce com a reciprocidade indireta, a necessidade de tratar as pessoas como elas trataram as outras.[6]

Sob essas maneiras de olhar a cooperação (seja a de Hamilton, de Trivers, ou de Alexander), a moralidade serve à própria pessoa e o altruísmo passa a ser um investimento, um dispêndio pelo qual se espera um retorno maior, no futuro. Pode-se até pensar em altruísmo como uma "malandragem social", segundo Alexander, com o benfeitor, pelo seu comportamento, preparando a armadilha para o observador, que posteriormente vai mais do que pagar pela boa ação original. Aqui também, isso não quer dizer que a "malandragem social" seja uma tapeação, ou que as pessoas só tomem decisões calculando seus custos e benefícios, ou que sejam guiadas exclusivamente pelo próprio interesse. Elas também são guiadas por emoções como a raiva, a pena e a empatia e por princípios morais como a igualdade e a justiça. Mas esses motivos não contradizem a opinião de que nosso comportamento, nossas emoções e nossa moral surgiram porque os nossos antepassados obtiveram alguma vantagem social com elas. As pessoas não se alimentam ou têm relações sexuais porque calculam que isso vá aumentar sua contribuição genética para a geração seguinte. São guiadas por apetites. Da mesma maneira, a moralidade é uma espécie de apetite em favor de determinados tipos de comportamento em nós mesmos e nas outras pessoas.

E, assim, encontrar uma explicação evolucionista para a moralidade, disse Alexander, não foi tão difícil quanto ele imaginava. Resolvido esse mistério, ele passou para aquele que julgava ser o verdadeiro problema: as artes e, principalmente, o humor. Começou pela ideia de que todas as piadas giram em torno da manipulação do status social e da identidade de um grupo. Quando contamos uma piada, aumentamos nosso próprio status. Quando contamos piadas sobre outras pessoas (ou raças), nós as diminuímos e, ao contarmos piadas para o nosso próprio grupo sobre outras raças, religiões ou nacionalidades, deixamos o nosso time mais unido.

Alexander se valeu apenas de palavras em sua argumentação, mas, hoje em dia, as teorias tendem a ganhar impulso e credibilidade apenas quando expressas em termos matemáticos — como Hamilton fez quanto à opção pelos parentes e Trivers pelo altruísmo recíproco (ainda que generalizado). Nos dez anos que se seguiram ao livro de Alexander sobre a evolução da moral, houve pouco interesse sobre a reciprocidade indireta e, na maior parte do período que foi de 1970 a 2000, a biologia evolucionista se concentrou em explicar o comportamento altruísta e a opção preferencial pelos parentes, na crença de que esses pilares fossem os únicos necessários. Isso envolveu uma série de estudos testando diversas facetas do dilema do prisioneiro. No final da década de 1980, Robert Boyd e Peter Richerson, dois dos maiores especialistas do mundo sobre evolução cultural, mostraram como a reciprocidade indireta poderia dar certo, se ela circulasse, com A ajudando B, que ajudaria C, que por sua vez ajudaria A.[7] No entanto, isso só parecia funcionar em grupos muito pequenos. Seria muito improvável, por exemplo, que, nos dez anos seguintes, a pessoa a quem eu mandei o calendário perdido fosse mandar outro item perdido para uma pessoa que então me mandaria um cartão-postal extraviado. Em 1992, Lee Dugatkin foi coautor de um estudo que analisava uma estratégia do jogo do dilema do prisioneiro chamada "olho por olho observador" (*observer tit for tat*), que ao contrário do olho por olho (*tit for tat*) comum, traía logo no primeiro movimento, se tivesse visto o adversário trair anteriormente. O "olho por olho observador" se saía bem — melhor que o próprio "olho por olho" — se os dois jogadores tivessem poucas chances de se ver repetidas vezes.[8] Contudo, de uma maneira mais geral, não havia muita confiança de que um mecanismo como esse pudesse evoluir. Se fazer com que a reciprocidade comum funcionasse já parecia difícil, a reciprocidade indireta parecia exigir, intelectualmente, ainda mais dos usuários e um ambiente social ainda mais especializado.

O progresso só viria em 1998, por obra e graça de dois cientistas austríacos. O matemático Karl Sigmund, da Universidade de Viena, é um dos líderes mundiais em matéria de teoria dos jogos evolucionista. Junto com seu aluno Martin Nowak, que hoje trabalha em Harvard, ele já tinha passado muitos anos estudando a dinâmica do altruísmo recíproco e do dilema do prisioneiro, para verificar sob que condições a cooperação era exercida e o que agia contra ela. Os dois começaram a debater a reciprocidade indireta. Sigmund conhecia o trabalho de Alexander e como a falta de um suporte teórico impedia que ele avançasse, mas Nowak não desisitiu e, em poucos dias, bolou um modelo que demonstrava como a reciprocidade indireta poderia dar certo.

O modelo consistia numa simulação por computador de um grupo de 100 indivíduos — aproximadamente o mesmo tamanho dos grupos de caçadores e coletores, nos quais o comportamento social humano surgiu.[9] Os indivíduos no grupo formam duplas aleatoriamente. Em cada dupla, um deles, também escolhido aleatoriamente, precisa optar por ajudar ou não o outro. Se ele ajudar, seu bem-estar evolutivo diminui um pouquinho enquanto o de quem recebeu ajuda aumenta numa proporção maior. (Todas as teorias da cooperação só funcionam se os benefícios de ser ajudado forem maiores do que os de ajudar.) E se o doador potencial optar por não ajudar, os dois ficam na mesma. Então eles se separam e não voltam mais a se encontrar. Depois de uma série de encontros como esse, em que todos têm a chance de doar e de receber, o grupo começa a procriar. Os que estiverem em melhor situação passam a ser mais comuns na geração seguinte, enquanto os genes dos que estiverem em pior situação saem de cena.

A melhor tática nesse mundo é não fazer nada — segurar suas fichas quando for sua vez de doar e torcer para que algum bobo venha a ajudá-lo. Depois de algumas gerações, os bobos e a interação social vão deixar de existir, mesmo se, caso todos cooperem, os benefícios de ser ajudado forem maiores do que os de ajudar os outros. Mas Nowak e Sigmund inventaram uma maneira de inserir a reputação nessa simulação.

Fizeram isso dando a todos os indivíduos daquele universo o que chamaram de "image score" (pontuação de imagem), que era bem parecido com o feedback dado no eBay. Todo mundo começa com a pontuação zerada. Uma divindade superior observa os encontros sociais e atualiza os pontos da imagem dos participantes de acordo com suas ações, marcando sua testa com pontos positivos, ou os apagando. Toda vez que um doador ajuda alguém, ganha um ponto. Toda vez que um doador em potencial se recusa a ajudar, ele perde um ponto. Isso permite que você saiba como o seu parceiro se comportou no passado. Se ele tiver uma imagem positiva, é sinal de que ajudou bastante os outros; se negativa, significa que ajudou pouco.

Os 100 indivíduos partiram de uma série de regras sobre como utilizar a pontuação de imagem para decidir se deveriam auxiliar ou não os outros. Uns tipos mais exigentes, por exemplo, só ajudavam quem tivesse um resultado igual ou maior que +3, enquanto outros, mais bondosos, ajudavam qualquer um com resultado maior que -3 — e assim por diante. À medida que as gerações foram se sucedendo, uma estratégia superou todas as outras: a de ajudar qualquer um com resultado maior que zero. Essa estratégia permite que pessoas bondosas formem redes em que todos se ajudam, mesmo que indiretamente, e também evita que percam tempo com as que não merecem entrar na rede.

Ninguém — muito menos Nowak e Sigmund — quer dizer que essa seja uma reprodução exata do comportamento humano e da sociedade. Mas é uma tentativa de pegar alguns aspectos do mundo que podem ser relevantes e ver como eles se saem num modelo simplificado. No entanto, é fácil verificar como o modelo é capaz de capturar alguns dos aspectos de como nós tomamos decisões sociais. O mais importante de tudo é que a experiência deu certo. Se a simulação tivesse mostrado um grupo que preferiu ficar totalmente antissocial, mesmo com os benefícios da cooperação, ninguém teria se interessado pela análise de Nowak e Sigmund. Mas ao mostrar como a reputação poderia fazer com que os cooperadores prosperassem e os trapaceiros perecessem, o estudo trouxe algum esclarecimento às boas ações que o altruísmo recíproco e a preferência pelos parentes não conseguiam explicar e sugeriu que ser gentil com pessoas estranhas pode ser um comportamento esculpido pela seleção natural, e não um vestígio qualquer de um mundo em que as pessoas fossem menos anônimas.

O estudo de Nowak e Sigmund deu origem a anos de intensos estudos sobre a reciprocidade indireta, nos quais teóricos e práticos passaram a bola de um para o outro. Na maioria das vezes, o biólogo alemão Manfred Milinksi esteve no campo prático e experimental. Milinksi começou a carreira trabalhando com peixes como os *Pungitius pungitius*. Nas décadas de 1980 e 90, ele estudou de que forma os peixes decidiam onde se alimentar e com quem se acasalar, e de que maneira perigos como predadores e infestações de parasitas afetavam essas decisões. Também imaginou como os *Pungitius pungitius* jogavam o dilema do prisioneiro. É o que acontece quando dois peixinhos se aproximam de um predador, como um lúcio, para ver se ele está caçando. Com um bem montado jogo de espelhos, Milinksi deu a um peixe solitário a impressão de que seu reflexo uma hora estava cooperando (nadando ao lado dele para ver o perigo) ou traindo (ficando mais para trás, para receber a informação sem se expor aos riscos). Nesse tipo de situação, ele descobriu que os peixinhos usam a tática do "olho por olho" (*tit for tat*) e se recusam a enfrentar o perigo se estiverem na companhia de um preguiçoso.

Na década de 1990, Milinski começou a focar seu talento na invenção de experiências engenhosas para investigar a cooperação humana e o altruísmo recíproco, examinando os tipos de estratégia que pessoas do mundo real utilizavam ao jogar o dilema do prisioneiro. Mais ou menos nessa época, uma cópia da análise de Nowak e Sigmund chegou até ele, antes de ser publicada. E ele percebeu que, pela primeira vez em 25 anos, surgia uma nova ideia sobre a evolução do altruísmo. Mas será que aquele modelo realmente dava conta da maneira como as pessoas se comportavam? Trabalhando com o aluno Claus Wedekind na Universidade de Berna, na Suíça, Milinski foi tratar de descobrir.

Milinski e Wedekind dividiram 79 calouros da graduação em grupos de oito, nove ou dez jogadores e deu alguns francos suíços a cada um. Tal como na simulação de Nowak e Sigmund, as duplas em cada grupo eram formadas aleatoriamente e todos tinham a opção de dar um franco para o donatário receber quatro (os patrocinadores da pesquisa cobriam a diferença) ou segurar o dinheiro, caso em que o donatário potencial não receberia nada. Os jogadores eram identificados por números e tomavam suas decisões apertando um botão escondido, de modo que tanto os coordenadores da experiência quanto o resto do grupo não podiam saber quem fazia o quê.

Não havia oportunidade de dar o troco. Os mesmos jogadores nunca mais se encontravam como doador e donatário. No entanto, com o desenrolar das rodadas, os jogadores passavam a saber alguma coisa sobre como seus parceiros haviam tratado o restante do grupo. Toda vez que o número de um jogador aparecia, todas as suas decisões passadas — doar ou não doar — apareciam num quadro para que todos pudessem ver. E assim se fazia uma pontuação de imagem.

Houve um jogador nessa experiência que não fez nenhuma doação. Em média, no entanto, os doadores se comportavam com generosidade mais da metade das vezes. Mas não eram bonzinhos à toa.

Os jogadores que haviam doado nas rodadas anteriores e assim formaram uma imagem positiva tinham muito mais chances de receber ajuda do que aqueles que tinham uma imagem negativa.[10] Dando +1 a toda decisão de ajudar e -1 a toda recusa mostrou que os que acabavam recebendo ajuda tinham uma pontuação de imagem de cerca de +0,5, enquanto os que não recebiam ajuda tinham uma pontuação de imagem de aproximadamente -0,5 — bem próximo do resultado teórico de Nowak e Sigmund. Ou seja, quando os jogadores decidiam a quem ajudar, eles baseavam suas decisões em como seus parceiros haviam tratado o restante do grupo. Recompensavam o bom comportamento e, conscientemente ou não, tentavam manter uma boa imagem diante de seus camaradas.

Várias outras experiências confirmaram que canalizamos nossa ajuda em favor dos que ajudam os outros. Dois psicólogos de Harvard, Kristina Olson e Elizabeth Spelke, estudaram pontuações de imagem em crianças de 3 anos, pedindo que elas dividissem um prêmio (constituído por algumas conchas) entre um grupo de bonecas.[11] Informadas, então, que um dia antes algumas das bonecas (mas nem todas) haviam dado uma moeda a outra, as crianças ofereceram as conchas às bonecas que se mostraram generosas. Como o comportamento cooperativo em geral, a necessidade de retribuir aparece bem cedo na vida. Pode até já existir quando nascemos.

A experiência de Kiley Hamlin tem o jeito e os valores de produção de um daqueles programas de fantoches que passavam na TV dos anos 1970. Os atores são pedaços de madeira com os olhos de personagens de desenho animado, e o cenário é uma colina verde que se destaca levemente de um fundo totalmente branco. Um pedaço redondo e vermelho começa sua jornada no pé do morro. Ele tenta subir, mas não consegue, chegando à metade do caminho e escorregando de volta para baixo. Em algumas cenas, um triângulo amarelo entra pela direita e, colocando-se por trás do pedaço vermelho, o empurra até o alto da colina. Em outras, um quadrado azul aparece no alto da colina e intimida o pedaço redondo, derrubando-o e mandando-o de volta ao ponto de partida.

Hamlin e seus colaboradores apresentaram essas cenas a bebês de 6 e 10 meses de idade. Então, ofereceram às crianças, numa bandeja, os pedaços de madeira correspondentes ao ajudante e ao intimidador e pediram que elas escolhessem um. Das 16 crianças de 10 meses, 14 escolheram o ajudante e o mesmo aconteceu com todos os bebês de 6 meses.

Posteriormente, os pesquisadores montaram cenas um pouco mais ambíguas. Nelas, eles colocaram o pedaço redondo ou com um auxiliador, ou com um intimidador, ou com um personagem neutro que ficava por ali, enquanto o pedaço redondo apenas observava, sem tentar subir a colina. Então, os bebês receberam a opção de escolher entre o auxiliador e o neutro, ou entre o intimidador e o neutro. E eles se mostraram à altura do desafio: nas duas faixas etárias, sete entre oito crianças escolheram o auxiliador em vez do neutro, e o mesmo número preferiu o neutro em vez do intimidador.[12] Bebês de colo não são estrategistas consistentes e os psicólogos que analisam seu comportamento raramente veem mais de dois terços dos indivíduos se comportarem da mesma maneira, qualquer que seja a experiência. Uma quase unanimidade como essa é realmente muito rara.

O que significa que, antes de andar ou falar, os seres humanos já estão observando as pessoas à sua volta, vendo quem é gente boa e quem não é. Já conseguem deduzir o que os outros querem e sabem que é melhor ajudá-los a conseguir o que querem do que não ajudar. Também já entendem que ignorar alguém é melhor do que atrapalhar. Assim, os bebês usam esse tipo de conhecimento para planejar seu comportamento social, se aproximando ou se afastando das pessoas. Isso não significa, necessariamente, que suas decisões sejam apenas inatas e que não devam nada àquilo que aprendem, porque, na hora em que os bebês chegam aos 6 meses de idade, já observaram muitas interações sociais. Mesmo assim, isso sugere fortemente que pelo menos uma parte de nossa capacidade de medir as pessoas e descobrir como devemos tratá-las está em nossos genes. Portanto, na próxima vez em que estiver diante de um bebê, seja legal com ele — porque ele está julgando você.

A teoria, portanto, descreve como ser gentil com os estranhos pode se revelar uma estratégia vencedora, com a pontuação de imagem servindo como uma maneira de separar quem coopera de quem não merece ajuda. As experiências realmente mostram que as pessoas parecem planejar seu comportamento dando pontos às pessoas que estão à sua volta. Quer dizer que é por isso que nós cooperamos e nos preocupamos tanto com a reputação? Temos quase certeza de que essa é pelo menos uma parte da resposta, mas também estamos quase certos de que não é só isso.

Outros teóricos logo começaram a fazer ajustes ao modelo e descobriram que, se ele for mais realista, não vai funcionar tão bem. Imagine, por exemplo, que você conheça alguém que tenha uma péssima imagem. Você não deveria ajudar essa pessoa. Mas no mundo de Nowak e Sigmund, a divindade estenderia a mão e subtrairia um ponto do seu resultado. Por ser um bom cidadão, você teria passado a qualquer pessoa que estivesse observando de fora que *você* é que não colabora. Nowak e Sigmund puseram em seu mundo virtual indivíduos que baseavam seu comportamento nas pontuações de imagem das pessoas que elas encontravam. No entanto, dois biólogos evolucionistas, Olof Leimar e Peter Hammerstein, repetiram a simulação de computador, mas incluíram uma estratégia que se preocupava somente com sua própria pontuação e com a de mais ninguém. Essa estratégia ajudava o mínimo possível, apenas o necessário para manter sua própria imagem positiva. Na verdade, ela comprava uma boa reputação, mas não se preocupava de quem — se sua pontuação precisasse de uma melhorada, ela ajudaria o primeiro indivíduo que encontrasse, independentemente de como ele tivesse se comportado no passado. E esse intruso prosperou, logo se sobrepondo à estratégia que baseava seu comportamento na pontuação de imagem dos outros, em vez da própria.[13]

Não parece justo que uma estratégia honrada possa perder para uma tão sorrateira. Com a simples mudança de algumas linhas de programação de computador, surgiu toda uma questão ética, uma pista do tipo de regras que podem formar a base da moral humana. O que vem a ser uma boa ação? Os observadores que habitam o mundo de Nowak e Sigmund têm uma visão simplista: que é legal ser gentil, mesmo que você seja gentil com um pária. Leimar e Hammerstein demonstraram que essa é uma base muito frágil sobre a qual se construir uma reputação. Eles também sugeriram uma maneira de solucionar o problema, mostrando que as coisas ficam diferentes se você acrescentar um motivo à situação e encher o mundo de pessoas que não só se preocupam com o que os outros fazem, mas também com por que eles fazem.

Uma ação pode parecer muito diferente, dependendo do que você saiba sobre ela. Um famoso comercial de um jornal inglês mostra um skinhead de aparência ameaçadora correndo em disparada pela rua para agarrar um senhor de terno, que ergue sua pasta para se defender. Parece um assalto, mas uma mudança na tomada de câmera revela que o jovem é um altruísta — na verdade, ele está tirando o homem de uma chuva de tijolos que cai em cima dele.[14] No mundo real, confundir um altruísta com um assaltante pode gerar terríveis consequências. Numa noite de sexta-feira, em setembro de 2009, três adolescentes (sendo duas garotas) feriram gravemente o funcionário público Ian Baynham, de 62 anos, num ataque homofóbico na Trafalgar Square, em Londres. Baynham estava com um amigo, que segurou uma das garotas, mas um pedestre achou que ele a estava atacando e interviu, permitindo que ela fugisse.[15]

A morte de Baynham é tanto um exemplo de como um transeunte se sente impelido a ajudar um estranho quanto uma terrível prova de como atribuir pontos à imagem de alguém pode resultar num verdadeiro desastre. No entanto, há outras maneiras de se julgar uma ação. Por exemplo, em vez de rotular alguém de "mau" por ter se recusado a ajudar outra pessoa, você pode rotulá-lo de "bom" se souber que a outra pessoa fez por merecer a punição.[16] Substituir uma simples pontuação de imagem por regras mais rígidas afasta o incentivo de ajudar alguém de má fama; em vez disso, incentiva a rejeitar essa pessoa. Em torneios simulados por computador, disputados por estratégias diferentes, os que rotulam de "mau" quem ajuda alguém de má reputação e que chamam de "bom" quem recusa esse tipo de ajuda se dão bem — melhor que a simples pontuação de imagem — e permitem que as pessoas cooperativas mantenham os trapaceiros à distância. O perdão, onde uma simples boa ação é suficiente para restaurar uma reputação, também funciona bem nesses mundos virtuais.[17]

Essa parece ser uma maneira mais racional de se comportar. Portanto, se as pessoas tiverem a chance de julgarem os motivos das outras, será que elas vão julgar de maneira correta? Há indícios que apontam nas duas direções. Manfred Milinski e seus colaboradores fizeram uma experiência que demonstrou que os jogadores que se recusaram a ajudar um participante não cooperativo tiveram, mais tarde, seu próprio pedido de ajuda negado, mesmo quando todo mundo sabia o suficiente sobre seu comportamento passado para avaliar se a recusa original fora justa. Os resultados foram quase idênticos aos de um sistema regido pura e simplesmente por atribuir uma pontuação de imagem, e os jogadores que rejeitavam um jogador não cooperativo se tornavam mais generosos nos encontros posteriores, como se soubessem que tinham manchado suas reputações e estivessem tentando melhorar sua pontuação de imagem.[18]

Da mesma maneira, quando decidimos como lidar com alguém de má reputação, pensamos também em como isso vai afetar nossa imagem. Quando começamos um novo relacionamento, entramos num novo emprego ou nos mudamos para uma nova rua, costumamos ficar mais preocupados em construir nossa reputação do que em reagir à fama e à reputação de nossos novos conhecidos. Procuramos fazer um esforço extra para sermos gentis com as pessoas, mesmo se tivermos lá nossas dúvidas sobre algumas delas, ou se já tivermos ouvido alguém falar mal delas. Quando não se dispõe de muita reputação, vale a pena pagar um pouco mais para construir seu próprio nome, em vez de punir os outros pela má fama deles. Quando a sua pontuação de imagem tiver crescido o suficiente, aí sim poderá recusar uma cooperação sem pôr em risco seu próprio nome, mesmo que fique marcado por isso.

Por outro lado, Kiley Hamlin e seus colaboradores realizaram uma experiência que examinava um comportamento semelhante em bebês. Era bem parecido com o estudo que fizeram sobre as figuras geométricas subindo o morro, só que em vez de ver um pedaço de madeira tentar subir uma colina, os bebês viram um fantoche de pato lutando para abrir uma caixa e sendo ajudado ou atrapalhado por um fantoche de elefante. Depois, os dois elefantes, o que ajudava e o que atrapalhava, apareciam em outra cena, em que brincavam com uma bola até a deixarem cair. Dois fantoches de alce observavam a cena. Um deles dava a recompensa (pegava a bola e devolvia) e o outro, a punição (levava a bola consigo). De modo que os bebês tinham a oportunidade de ver um elefante bom e um elefante mau sendo recompensados ou punidos. Os pesquisadores, então, deixaram que os bebês escolhessem entre o alce que recompensava e aquele que punia.

Se tudo dependesse da pontuação de imagem, os bebês sempre iriam preferir os alces que recompensavam, mesmo que o elefante tivesse sido mau com o patinho. Foi isso o que fizeram os bebês de 5 meses. Já com os de 8 meses, a coisa foi diferente: 13 dos 16 bebês da experiência preferiram o alce que castigou um elefante malcriado do que aquele que recompensou quem não devia. O que sugere que nosso entendimento de quem merece ser punido surge alguns meses mais tarde do que nossa ideia sobre quem merece a nossa colaboração. Mesmo assim, exige pouca experiência social ou ensinamentos morais — se é que isso é necessário.[19]

Por que os bebês se saíram bem na experiência de Hamlin, enquanto os adultos se revelaram um verdadeiro fracasso na experiência de Milinski? Uma possibilidade é a de que, no estudo de Milinski, na qual as decisões anteriores foram mostradas como uma lista de S e N numa tela, era difícil calcular quem merecia o quê. É muita informação, num formato pouco comum, para ser digerida de uma vez só. Imagine que você viu seu parceiro se recusar a ajudar na rodada anterior. Mas não havia nada de mal nisso, porque ele estava diante de um jogador que se mostrara egoísta em sua rodada anterior. Com essa avaliação, você acredita que seu parceiro atual tenha tomado a decisão certa — que ele examinou o comportamento passado daquele jogador e que a recusa *dele* não se justificava pelo comportamento anterior de seus parceiros, e assim por diante. Se alguém cometer um erro no meio do caminho, negando ajuda a alguém que realmente merecesse, o sistema inteiro pode dar um nó com castigos desmerecidos. Para usar esse tipo de estratégia ao planejar nosso comportamento, é preciso ter todas essas informações em mente e partir do princípio que todas as outras pessoas fizeram o mesmo. Mas, no mundo real, descobrir o motivo por trás das ações é um desafio até mesmo para a polícia e para os tribunais, que são feitos exatamente para isso. Para o restante de nós, simplesmente observar o último elo da corrente pode não ser a tática perfeita, mas é bem mais simples.

Os bebês da experiência de Hamlin, no entanto, viram uma interação muito mais básica expressa de uma maneira direta e natural, o que tornou muito mais fácil ver o motivo por trás da ação. Acredito que as pessoas no mundo real também ajam assim e que julgamos pelo que podemos ver, se não tivermos qualquer outra informação, ou se a informação que tivermos for muito complexa ou pouco confiável — mas vamos levar o motivo em consideração, se pudermos.

A reciprocidade indireta parece uma panaceia, uma garantia universal de bom comportamento, mas há muitos tipos de cooperação que a reciprocidade indireta, por si só, não consegue proteger. Isso porque as opções que ela tem para lidar com o mau comportamento só são eficazes a dois. No modelo de Nowak e Sigmund e nas experiências de Milinski, os que se negaram a ajudar não pagaram nenhum custo material (foram só as suas reputações que sofreram) e a pessoa que pedia ajuda não tinha para onde ir. No entanto, alguns dos exemplos mais espetaculares de cooperação humana, como a construção de um sistema de irrigação ou uma guerra, envolvem grupos grandes trabalhando juntos. Recusar-se a ajudar não é uma boa maneira de resolver problemas referentes a ações coletivas. Digamos que você esteja escavando um poço e perceba que tem alguém no grupo que não esteja se esforçando muito. Se fossem só vocês dois, poderia simplesmente largar suas ferramentas e com isso a outra pessoa teria um incentivo para pôr a mão na massa. Mas se você se retirar do grupo, acaba se juntando aos parasitas e todo mundo sofre, até os que estavam fazendo a sua parte. Esses, por sua vez, se sentem menos incentivados a ir em frente e o esforço todo vai por água abaixo, deixando o poço pela metade.

Já vimos, no capítulo anterior, que problemas de ação coletiva podem ser resolvidos se as pessoas usarem o ambiente público para exibirem seus talentos e seus recursos. A reciprocidade indireta pode ser utilizada para resolver esse tipo de problema de uma maneira parecida, permitindo que mostremos o quanto somos confiáveis, ao contribuirmos para o bem comum e colher os benefícios em outras ocasiões. A vida social é uma colcha de retalhos. Lidamos com várias situações diferentes, em duplas ou em grupos grandes ou pequenos. Às vezes, somos anônimos, às vezes estamos expostos. Muitas vezes pedem nossa ajuda, e todos nós precisamos de ajuda. Não dá para compreender essa complexidade com uma experiência de laboratório, tendo em jogo um pouquinho de dinheiro, mas dá para se combinar algumas dessas experiências.

Nos últimos anos, esse foi o foco da pesquisa de Milinski. Numa experiência, ele e seus colaboradores alternaram o jogo do bem público (quer contribuir para o monte comum?) com um jogo de reciprocidade indireta (quer ajudar outro jogador específico?). Os que contribuíram generosamente para o grupo quase sempre eram recompensados quando jogavam em duplas; os que não davam nada ao monte comum normalmente não recebiam nada dos companheiros.[20] Alternar os jogos dessa maneira mantinha a cooperação bem alta no grupo. Mas quando Milinski tirou as interações em duplas ou fez as pessoas contribuírem para o bem comum isoladamente, ou quando atribuiu diferentes identidades às pessoas, impossibilitando que a reputação acompanhasse uma pessoa de uma situação para outra, as contribuições para o bem público caíram quase a zero e todo mundo saiu perdendo.[21] A preocupação com a reputação dos indivíduos também pode incrementar uma ação coletiva, mesmo quando não há dinheiro em jogo. A equipe de Milinski percebeu que o simples fato de revelar quem eram os jogadores mais generosos e os mais avarentos depois de cada rodada era o suficiente para aumentar enormemente as contribuições do grupo, à medida que as pessoas se mostravam mais dispostas a investir mais para evitar um vexame e conquistar uma honraria.[22]

Apesar dos incentivos para ser egoísta, o jogo do bem público continua oferecendo a oportunidade de se obter mais do que foi contribuído. Contudo, em outra experiência, a equipe de Milinski tirou até isso do jogo e alternou o jogo da reciprocidade indireta com rodadas de doações para a Unicef, o fundo das Nações Unidas de auxílio às crianças. Doar dinheiro para pessoas desconhecidas e necessitadas, no outro lado do mundo, dificilmente poderá ser retribuído em dinheiro, e diretamente, algum dia. Mesmo assim, os pesquisadores descobriram que, quanto mais as pessoas doavam, mais as pessoas lhes davam — tanto que saíram até tendo lucro. Doações de caridade também trazem benefícios políticos. No fim da experiência, os pesquisadores deram aos voluntários uma ficha de votação com os pseudônimos dos membros do grupo e pediram que imaginassem que estavam elegendo um delegado para o grêmio estudantil. Os que contribuíram com mais dinheiro à Unicef receberam mais votos, enquanto que a generosidade em relação aos outros jogadores não mostrou qualquer efeito relacionado à popularidade política.[23]

A lição deixada por mais de meio século de pesquisas é que nenhum dos diferentes pilares da cooperação consegue sustentar todo o edifício sozinho. Nenhum deles é uma resposta completa ou se aplica a toda e qualquer situação. Talvez alguém tenha visto quem mandou o meu cartão e pensou com mais carinho na pessoa que fez isso, ou talvez ninguém tenha visto — nossos instintos cooperativos não precisam dar lucro o tempo todo, só o suficiente para valer mais que os custos. No entanto, a cooperação é tão presente e tão intrincada na maneira como nos comportamos que ela não pode ser considerada um obstáculo ou uma aberração. Muito pelo contrário, nossos melhores instintos e comportamentos afloraram exatamente por conta da seleção natural — e não *apesar* dela. São estratégias que se pagam de muitas formas, mas que precisam ser protegidas das tentações, sempre presentes, de trapacear ou de se aproveitar dos outros.

Preocupar-se com a própria reputação e basear a maneira como tratamos as pessoas no modo como *elas* trataram os outros são maneiras poderosas de fomentar e proteger a cooperação — talvez até a mais poderosa em sociedades grandes, onde as pessoas vivam em relativo anonimato — e uma força importante para manter os grupos unidos e impedir as trapaças. A reputação permitiu que a cooperação humana atingisse uma amplitude e uma complexidade que nenhuma outra espécie jamais conseguiu, e não é preciso nenhum poder superior para fazer valer as leis ou punir os outros.

No entanto, você já deve ter percebido que as pessoas não vêm com uma pontuação de imagem gravada na testa. Nossas maneiras de divulgar a informação que formam as reputações são muito mais complexas, divertidas, pouco diretas e muito menos confiáveis do que isso.

CAPÍTULO 4

Lançando uma sombra

Por várias semanas, todo dia, às sete e meia da noite, Henry Moore caminhava pela região central de Manhattan. Ele começou pela esquina da Broadway com a 33th Street, a uma quadra do Empire State Building, e subiu a Broadway até a 55th Street, quatro quadras ao sul do Central Park. Nesse caminho, ele gravava qualquer trecho de conversa que conseguisse captar, e com isso reuniu 174 fragmentos de conversas entreouvidas — o suficiente, escreveu ele num artigo publicado em 1922, "para fazer uma comparação precisa entre quais os assuntos que mais permeiam as conversas de homens e mulheres".[1]

Moore descobriu que, quando os homens conversavam entre si, o assunto quase sempre girava em torno de dinheiro — afinal, estavam em plena Nova York, no início de uma alta. "Vendi por três vezes o preço que eu comprei"; "Quando eu cheguei aqui, só tinha US$ 5,50 no bolso"; e "Ele está falido. Não tem o que fazer aqui" foram alguns dos comentários que ele anotou. Por outro lado, quando duas mulheres falavam, geralmente era sobre outros homens, como por exemplo: "Ela ficou muito feliz em encontrá-lo, e ele também", "Para que falar com aquele sujeito?" ou "Mas o outro cara nem cumprimentou".

Enquanto escrevia este livro, resolvi escutar, onde fosse possível, conversas em lugares públicos. Algumas das coisas que entreouvi foram as seguintes:

> "O Jules tem um PS3, mas não empresta a ninguém." (Dois estudantes num ônibus em Londres.)
> "No fim das contas, ela só está roubando das amigas dela." (Um homem falando para uma mulher, num parque.)
> "... e aí aparecia um trio comandado por um cara que eu nunca ouvi falar, um tal de Nat King Cole." (Dois homens num ônibus, em Brighton, Inglaterra.)
> "Vou lhe contar uma coisa sobre a sua mãe." (Dois senhores idosos, num café na National Gallery, em Londres.)
> "Dá para ver, quando você usa biquíni?" (Uma mulher dentro de um trem.) "Não." (A amiga dela.)

Para os seres humanos, nunca houve uma escassez de assuntos para se comentar. Você pode ter encontrado um lugar com cogumelos comestíveis maiores do que é capaz de dar conta e pode estar a fim de alimentar seus amigos e a família. Pode estar caçando um cervo e então sugere que alguém do seu grupo fique espionando os animais atrás de uma elevação. Pode ter percebido que o fluido de uma árvore específica é muito bom para impedir vazamentos numa canoa e quer mostrar a todo mundo o que descobriu. Pode ter comprado um tênis que é muito bom para correr ou visto o maior filmaço. Mas, se nós só falássemos sobre isso, a vida seria igual a um filme de bangue-bangue — passagens inteiras sem fala, pontuadas por uma troca forçada de algumas poucas palavras necessárias. Encontrar comida, resistir às forças da natureza e se manter em boa forma física e mental são, certamente, problemas importantes, e a linguagem é um mecanismo excelente para resolvê-los. Mas minha amostra muito pouco rigorosa de certa maneira confirmou o trabalho de pesquisadores que escutam o que as pessoas falam em público, de uma forma mais científica. Na maioria das vezes, estão falando de outras pessoas.

Uma pesquisa publicada em 2004 estimou que "pelo menos 60% das conversas dos adultos giram em torno de pessoas que não participam do diálogo".[2] Para qualquer um que converse regularmente, isso significa várias horas por dia conversando sobre pessoas ausentes.

Já verificamos que as pessoas e os outros animais confiam naqueles que são os mais bem-sucedidos à sua volta, observando e aprendendo com eles. Também já vimos que as pessoas bem-sucedidas tentam exibir seu sucesso e assim compram essa confiança com generosidade. E já vimos que as pessoas mantêm uma espécie de registro de quem fez o que a quem, e que é essa informação que permite que elas decidam em quem confiar. Para elas, a expectativa de que os outros vão fazer o mesmo com elas dá um incentivo a respeito de em quem confiar. Num espectro mais amplo, a reputação possibilita que um bando de indivíduos que só pensam em si mesmo se torne um grupo altruísta e cooperativo. No entanto, no fim das contas, sua reputação não é aquilo que você faz, ou o que você diz a seu respeito, mas o que os outros dizem de você.

Para muitas espécies, inclusive a nossa, a observação constitui uma poderosa influência no comportamento das pessoas. Não somos a única espécie que usa a reputação para manter um comportamento cooperativo e evitar as trapaças, e tampouco somos a única que exibe um comportamento diferente quando está sendo observada. (Voltaremos a esse assunto mais tarde.) Mas monitorar os indivíduos para assegurar a cooperação coloca uma barreira considerável sobre o que os animais podem conseguir e no tamanho do grupo em que eles podem agir. Se você passa o tempo observando seus vizinhos, é difícil fazer qualquer outra coisa ao mesmo tempo, como se alimentar ou vigiar possíveis predadores. É difícil acompanhar mais de um indivíduo de cada vez. É impossível contar a outra pessoa o que você viu, ou descobrir o que os outros viram, e o seu equipamento de observação é atrapalhado pelas árvores, pelas pedras e por qualquer coisa que não seja transparente.

    A língua permite às pessoas manter as ações dos outros registradas ao longo do tempo e espalhá-las no espaço. É difícil encontrar ferramenta melhor que a língua para saber o que os outros fizeram na sua ausência e passar essa informação adiante. Além de poupar trabalho, a reputação também é uma espécie de amplificador, uma forma de alavancagem social que faz com que as consequências de nossos atos, boas ou ruins, ecoem para além do momento, do lugar e de seu objetivo imediato. A língua amplifica o amplificador. Alimentada com o fermento das conversas, a reputação deixa de ser algo meramente pontual para se tornar onipresente e ter um poder assustador.

    Alguns pesquisadores, como o biólogo evolucionista inglês Robin Dunbar, argumentaram que o valor das informações sociais conduziu a evolução da linguagem — que nossos ancestrais começaram a conversar uns com os outros para poderem fofocar.[3] Assim como Richard Alexander, Dunbar acredita que um cérebro grande na verdade é uma ferramenta social. Ele sustenta que os primatas desenvolveram cérebros maiores e mais dispendiosos (em proporção ao tamanho do corpo) que os outros mamíferos não porque eles precisassem de toda essa capacidade de processamento para lidar com desafios como pular de galho em galho, ou porque precisassem distinguir cores para saber que frutas estavam maduras, ou da inteligência para manejar ferramentas — mas, sim, porque a vida social é muito exigente. Como respaldo ao que ele chamou de "hipótese do cérebro social", Dunbar encontrou uma ligação muito forte, em várias espécies de primata, entre a complexidade social e o tamanho do neocórtex — a parte do cérebro envolvida nas coisas inteligentes, como a linguagem e a consciência. Espécies que vivem em grupos grandes, como os macacas, formam mais coalizões quando adultas, brincam mais quando são jovens e têm um neocórtex relativamente maior do que espécies menos sociais, como os saguis. Entre os primatas, são os humanos que têm os maiores cérebros, a vida social mais complexa e as ferramentas cognitivas mais sofisticadas para administrar tudo isso, das quais a linguagem é a mais desenvolvida. Para citar o biólogo evolucionista David Haig: "Para a reciprocidade direta, você precisa de um rosto; para a reciprocidade indireta, você precisa de um nome."[4]

Assim, não é de surpreender que ficou logo patente para os primeiros pesquisadores da reciprocidade indireta que a fofoca poderia ser uma maneira de criar uma reputação e de passá-la adiante. Martin Nowak e Karl Sigmund fizeram essa sugestão no artigo original que escreveram sobre a pontuação de imagem. E, como também já era de esperar, foi a equipe de Manfred Milinski quem testou essa ideia.

A experiência foi conduzida por Ralf Sommerfeld, um aluno de pós-graduação da equipe de Milinski.[5] O objetivo era testar se as fofocas poderiam substituir uma observação direta, quando a reciprocidade indireta está sendo utilizada, e comparar o efeito das duas práticas sobre o comportamento das pessoas. Ou seja: quando seus olhos e seus ouvidos estão dizendo coisas diferentes, você acredita mais nas informações concretas, ou no que andam falando por aí?

Sommerfeld e seus colegas deram a 126 alunos do primeiro ano de biologia das universidades de Kiel, Münster e Viena, 10 euros para cada um. Os alunos então disputaram várias rodadas em duplas, nas quais cada um tinha que decidir se pagava 1,25 euros, para que seu parceiro recebesse 2 euros. As duplas eram trocadas depois de algumas rodadas. Num mundo ideal, cada aluno acabaria ganhando 0,75 euros. Mas a tentação é a de segurar seu dinheiro, na expectativa de ter um lucro de 2 euros.

Em algumas rodadas, os jogadores foram informados das decisões anteriores de seus parceiros. Como não vai ser surpresa para ninguém, os mais avarentos viram suas doações secarem, deixando ambos os jogadores sem um tostão a mais. Noutras ocasiões, os pesquisadores pediram que os jogadores fizessem um pequeno comentário sobre seus parceiros, que então era passado adiante. Aqui também, nenhuma surpresa — jogadores que souberam que seus parceiros haviam sido generosos no passado, mas não viram as decisões com os próprios olhos, foram mais passíveis de doar 1,25 euro e os que ouviram informações ruins seguraram seu dinheiro. As pessoas partem do princípio de que os outros estejam falando a verdade e as fofocas podem gerar reciprocidade indireta, tanto quanto uma pontuação de imagem visível.

A surpresa aconteceu quando os jogadores receberam tanto os comentários quanto as informações concretas. Os pesquisadores disseram: aqui está o que seu parceiro atual fez no passado e aqui está o que os parceiros anteriores falaram a respeito dele. Na verdade, as tais afirmações fofoqueiras — como *spendabler spieler!* (parceiro generoso) ou *über geizkragen* (sovina miserável) — haviam sido feitas num estudo anterior e misturadas aleatoriamente com as informações concretas.

Se você dispõe das mesmas informações que o fofoqueiro tinha à disposição, não seria o caso de tomar sua própria decisão sem se deixar influenciar? Aparentemente, não. Se as pessoas vissem o que os parceiros tinham feito no passado, elas cooperavam 60% das vezes. No entanto, se essas informações viessem acompanhadas por comentários elogiosos, a cooperação subia para 75%. No entanto, um comentário negativo, mesmo que contradizendo uma informação que o jogador tivesse diante dos próprios olhos, simplesmente destruía a confiança, e a cooperação caía para 50%. Mesmo que as pessoas tivessem ciência de que aquele que fez o comentário não sabia mais do que elas, um pouquinho de fofoca já fazia o papel de um peso a mais que mexia com os pratos da balança, influenciando para que lado eles vão pender.

Sommerfeld sugere duas forças que podem causar esse efeito. Em primeiro lugar, fofoca é o tipo de coisa fácil de entender, enquanto números dão mais trabalho. Diante de duas fontes de informação que devem servir de base para uma tomada de decisão, nossos cérebros pegam a que exige menos esforço e decidimos sem tomar o cuidado de processar todas as informações. Nossos cérebros com certeza são propensos a acreditar em fofoca: experiências mostraram que as pessoas transmitem informações sociais, sejam fofocas escandalosas sobre um relacionamento ou uma gravidez, ou assuntos mais corriqueiros comentados num ponto de ônibus, com mais exatidão do que quando transmitem notícias que não têm um contexto social, como a história de alguém que dormiu demais ou informações frias sobre o estado do Colorado.[6] Também somos melhores em seguir ou contestar uma norma do tipo "Se acontecer P, então faça Q" quando ela é expressa em termos de regras e obrigações sociais (por exemplo, "Se você pegar essa tenda emprestada, tem que lavar antes de devolver") do que quando esse tipo de norma é expressa de uma maneira mais abstrata.[7]

Em segundo lugar, as pessoas gostam de concordar umas com as outras e têm medo de tomar uma decisão que as faça bater de frente com a maioria. Portanto, se outra pessoa lhe der uma opinião, a tentação é de concordar com ela e agir como ela, mesmo que isso não esteja exatamente de acordo com a sua própria posição.

Como se vê, a fofoca é uma maneira tão boa de transmitir assuntos ligados à reputação e exerce uma influência tão grande no nosso comportamento que pode até mesmo contrariar provas concretas diante de nossos próprios olhos. Por outro lado, experiências como as de Sommerfeld revelam a fragilidade da maneira como tomamos decisões e como somos suscetíveis a influências sociais e emocionais. Uma grande vantagem desses estudos é que eles ajudam a revelar as forças às vezes ocultas que modelam nosso comportamento, e a diferença entre aquilo que as pessoas fazem e aquilo que elas dizem que fazem ou que imaginam que fariam. Por outro lado, dificilmente deveríamos nos surpreender com o fato de as palavras mudarem o comportamento das pessoas ou que elas nos façam tratar os outros com muita aspereza, com muita leniência, ou contra o nosso próprio interesse. Gostaríamos de imaginar que uma manipulação desse nível exigiria mais oratória do que umas poucas palavras colhidas a esmo e jogadas no meio de um monte de informações.

A língua tira a reputação de suas mãos. Sua reputação não vem daquilo que você faz, mas do que os outros falam de você, geralmente pelas costas. A experiência de Sommerfeld mostra que isso é verdade mesmo quando as pessoas *sabem* o que você fez. Um coração de ouro não é páreo para uma língua ferina.

Diante do poder da linguagem de acabar com uma reputação, muitos sábios já chamaram a atenção para a diferença entre como o mundo lhe percebe e aquilo que você realmente é. Abraham Lincoln dizia: "O caráter é como uma árvore e a reputação, igual a uma sombra. A árvore é o real e a sombra, o que pensamos dela."[8] Infelizmente, esse real é inacessível. Seu caráter é como uma mistura entre um amigo imaginário (que pode lhe dar algum conforto, mas não vai lhe defender) e o gato de Schrödinger (no momento em que você olha para ele, ele passa a ser outra coisa — ou seja, sua reputação). Sua reputação pode ter apenas um mínimo de contato com aquilo que você fez. Isso porque você não é dono da sua reputação, e portanto ela não atende aos seus interesses. Essa divergência reflete as prioridades das outras pessoas, e ela surge do uso que elas fazem da fofoca.

Quando fofocamos, não subimos num caixote no meio da rua com um megafone nas mãos. Pegamos uma ou algumas pessoas em quem já confiamos, que podem nos retribuir com alguma coisa que elas ouviram sobre um amigo comum (ou sobre o amigo de um amigo) e contar a alguém que nós não conhecemos a informação que acabamos de lhes passar. A informação circula de um lado para o outro e o lugar para onde ela vai e o tipo de reputação que vai engendrar vai depender de quem conta o que para quem, e como essas pessoas estão relacionadas. A informação social é como a água:

para onde ela vai depende da geografia do lugar por onde ela flui. Para a fofoca, essa topografia é formada pelas redes sociais.

Muito daquilo que fazemos, daquilo que sentimos, e se nos damos bem ou mal na vida depende da estrutura da nossa rede social. Suicídio, obesidade, divórcio e felicidade — tudo isso é contagioso. Suas emoções e realizações não dependem apenas do que acontece com você. Também depende do destino da sua família, dos seus amigos, colegas e até mesmo do que acontece com as pessoas ligadas a eles. Outro fator importante é como as pessoas que estão conectadas com você se relacionam umas com as outras. Garotas adolescentes são mais sujeitas a pensamentos suicidas se suas amigas não se dão bem umas com as outras do que se elas se derem.[9] Enquanto isso, estudos teóricos mostram que redes sociais estáveis alimentam o altruísmo, porque indivíduos cooperativos formam núcleos nos quais estão mais propensos a interagir uns com os outros — um conceito chamado de reciprocidade de rede (*network reciprocity*).[10] A estabilidade social aumenta a força da reputação. O comércio de diamantes, por exemplo, é altamente regido pela reputação: contratos são firmados com um aperto de mão e membros do New York Diamond Dealer's Club (Clube dos Negociantes de Diamantes de Nova York) são multados ou expulsos se tentarem levar suas disputas profissionais aos tribunais, em vez de deixá-las serem resolvidas internamente. Para isso, a sala de negociação do clube está cheia de fotos de negociadores com dívidas penduradas. Esse tipo de controle é possível, em parte, porque os negócios são passados aos herdeiros das famílias e a maioria dos comerciantes é formada por judeus ortodoxos, uma comunidade pequena e muito fechada, em que a ameaça de ostracismo tem uma importância maior.[11] No polo oposto, em grupos grandes, formados por pessoas que se movimentam muito, é difícil construir relações de longo prazo, assim como descobrir o passado de alguém, de modo que a cooperação é mais frágil (voltaremos a este ponto mais tarde). Portanto, não é de surpreender que a sua reputação também seja uma faceta — podemos dizer, até mesmo um produto — de sua rede social.

O sociólogo da Universidade de Chicago Ronald Burt analisou as reputações de pessoas que trabalhavam captando investimentos para o que ele escreve como uma "grande organização financeira americana no final dos anos 1990, logo antes da explosão da bolha da internet".[12] A empresa tinha um ambiente de trabalho muito fluido — uma equipe de funcionários se reunia para cuidar de um projeto específico e então se desfazia para se juntar principalmente a outras pessoas, em mais uma missão. Para medir o desempenho dos funcionários nesse ambiente social tão versátil, a empresa se valia de uma avaliação de 360 graus, aferindo a reputação de cada funcionário a partir da opinião dos que estavam acima deles, abaixo deles, ou no mesmo nível na hierarquia da empresa. Essas avaliações eram então utilizadas para decidir sobre promoções e bônus.

Apesar da estrutura de trabalho ser caótica, muitas pessoas mostravam avaliações consistentes um ano após o outro, tanto boas quanto ruins. Isso é óbvio, disse o presidente a Burt, porque os bons funcionários fazem um bom trabalho e são bem avaliados, e o contrário também.

Mas Burt desconfiava que uma reputação estável tinha mais a ver com o ambiente social de uma pessoa do que com suas qualidades intrínsecas. Muitas vezes, as pessoas atraíam avaliações muito diferentes de vários colegas, o que sugere que a química pessoal era mais importante do que qualquer medida objetiva de sucesso. Burt se debruçou sobre como a estrutura da rede social de uma pessoa afetava a estabilidade de sua reputação. Se a reputação de alguém refletisse apenas suas qualidades intrínsecas, então a rede não exerceria qualquer efeito. Uma pessoa que fizesse parte de uma equipe onde todo mundo trabalhasse em mesas próximas e os integrantes conversassem o dia inteiro antes de irem juntos a um bar depois do trabalho estaria na mesma posição, em matéria de reputação, do que alguém que trabalhasse no escritório de Chicago com colegas espalhados por Londres, Genebra e Tóquio e que só tivessem contato uns com os outros por audioconferências.

Mas não foi isso o que aconteceu. A estabilidade da reputação de uma pessoa — o ponto em que sua avaliação, boa ou ruim, continuava a ser a mesma de um ano para o outro — dependia da força da ligação entre os colegas. Mais especificamente, a reputação era produto de uma rede com a estrutura de uma claque. Se a pessoa tinha colegas que fofocavam uns com os outros, então eles criavam uma imagem dela dentro da empresa que se mantinha viva o suficiente para continuar até o ano seguinte e influenciar a maneira como seus novos colegas a viam.

Cameron Anderson e Aiwa Shirako, da Universidade da Califórnia, em Berkeley, descobriram algo semelhante enquanto estudavam os alunos de MBA que participavam de um curso de negociação.[13] Os pesquisadores mediram o comportamento dos alunos numa série de exercícios em que eles tinham que desempenhar um papel, observando, por exemplo, se um aluno procurava uma boa solução para os dois lados, ou se apenas tentava conseguir o melhor negócio para si mesmo. No fim do curso, os pesquisadores mediram a reputação dos alunos pedindo que cada participante elegesse os membros mais confiáveis e gentis do grupo e os mais agressivos, implacáveis e traiçoeiros. Também mediram a conectividade social perguntando o quanto eles conheciam cada pessoa do grupo.

Os pesquisadores descobriram que a reputação de uma pessoa entre os colegas só refletia seu comportamento se ela fosse bem conhecida e conectada. Isso valia tanto para o comportamento cooperativo quanto para o egoísta, sugerindo que, embora haja vantagens evidentes no fato de as pessoas falarem sobre você, isso também limita o que uma pessoa pode fazer e do que ela é capaz de se livrar. Os participantes mais anônimos e menos conectados do grupo, por sua vez, mal tinham uma reputação — raramente se dizia que eles eram cooperativos ou egoístas. E essa pouca reputação exibia pouca relação com o fato de eles terem sido gentis ou ultra-agressivos nas negociações.

    Tanto o estudo de Anderson como o de Shikaro mostram que redes fechadas formam grupos fortes, porque nelas é mais fácil detectar o mau comportamento. No entanto, para nós, que somos mais relutantes em participar de redes e que achamos que nossas próprias ações podem abrir caminho no mundo e talvez até nos levar a reboque — que esperamos, para ficar apenas num exemplo simplório, que escrever um artigo para uma revista pode levar à encomenda de outros artigos —, essa é uma notícia animadora. Você só vai ter uma reputação se for bem conectado e se as suas conexões forem interconectadas. É como se a reputação fosse uma energia gerada pela fofoca, que se dissipa rapidamente e precisa ser renovada o tempo todo. Se as pessoas que o conhecem não se conhecerem, não se pode esperar que elas fiquem falando de você — o que iriam comentar e por que perderiam seu tempo com isso? E se as pessoas não falarem a seu respeito, você continua sendo um mistério, uma entidade desconhecida. A questão aqui não é tanto que a sua reputação não vá espelhar seu comportamento, mas que você sequer terá uma reputação. Para usar a metáfora de Lincoln, sua árvore não vai lançar sombra alguma. Ou, para citar um comentário que ouvi Burt fazer no meio de uma conversa: "Se você fizer um belo trabalho sobre o qual ninguém venha a falar nada, sua expectativa de vida é tão grande quanto a do orvalho pela manhã."[14]

    Portanto, o que as pessoas falam a seu respeito, e para quem, é o que vai decidir se elas podem confiar em você — ao passo que, quando as pessoas falam dos outros, isso permite que você decida se pode confiar nelas. No entanto, quando fofocamos, não somos meios pelos quais a informação passa sem sofrer qualquer alteração. Somos mais parecidos com refinarias, onde o que sai é muito diferente daquilo que entra. Moldamos a reputação das pessoas pelo que escolhemos contar sobre elas, pelo que deixamos de fora e pelo viés que damos à informação. Filtramos e divulgamos da maneira que nos parece mais conveniente a nossos interesses.

Às vezes, manipulamos a fofoca para erguer ou atacar a reputação da pessoa de quem estamos falando, ou por se tratar de um amigo ou rival, ou porque estamos com raiva do comportamento antissocial que ele demonstrou e queremos que ele "entre na linha" ou caia no ostracismo. Essa maneira de usar a fofoca será tema do Capítulo 9. Mas também distorcemos uma reputação de maneira menos consciente, porque, no meio de uma conversa, transformar nosso interlocutor em amigo é geralmente mais importante do que dar uma descrição exata da pessoa sobre quem estamos falando.

Dar uma pequena informação útil ou engraçada sobre alguém a um amigo é um sinal de compromisso. Se estiver colocando em risco sua relação com o alvo da fofoca, estará demonstrando que dá mais valor ao seu interlocutor do que à pessoa da qual está falando. De uma maneira ainda mais simples, mostramos que damos valor às pessoas concordando com elas. A vontade inocente de fazer amigos e evitar ofender exerce uma profunda influência sobre como nós fofocamos e as reputações que surgem a partir daí. Experiências comprovaram que, se dermos às pessoas um número igual de dados positivos e negativos sobre alguém e pedirmos que falemos sobre ela com um estranho, elas vão acentuar os pontos positivos se acharem que o estranho gosta da tal pessoa, e os negativos se o estranho não gostar.[15] Assim como estabelecemos laços numa conversa espelhando inconscientemente a postura e os gestos do outro, fazemos o mesmo em relação às opiniões.

Se você trabalha com Jeff e conhece alguém em outro escritório que parece simpatizar com ele, você conta uma história agradável sobre o dia em que Jeff varou a noite preparando o relatório da equipe para entregar no prazo. Mas, se quando você fala sobre Jeff, seu colega parece ficar meio tenso, nesse caso você menciona o fato de Jeff sempre sair na sexta-feira mais cedo. Em qualquer dos casos, ao fim da conversa vocês dois saem com as opiniões reforçadas.

(Um dos motivos, acredito, pelos quais os cientistas muitas vezes são socialmente ineptos é que o ambiente de debate em que eles vivem desativa esse hábito neles. Como qualquer disciplina acadêmica, a ciência gira em torno das críticas que se fazem aos outros e a si mesmo, e essa abordagem acaba se imiscuindo e se generalizando na academia. Por isso, no coffee break de um departamento, ou no jantar de um simpósio, toda e qualquer afirmação, seja sobre ciência, gosto musical, simpatia política ou fé religiosa, está sujeita a passar por um teste de resistência. É prática comumente aceita que, se você discorda de alguém e vai usar todo o seu poder de oratória contra ele, isso não quer dizer que você ache que a pessoa é idiota ou má. No entanto, percebi que pessoas comuns que se veem diante desse estilo se sentem exatamente assim, diante de alguém que destrói tudo aquilo em que elas acreditam.)

Aqui também, a maneira como esse lado social da fofoca molda a reputação das pessoas de quem se fala depende da estrutura da rede social. Nas palavras de Ronald Burt, as redes fechadas são uma câmara de eco nas quais as pessoas falam umas às outras o que elas querem ouvir. Isso cria uma espécie de "circuito de feedbacks", amplificando a força das opiniões e transformando uma informação social num verdadeiro julgamento de valor, que cria heróis e vilões. Em seu estudo sobre redes sociais e a formação de uma reputação no mundo dos negócios, Burt percebeu que, quando ocorre uma interação difícil numa rede social aberta, a tendência é pôr a culpa na situação — talvez os dois estivessem num mau dia. Numa rede fechada, a tendência era colocar a culpa mais nos defeitos de personalidade — o sujeito deve ser um idiota. Não vem ao caso se a sua reputação se baseia em informações exatas. A questão é que não se pode controlar como as pessoas interpretam essas informações. De modo geral, quando as pessoas contam histórias sobre as outras, elas enfatizam os personagens e suas ações e tendem a minimizar os aspectos da situação que podem ter levado às tais ações, ou que justificassem aquele caminho. Isso significa que as opiniões baseadas no que os outros dizem tendem a ser mais radicais do que as baseadas numa experiência direta.¹⁶ Fazendo isso, atendemos a nossas próprias necessidades criando uma história mais simples e mais afiada que nos torna bons de papo. E fazemos com que as informações sociais que estejamos passando pareçam ser mais valiosas, porque conhecer uma pessoa a fundo em geral é mais útil do que saber o que elas fizeram exatamente numa determinada situação.

Portanto, a partir do momento em que um grupinho formou uma opinião sobre Jeff, esse grupo se torna extremamente resistente a qualquer mudança, independentemente do que Jeff fizer, porque as histórias sobre ele não servem apenas para sabermos se devemos confiar nele. Nas palavras de Burt, elas servem "como material para o moedor de carne, através do qual os amigos fortalecem suas relações uns com os outros".¹⁷ Mudar a história significaria ameaçar a relação entre os fofoqueiros. Pode-se observar esse tipo de fenômeno dentre as pessoas públicas, especialmente na mídia. Depois que se chega à conclusão de que um determinado político ou técnico esportivo é um incompetente, ou sobre a esquisitice de um artista de cinema, os fatos sobre o comportamento da tal pessoa começam a ser ajustados para se enquadrar nesse ponto de vista. Se alguém tido como fracassado consegue um determinado êxito, ou um excêntrico faz alguma coisa de inteligente, isso é ignorado, ou visto como um acidente, um ponto fora da curva, que não vai se repetir.

Assim sendo, o estudo sobre fofocas e redes sociais mostra que, se a reputação não reflete o caráter, não deve haver surpresa alguma nisso. Ela não foi feita para isso. Seu caráter e sua personalidade pertencem a você; já sua reputação pertence às outras pessoas, que estão pensando em seus próprios interesses e vão usá-la para controlá-lo e não para descrevê-lo em detalhes. Parafraseando um pouco Abraham Lincoln, se o caráter é a árvore, a reputação é o arborista e a fofoca é a serra que ele usa. É claro que todos nós temos algum controle sobre a informação que passamos às nossas redes sociais e sobre a maneira como nos comportamos, e todos temos algum controle sobre como essas redes refinam a nossa reputação. Assim, uma das melhores coisas que você pode fazer em prol da sua reputação é apresentar seus amigos uns aos outros e fazer com que eles se deem bem. Além disso, se tiver algo difícil e potencialmente perigoso para discutir, é melhor fazê-lo com alguém de fora do seu círculo mais próximo, porque ele estará menos propenso a lhe julgar e haverá menor possibilidade de o que você disser virar fofoca.

Já vimos algumas das coisas que as pessoas fazem para divulgar suas virtudes, como se utilizam das informações sobre os outros, e as consequências das informações públicas para os indivíduos e os grupos de que eles participam. Mas ninguém pode acertar sempre. Nós nos esquecemos de aniversários, de lavar a louça, falamos sozinhos num tom mais alto do que gostaríamos e usamos por engano o toalete feminino no aeroporto de Turim. O controle de danos é outra ferramenta vital para a reputação. Mas o engraçado é que nós divulgamos nossos fracassos praticamente da mesma maneira como propagamos nossos sucessos.

CAPÍTULO 5

Mantendo as aparências

Em meados da década de 1990, Mark Leary, que agora trabalha na Duke University, na Carolina do Norte, começou a se perguntar para que servia a autoestima. Muitos psicólogos a tratam como um fim em si mesmo, acreditando que nós apenas preferimos nos sentir bem do que nos sentirmos mal. Mas isso é o mesmo que dizer que preferimos comer um bolo de chocolate a um repolho por ser mais gostoso. Não deixa de estar certo, mas gera ainda mais perguntas sobre as funções do sabor e das propriedades nutritivas do bolo. Leary queria saber qual seria o benefício final de se sentir bem sobre si mesmo.

O que mais chamava a atenção de Leary era o fato de as pesquisas sobre rejeição mostrarem que, se uma pessoa era desvalorizada pelos outros, ela também se desvalorizava. Ele começou então a pensar que a autoestima talvez fosse um reflexo interno de acontecimentos externos, que acompanhava o valor da nossa posição na sociedade, monitorando nossas boas e más ações, transformando esses dados numa espécie de "resultado líquido do próprio valor" e instando-nos a fazer ações que aumentem nossa posição social. Ele chamou esse termômetro de "sociômetro".[1] Dá para imaginá-lo como uma espécie de feed de notícias que vai atualizando sua pontuação de imagem. Afinal, não tem sentido se todo mundo sabe qual é a sua reputação menos você.

Nos dez anos seguintes, Leary testou essa ideia em mais de dez experiências que analisavam como a aceitação e a rejeição pelas outras pessoas afetavam o amor próprio. Ele fez exercícios de formação de grupos, em que os voluntários eram escolhidos, ignorados, escolhidos primeiro ou por último. Pedia que as pessoas falassem sobre si mesmas e então fornecia um feedback positivo ou negativo a respeito do quanto elas eram desejáveis como amiga ou companheira de trabalho. Pedia às pessoas para imaginar como a aprovação ou a desaprovação de um professor ou de uma pessoa com quem tiveram um encontro as faria se sentir; e encenou diálogos em que os voluntários recebiam atenção ou eram ignorados. Todos esses estudos mostraram que a atenção e as opiniões positivas dos outros levavam a um aumento na autoestima, enquanto a rejeição levava a uma queda. Da mesma maneira, quando Leary pediu que os voluntários colocassem uma série de comportamentos — que iam desde "colei numa prova final", "espirrei na pessoa que estava à minha frente numa fila" e "cuidei das plantas do apartamento de um amigo meu" até "doei um rim para alguém que estava morrendo" — em duas listas, uma dizendo o quanto esses comportamentos eram socialmente apreciados ou condenados, e a outra mostrando o quanto eles aumentariam ou diminuiriam a autoestima, os dois rankings ficaram praticamente idênticos. A ideia de que como nós nos vemos depende da maneira como os outros nos veem já é bem antiga. Em 1902, o psicólogo Charles Horton Cooley cunhou a expressão "looking-glass self" para descrever o efeito que as opiniões alheias exerciam sobre a nossa autoimagem. O trabalho de Leary mostra que nosso estado interior e nosso self social são indissociáveis e comprova que a moralidade pessoal nos leva a tomar atitudes que façam os outros terem uma imagem positiva de nós.

Quando Leary começou a dar palestras sobre esse assunto, alguém sempre se aproximava dele no final e dizia algo do tipo: "Tudo bem, eu acho até que isso vale para a maioria das pessoas, mas eu não dou a mínima para o que os outros pensam sobre mim." Gostamos de pensar que criamos nossos próprios conceitos sobre o que é certo ou errado, e a ideia de que possamos estar apenas correndo atrás de aceitação nos incomoda um pouco. Por isso, Leary perguntou a um amplo grupo de pessoas o quanto elas se preocupavam com o que os outros pensavam sobre elas e fez uma experiência com os 10% que mais precisavam da aprovação alheia e os 10% que menos se importavam. Ele dividiu os voluntários em dois grupos de quatro e pediu que eles trocassem informações pessoais. Depois disso, pediu que cada um escolhesse quais eram os dois ou três de quem eles mais gostariam de serem amigos. Posteriormente, Leary deu às suas cobaias informações deliberadamente falsas sobre o que os outros haviam dito sobre elas. Receber a notícia de que ninguém havia gostado deles era tão dilacerante para os solitários convictos, quanto para os mais ansiosos por aceitação. As pessoas podem receber um julgamento social de formas diferentes, mas qualquer um que venha lhe dizer que não dá a mínima para que os outros pensam sobre ela está pura e simplesmente mentindo. (Ou então é um psicopata, que nós vamos analisar no Capítulo 10 — mas nesse caso ele provavelmente vai fingir que se importa.)

Além de manter um registro do comportamento passado e suas consequências, o sentimento do amor próprio permite a nós vermos e testarmos possíveis futuros. Quando imaginamos como nos sentiremos se conseguirmos uma promoção, ou se formos pegos roubando a ideia de alguém, pensamos em nossa sensação interna tanto quanto nas reações dos outros. Essas sensações imaginárias nos levam a fazer coisas que mantenham nossa reputação em bom estado. O escritor inglês William Hazlitt descreveu muito bem isso em seu *Essay on the Principles of Human Action* (Ensaio sobre os Princípios da Ação Humana), de 1805: "[A imaginação] precisa me tirar de dentro de mim e me levar ao sentimento dos outros exatamente pelo mesmo processo pelo qual sou lançado ao meu futuro e me interesso por ele. Eu não poderia me amar se não fosse capaz de amar os outros. O amor próprio, nesse sentido, é, em seu princípio fundamental, o mesmo que a benevolência desinteressada."[2]

Um estudo recente feito com pessoas autistas — entre cujos sintomas se inclui uma falta de consciência social e uma incapacidade de entender o ponto de vista do outro — ilustra bem a ligação entre a autoimagem e o self social.[3] A neurocientista Pearl Chiu e sua equipe fizeram com que pessoas autistas jogassem um jogo com base na confiança, em que cada jogador tinha que decidir se devia dar dinheiro a outro. O dinheiro vai sendo multiplicado pelo caminho e o outro jogador tem que decidir se recompensa a confiança do primeiro devolvendo-lhe o dinheiro ou se deve se aproveitar dele e ficar com os ganhos. A equipe de Chiu descobriu que, na hora que os autistas decidem se devem confiar em alguém, eles mostram muito menos atividade numa região do cérebro que se ilumina quando vê o self numa situação social. Isso indica que, quando pessoas não autistas tomam uma decisão semelhante, elas não estão pensando apenas "será que eu devo confiar em você?" e tentando se colocar na mente do outro. Elas também estão pensando "o que é que eu posso fazer para você confiar em mim?" e tentando se ver pelos olhos do oponente. De modo que, no jogo da confiança, doar é um sinal, além de um investimento, e a oportunidade de construir uma reputação é tão importante quanto a oportunidade de ganhar um dinheirinho. A preocupação não é apenas que a outra pessoa não vá retribuir a confiança que depositamos nela, mas que ela vá se sentir magoada se nós não confiarmos nela — uma coisa que os autistas, aparentemente, nunca levam em consideração.

Num ambiente social onde os animais, ao mesmo tempo, colaboram e competem, ser capaz de se colocar na mente do outro e se ver através dos olhos dele é uma habilidade tão valiosa que muitos pesquisadores acreditam que seus benefícios conduziram a própria evolução da autoconsciência. Na década de 1970, o psicólogo e filósofo britânico Nicholas Humphrey sugeriu, depois de passar um tempo observando os gorilas com a zoóloga Dian Fossey, que a autoconsciência era uma ferramenta para entender, prever e manipular os outros.[4] Essa ideia, às vezes chamada de inteligência maquiavélica, também está por trás da hipótese do cérebro social — a ideia de que um cérebro grande é um instrumento para viver em grupo — que já apareceu no Capítulo 4.[5]

É fácil perceber como uma corrida cognitiva poderia se desenvolver se os cérebros e a complexidade social evoluíssem ao mesmo tempo. Se você consegue formar um grupo maior, passa a ter uma vantagem competitiva sobre os demais grupos, mas isso também o obriga a monitorar um número maior de pessoas. Você tem que ler o que passa pela cabeça das outras pessoas e reconhecer suas intenções. Tem que decifrar se elas estão sendo simpáticas ou traiçoeiras e como elas estão se saindo. Tem que julgar como você mesmo se sentiria sendo o receptor desse tipo de comportamento e usar essa sensação para analisar como deve tratar a pessoa que está observando. Aprender com a experiência dos outros e usar a reputação exigem uma enorme infraestrutura cognitiva.

Se você for capaz de resolver esses problemas, é mais provável que seu grupo permaneça unido. E você também ganha uma vantagem dentro do seu grupo, porque terá mais condições de conquistar a confiança e, se necessário, tapear os outros integrantes. Isso joga uma pressão sobre os outros grupos e os demais participantes de seu próprio grupo para serem mais espertos, descobrirem seus truques e desenvolverem os deles, o que por sua vez cria um ambiente social ainda mais complexo, que gera novas pressões sociais, e assim por diante. Como, aparentemente, a introspecção é um bom método para resolver esse tipo de problema social, alguns milhões de anos dessa corrida armamentista resultam num macaco que se pergunta não só "o que será que ele pensa de mim?", mas também "quem sou eu?" e "por que eu estou aqui?" — mas que ainda costuma responder a essas perguntas considerando suas relações com os outros membros do grupo.

A reputação é um jogo que nós temos que jogar em todas as posições, monitorando os outros enquanto cuidamos e polimos nossa própria imagem. Em matéria de evolução, podemos entender agora por que um fluxo de informações sociais, de resultados simulados e de leituras sociométricas se traduz em decisões em que se avaliam os custos e os benefícios de determinados cursos de ação. No entanto, ninguém toma essas decisões depois de aferir seus créditos e débitos de reputação, assim como uma pessoa que vê um tubarão vindo em sua direção não vai parar para pesar os prós e os contras de sair correndo da água. O medo é um atalho para descobrir que você está correndo perigo e um impulso poderoso para agir. A dor e o prazer também são excelentes professores do que evitar e do que procurar.

Da mesma maneira, as emoções nos desviam dos danos sociais e nos fazem buscar o conforto social, nos ensinam a evitar reincidir nos mesmos erros e a repetir algo que teve êxito. Só as grandes histórias e os grandes escritores são capazes de fazer justiça à força desses sentimentos na vida humana. Em *Otelo*, de Shakespeare, Cássio vê a vergonha como uma espécie de morte. Quando, no épico hindu *Ramayana*, que tem 2500 anos, Rama acusa falsamente sua esposa Sita de infidelidade, ela conclama a terra a se abrir e a engoli-la — o que acaba acontecendo. O corpo trata a vergonha da mesma maneira que uma ferida física, despejando uma série de substâncias químicas que causam uma inflamação nas células danificadas e o aumento do cortisol, o chamado hormônio do estresse. Homens gays portadores do vírus HIV mostram cargas virais mais altas e maior decréscimo das células imunológicas se estiverem particularmente expostos à vergonha e se forem mais sensíveis à rejeição social. Isso não acontece com outras emoções negativas, como a raiva e a ansiedade. Um estudo de 1997 verificou que pacientes altamente sensíveis à rejeição morriam de Aids, em média, dois anos antes do que aqueles que não se importavam tanto com o julgamento que a sociedade fazia deles.[6]

No entanto, as emoções não se restringem apenas a mandar mensagens para os nossos corpos sobre o mundo exterior. Elas também usam o corpo para mandar mensagens no sentido inverso, para que os outros possam ler o que está se passando pela nossa mente e aprendam com a experiência. No caso, aprendemos pela empatia e pelo contágio emocional. Se vemos, pelo rosto de uma pessoa, que ela está com medo, sentimos um mal-estar. Ver alguém fazendo uma expressão de nojo ao cheirar algo dispara respostas semelhantes no nosso cérebro. É fácil perceber como é útil reparar nas emoções dos outros: se alguém perto de nós está com medo ou com nojo de alguma coisa, é possível que nós também estejamos em perigo. Se a pessoa está extasiada, é provável que algo de bom esteja acontecendo.

O contágio emocional nos coloca no lugar de outra pessoa. Mas os sentimentos que protegem nosso self social servem a um propósito diferente: mostrar a nós mesmos como somos vistos pelos olhos dos outros. A pergunta a que essas emoções respondem não é "o que eu estaria sentindo se estivesse passando pela mesma coisa que aquela pessoa, e como eu poderia imitar ou evitar isso?", mas sim "se eu fosse aquela pessoa, o que eu sentiria a meu respeito e o que devo fazer em relação a isso?" É por isso que os psicanalistas chamam a vergonha, o orgulho, a culpa e o constrangimento de emoções autoconscientes. E eu as chamo de emoções da reputação.

Se quiser que as pessoas pensem bem de você, parece uma besteira exibir seus erros. Mas o fato de fazermos exatamente isso sugere que os seres humanos evoluíram num ambiente onde era difícil guardar segredo, porque as pessoas raramente estão sozinhas e porque sabemos observar muito bem uns aos outros. No entanto, mesmo que as pessoas saibam o que fizemos, elas talvez não saibam a que conclusão chegar. A mulher derrubou o café em cima do marido porque é desastrada ou porque estava com raiva dele? Meu amigo não me mandou um cartão de aniversário porque se esqueceu, ou porque não somos mais amigos? Quando cometemos um tropeço social, conectar um sinal emocional ao incidente é uma forma de revelar nossos motivos e intenções. Isso ajuda a minimizar e a reparar os danos, deixando que os outros saibam que, apesar das atuais dificuldades, sabemos como nos comportar.

As emoções autoconscientes negativas — vergonha, culpa e constrangimento — saem para caçar em grupo e se misturam umas com as outras. Algumas culturas chegam a juntá-las: muitas línguas usam a mesma palavra para descrever a vergonha e o constrangimento, e muitos psicólogos já disseram que as três eram nomes diferentes para a mesma coisa. Hoje, porém, a maioria acredita que não é bem assim e que cada sentimento tem suas próprias motivações e consequências.[7]

Culpa é o sentimento de ter feito algo errado. Quando se pergunta às pessoas por que elas sentem culpa, geralmente elas falam de mentiras, roubo e infidelidade. A culpa é uma emoção exterior. Pessoas que se sentem culpadas passam a ser mais gentis e simpáticas e procuram reparar o que fizeram se confessando, pedindo desculpas ou tentando compensar o erro de alguma maneira. Temos a sensação de que consertar o estrago está, pelo menos em parte, dentro das nossas possibilidades.

A vergonha, ao contrário, é a sensação de ser uma pessoa má. As pessoas sentem vergonha quando não conseguem atingir os padrões de decência, moralidade ou de realizações que elas ou as pessoas que elas amam lhes impuseram, como, por exemplo, quando machucam os sentimentos de alguém ou perdem o emprego. A vergonha é mais fatalista do que a culpa: o menino culpado acha que foi mal numa prova porque não estudou; o menino envergonhado acha que não foi bem porque é burro mesmo. Uma pessoa envergonhada quer se esconder, tem vontade de desaparecer de vista — mesmo que isso signifique, como no caso de Sita, que a terra se abra sob os seus pés. Esse recolhimento em relação à sociedade tem o efeito contrário ao da culpa: em vez de ir até a parte prejudicada, a vergonha impede que você faça um mal maior. E em vez de usar as próprias mãos para consertar o dano, a vergonha nos leva a buscar refúgio na aceitação e no perdão dos outros.

A pontada do constrangimento não é tão feia, mas é inteiramente social.[8] Podemos nos sentir culpados ou envergonhados mesmo quando ninguém está olhando, mas, para nos sentirmos constrangidos, é necessário haver uma plateia. O constrangimento não está ligado a um defeito moral. Em vez disso, nos sentimos constrangidos quando quebramos qualquer tipo de convenção social, ou quando os olhares de todo mundo se voltam contra nós. Isso vale para tropeços, quebras de etiqueta, perdas de controle ou de privacidade, exibições gerais de excentricidade ou de algum tipo de inaptidão e praticamente qualquer coisa que nos faça ser o centro das atenções. Um método muito utilizado para induzir o constrangimento num laboratório é pedir aos voluntários que cantem em frente a uma câmera de vídeo (as escolhas mais comuns são a música "Feelings" e o "Star-Spangled Banner", o hino nacional americano) e depois ver a gravação com o pesquisador. Como uma resposta geral a ser o centro das atenções, o constrangimento é mais "promíscuo" e mais contagioso que a vergonha. Ele bate mesmo que não haja nada de mal no que fizemos, como, por exemplo, quando recebemos um elogio exagerado; ou quando as outras pessoas é que estão erradas — por exemplo, quando perguntamos se elas já têm os $ 20 que prometeram nos devolver na semana passada; ou mesmo quando o objeto do constrangimento é outra pessoa, como quando vemos nossos pais tentando falar uma língua estrangeira. O constrangimento diz algo do tipo: "eu sei que é uma situação social, que existem regras e que as pessoas estão sendo observadas e julgadas", mas, graças a Deus, esse julgamento acaba se transformando em empatia.

Essas emoções, além de partirem de causas diferentes, assumem formas físicas diferentes. Os sinais da vergonha têm um vocabulário próprio: nos sentimos e nos fazemos pequenos, olhamos para baixo, arqueamos os ombros, baixamos a cabeça e nos encolhemos dentro de nós mesmos. Esses movimentos são parecidos — e muito provavelmente derivaram — dos sinais que os animais usam para mostrar que foram derrotados e para apaziguar um agressor. Ao olhar para o chão, baixar a cabeça e arquear os ombros, um cachorro e um macaco aceitam seu status inferior e imploram por piedade. A pele de alguns primatas também fica vermelha. O jogador derrotado que sai de mansinho do campo ou o funcionário que fica enrubescido ao ser "descascado" pelo chefe mostram que os humanos mantiveram esse aspecto da vergonha como uma resposta à derrota e à inferioridade. Muitas línguas também refletem essa característica da emoção: a palavra maori *whakama*, por exemplo, pode significar vergonha, constrangimento, respeito, deferência e uma comparação desfavorável em relação à outra pessoa.[9] Os seres humanos pegaram esse sentimento e a exibição de inferioridade e os adaptaram a uma vida social mais complexa. Temos muito mais chances de cometer algum deslize social e precisamos apaziguar um grupo muito mais amplo do que somente os que são maiores e mais fortes do que nós.

O constrangimento também gera uma resposta característica. Assim como a vergonha, ele nos obriga repentinamente a estudar o terreno em que estamos pisando. Mas, ao contrário dela, costuma vir acompanhado de um sorriso pequeno e simpático que ergue a ponta da boca, mas que, ao contrário de um sorriso realmente divertido, não se utiliza dos músculos dos olhos. Pessoas constrangidas também costumam tocar no rosto com frequência, o que não acontece com quem está envergonhado. Já o enrubescimento, que muito acompanha o desconforto social, costuma ser visto nos dois casos, mas não é um sinal tão nítido quanto possa parecer — ele nem sempre aparece e também pode sinalizar algo bem diferente, como raiva.

Assim sendo, exibir vergonha e constrangimento envolve a execução de uma série complicada de movimentos. Ao contrário das emoções que os psicólogos chamam de básicas (medo, nojo, felicidade, raiva, tristeza e surpresa), e que compartilhamos com muitas outras espécies, a expressão facial não é, por si só, suficiente. Uma pessoa sorridente pode estar orgulhosa ou feliz e uma pessoa com o cenho franzido pode estar triste ou envergonhada. As chamadas emoções autoconscientes só se tornam inequívocas quando se incluem as posturas corporais. A vergonha e o constrangimento também apresentam mais variações nas diversas culturas do que as emoções básicas — nem todas as sociedades distinguem entre elas e há variações locais na maneira como são expressadas: na Índia, por exemplo, pessoas constrangidas costumam morder a língua. Mas também há exemplos de consistência: habitantes de Burkina Faso, na África, conseguem reconhecer uma expressão de vergonha no rosto de um americano branco.[10] Já a culpa não dispõe de um sinal exterior que possa ser reconhecido através de culturas diferentes. A culpa leva as pessoas a fazer algo, não a mostrar, e protege nossa reputação nos fazendo consertar relacionamentos, e não nos diminuindo em público.

Ao contrário das emoções básicas, essas demonstrações não fazem com que os outros sintam o que estamos sentindo. Em vez disso, fazem com que elas se sintam melhor a nosso respeito. Mostrar que nos preocupamos com o que os outros pensam ajuda a atenuar a maneira como nos julgam e muitas vezes aquilo que efetivamente fazemos é menos importante do que como nós aparentamos nos sentir. Se pedirmos que as pessoas assistam ao vídeo de um homem derrubando uma pilha de rolos de papel higiênico numa loja, elas vão simpatizar mais com ele se ele demonstrar algum constrangimento, mesmo que não ponha tudo no lugar, do que se ele empilhar tudo de novo e sair tranquilamente, como se nada tivesse acontecido.[11] No entanto, é importante que a mancada seja sem querer — se as pessoas suspeitarem que foram enganadas, vão achar que o rosto vermelho é uma indicação de culpa.[12]

É fácil perceber por que as pessoas deveriam prestar atenção nesse tipo de sinal. Ver alguém se desequilibrar ou ceder à tentação uma única vez não é, necessariamente, um bom guia para a sua competência ou confiabilidade. Porém, as emoções revelam a personalidade que existe sob o comportamento — que é um guia melhor e mais estável sobre o futuro. Não demonstrar emoções também pode ser muito revelador. O que deixou as pessoas com muita raiva dos banqueiros de investimento e afins, nos últimos anos, não foi simplesmente o fato de eles terem cometido erros, mas por parecerem não estar nem aí para isso. (Voltarei a analisar esse ponto no Capítulo 10, ao falar sobre psicopatas.) Uma pessoa que não demonstra vergonha nem constrangimento não dá a mínima sobre aceitação social, não dá valor ao grupo ao qual pertence e, portanto, é uma pessoa perigosa e não confiável. As pessoas são capazes de perdoar muitas coisas, mas a falta de vergonha na cara é difícil de engolir.

Demonstrar constrangimento não muda apenas os sentimentos que as pessoas nutrem sobre nós, mas também a maneira como elas se comportam conosco. Num estudo realizado na Northeastern University, em Boston, uma mulher foi de sala em sala recrutando voluntários para uma pesquisa.[13] Em algumas salas, o pedido foi feito sem que ocorresse qualquer incidente. Em outras, ela deixou cair umas folhas de papel no chão, pegou tudo meio constrangida e seguiu em frente. No terceiro caso, ela deixou cair os papéis e saiu correndo da sala, em pânico. No fim, ela conseguiu mais voluntários das turmas em que havia deixado os papéis cair e demonstrou um leve constrangimento — o que parece tê-la deixado mais simpática. Já uma exibição de pânico total pode ser um sinal de incompetência. Quem gostaria de participar de uma experiência realizada por alguém que fica totalmente fora de si só por causa de umas folhas de papel?

O constrangimento também nos torna mais úteis. Trabalhando na Universidade de Boston, na década de 1970, Robert Apsler pediu que alguns alunos de graduação se expusessem ao ridículo — como imitar um bebê dando um chilique, por exemplo — enquanto alguém ficaria observando.[14] O observador perguntou então aos voluntários se eles se incomodariam em ajudar numa pesquisa que envolvia passar meia hora por dia preenchendo questionários. Os alunos que ficaram constrangidos se comprometeram a participar por 15 dias; os que não ficaram, se comprometeram por nove. Apsler sugeriu que "pessoas constrangidas buscam a experiência positiva de ajudar alguém para aliviar seu mal-estar". E as ações que fazem os constrangidos se sentirem melhor consigo mesmos também fazem os outros se sentirem melhor.

A ciência e a medicina sempre deram muito mais atenção ao que deixa as pessoas se sentindo mal do que bem. Por isso, o orgulho foi muito menos estudado do que a vergonha e a culpa. As pessoas não costumam ir ao psiquiatra e dizer: "Doutor, eu estou tão orgulhoso de mim mesmo que passo o dia inteiro pensando em como eu sou bom. Você não tem um remedinho aí que possa curar isso?" Mesmo assim, os estudos que foram feitos mostram que o orgulho é, em vários aspectos, o contrário das emoções autoconscientes negativas.

Por exemplo, a expressão física do orgulho inverte todos os sinais da vergonha. Pessoas orgulhosas ficam eretas, com os ombros para trás, o peito estufado e olham você nos olhos. Jessica Tracy, a psicanalista que provavelmente mais estudou o orgulho, descobriu que, assim como os sinais da vergonha, os sinais do orgulho são reconhecidos no mundo inteiro. Observando as lutas de judô nas Olimpíadas, ela viu que os vencedores estão sempre empertigados, sorridentes, etc., qualquer que seja sua nacionalidade.[15] Para mostrar que os atletas não aprenderam isso vendo filmes esportivos, ela viu que atletas cegos que competiam nos Jogos Paraolímpicos comemoravam a vitória exatamente da mesma maneira. Então demonstrar orgulho faz parte da nossa biologia.

O orgulho nos dá uma recompensa interna, do tipo "Parabéns! Você fez uma coisa que os outros vão admirar e recompensar. Continue assim!" O orgulho anuncia nossas realizações para as outras pessoas: "Olha só! Esse cara é um sucesso! É bom que ele faça parte do seu grupo!" Além desse efeito efêmero e imediato, os sinais do orgulho no comportamento também são opostos aos da vergonha. Pessoas orgulhosas são mais sociáveis e extrovertidas e as que realmente se orgulham de suas realizações também são altamente dotadas de características como simpatia e ligação com o seu meio.

Mas o orgulho também tem outra face. Recentemente, Tracy andou observando chimpanzés para tentar descobrir os antecedentes do orgulho humano. Ela acredita que a postura de ombros para trás e peito estufado está relacionada às exibições grandiosas de dominação que os chimpanzés dão, não depois de uma vitória, mas antes mesmo de começarem a lutar.[16] Essas demonstrações de força, assim como as de submissão, ajudam os animais a se avaliarem antes de partir para a briga.

Os humanos parecem ter uma versão própria desse orgulho "preventivo". Podemos dizer que é o oposto da vergonha — o sentimento de ser uma boa pessoa, e não tanto o sentimento de ter feito algo de bom. A arrogância é uma descrição mais adequada e a vantagem de exibi-la, especialmente em situações de competição, é evidente. Como qualquer livro de autoajuda vai lhe dizer, se quiser ser um vencedor, você tem que agir como um vencedor, e assim os outros vão tratá-lo como um vencedor, mesmo que ainda não tenha ganho nada. Chimpanzés fracotes não ficam se exibindo, porque podemos ter uma boa ideia da força de um chimpanzé só de olhar para ele e, caso haja alguma dúvida, basta chamá-lo para a briga para tirar a prova.

Já os seres humanos se veem diante de uma tarefa mais difícil. Ao contrário dos chimpanzés, uma exibição de orgulho deve ser atraente, e não ameaçadora. Na raiz de tudo, a mensagem de todas as emoções ligadas à reputação é: confie em mim. São sinais que procuram nos ligar a outras pessoas e a nos incentivar a cooperar com elas. O problema da arrogância é que ela é um sinal muito barato — custa pouco para mandar e caro para acreditar. Pode demorar um pouco para saber se o orgulho de uma pessoa é justificado e você pode perder muito nesse ínterim.

O orgulho é uma maneira de elevar sua reputação, mas a reputação também pode acabar expondo o falso orgulho. Consultando os outros, podemos descobrir se a pessoa que exibe uma expressão de orgulho tem realmente alguma coisa de que se orgulhar. Isso faz com que a arrogância fique mais cara, porque uma pessoa que tenha sido enganada por uma exibição de orgulho falso no presente pode acabar prejudicando o arrogante a longo prazo. Somos muito sensíveis a qualquer discrepância entre a autoimagem de uma pessoa e seu valor social, e temos muitas palavras para condenar o orgulho sem base: *arrogante, vaidoso, prepotente e pavão*. Os rótulos para as pessoas que não têm autoestima, como os tímidos, não carregam essa aura de condenação, talvez porque um excesso de constrangimento é pior para quem o exibe do que para os outros. A vergonha e o constrangimento são sinais baratos, mas, ao contrário do orgulho, não há incentivo em mostrá-los falsamente, porque não faz sentido dizer "eu fiz uma besteira" se você efetivamente não fez.

A religião e a cultura trazem um monte de advertências sobre o orgulho. Por volta do ano 600 d.C., o papa Gregório o Grande considerou o orgulho um dos sete pecados capitais, e o budismo, que já não vê com bons olhos pessoas que se julgam o centro das atenções, considera o orgulho um dos dez grilhões da existência humana, que prejudicam o caminho para a iluminação. Listas como essas ensinam a descobrir que tipo de pessoa não é confiável, além de manter nosso próprio valor social. Na ficção, personagens cômicos construídos com base no abismo entre seus egos e a realidade são mais recorrentes do que raros, especialmente no caso do humor britânico. No último romance que li antes de escrever este capítulo, *Our Mutual Friend* [Nosso amigo em comum], de Charles Dickens, o vigarista burro Silas Wegg, tentando forjar uma ligação imaginária com os antigos e humildes ocupantes da casa, pensa que tem "500 vezes mais valor" do que o atual inquilino e seu empregador, o humilde e generoso lixeiro Noddy Boffin. E nós vibramos quando Wegg é derrotado, saindo do romance num carrinho de lixo — mas, pelo menos, ao estufar o peito e acabar sendo derrotado pela própria arrogância, ele se junta a um time de heróis trágicos que vai de Aquiles a Darth Vader.

Há mais coisas em relação à interpretação de sinais emocionais do que simplesmente detectar e punir exibicionismo falso. Mesmo quando alguém tem realmente algo de que se orgulhar ou envergonhar, o público vai ter sua própria opinião sobre como a emoção deve ser mostrada e em que proporção. O efeito dessa exibição na reputação do ator vai depender do quanto ele corresponder às expectativas. O fato é que as culturas divergem na maneira de avaliar as emoções autoconscientes, de modo que pessoas de diferentes culturas as expressam de maneira distinta.

No início da década de 1990, Daniel Fessler, um antropólogo da Universidade da Califórnia, em Los Angeles, passou quase três anos fazendo uma pesquisa numa aldeia de pescadores do povo de Bengkulu, na ilha de Sumatra, na Indonésia.[17] Um de seus objetivos era investigar a presença e a força da vergonha naquela cultura e compará-la à sua. Ele deu aos aldeões um baralho cujas cartas traziam as 52 palavras mais usadas para descrever emoções e pediu que eles as listassem na frequência com que mais apareciam nas conversas do dia a dia. Quando tabulou os resultados, a *vergonha* ficou em segundo lugar, atrás apenas da *raiva* e na frente da *simpatia*. Depois, ele repetiu a experiência com habitantes do sul da Califórnia e descobriu que a *vergonha* aparecia em 49° lugar, logo atrás de *luto*. Nos dois primeiros lugares apareciam o *amor* e a *exaustão*.

Fessler descobriu que tanto os californianos como os bengkulus concordavam sobre o que era a vergonha, mas essa era uma emoção muito menos importante na vida social da Califórnia do que no povo de Bengkulu. Em vez disso, os californianos davam mais ênfase à *culpa*, que ocupou o 32° lugar no ranking das emoções. Já os Bengkulus tiveram dificuldade com o conceito de culpa. A língua deles não tinha uma palavra que equivalesse a essa dor social íntima e eles costumavam usar termos mais amplos, como *arrependimento*, *erro* e *pecar*, para descrevê-la. Um prejuízo social sempre era uma experiência pública e sempre incluía se sentir desvalorizado aos olhos dos outros, em vez de um padrão eminentemente interno.

O estudo de Fessler se junta a uma longa fila de pesquisas antropológicas que comparam a força e o valor da vergonha e da culpa em diferentes culturas e remonta ao livro *O Crisântemo e a Espada*, de Ruth Benedict, de 1946, sobre a sociedade japonesa. Nele, Benedict argumentava que o Japão era uma "cultura da vergonha", onde a força da opinião dos outros é uma influência mais premente na maneira como as pessoas se comportam e se sentem do que em culturas da culpa, como a americana, onde as pessoas confiam mais na consciência e no autocontrole.

Culturas diferentes trazem à tona emoções distintas através das diferenças presentes em suas redes sociais. No capítulo anterior, vimos pelo trabalho de Robert Burt, sobre fofoca e reputação, que a maneira como uma ação afeta a reputação do agente depende das conexões sociais da plateia. E isso, por sua vez, vai influenciar como as pessoas se comportam, especialmente no tocante à exteriorização das emoções.

Em redes sociais muito fechadas e onde a fofoca corre solta, como a que se espera encontrar numa aldeia de pescadores, as pessoas são muito duras em seu julgamento e tendem a atribuir um fracasso ou um sucesso social a falhas ou virtudes de caráter, e não tanto à situação. Ou seja, se você fizer parte de uma rede social muito densa, sua plateia vai se valer dos seus deslizes para mostrar que você é mau, que tem algo de que se envergonhar. Quando você se vê refletido nessa espécie de espelho social, é bem provável que você também vá se sentir envergonhado. E se a sua plateia pensar que você tem alguma coisa do que se envergonhar, a melhor maneira para aplacá-la é dar o que ela quer.

Devemos esperar, portanto, que o sentimento de vergonha seja forte naqueles lugares onde as ligações entre as pessoas sejam intensas e duradouras, onde a privacidade e o anonimato sejam casos isolados e a identidade e a coesão do grupo sejam importantes, porque o bem-estar do indivíduo está fortemente interligado ao do grupo. Atualmente, os antropólogos costumam descrever essas culturas com o termo mais brando de *coletivistas*. Bengkulu seria, portanto, uma cultura desse tipo.

Em culturas individualistas, como a do sul da Califórnia, as pessoas são mais anônimas e menos visíveis, as ligações são mais tênues e os habitantes não precisam confiar tanto num único grupo social — ao contrário, eles se ligam a vários grupos que se sobrepõem em maior ou menor grau. Os padrões de fofoca num ambiente como esse podem produzir julgamentos menos ásperos e, portanto, há menos chance de sentir vergonha. As pessoas nesse tipo de cultura vão continuar tendo que cuidar de suas reputações e evitar cair no ostracismo, mas talvez as características da culpa sejam mais úteis e perceptíveis do que a ferroada pública da vergonha. O trabalho de Benedict desperta bastante polêmica. Algumas pessoas acham que ela pintou a sociedade japonesa como moralmente menos avançada do que as ocidentais, e os antropólogos contemporâneos tendem a ver essa dicotomia como simplista demais. No entanto, a vergonha e a culpa podem ser caminhos diferentes para o mesmo objetivo, que é evitar e consertar qualquer prejuízo social, cada qual se adaptando mais às suas circunstâncias.

As culturas coletivistas dão mais valor à vergonha do que as individualistas. É claro que as pessoas não gostam de se sentir envergonhadas, mas podem sentir que essa é uma sensação adequada, como a dor que sentimos depois de malhar, em vez da dor que sentimos quando topamos com o dedão do pé. Em seu estudo sobre judocas, Tracy verificou que, depois de uma derrota, geralmente os lutadores que se mostram mais envergonhados são aqueles que vieram de culturas coletivistas, mais do que os judocas da América do Norte e da Europa Ocidental, que conseguem esconder qualquer vergonha que eventualmente tenham sentido.

O orgulho, por outro lado, pega muito mal em culturas coletivistas. De todas as emoções, essa é a que mostra maior variedade cultural na hora de dizer se ela é uma emoção positiva ou negativa. Se a opinião que Jessica Tracy deu sobre o peito estufado dos chimpanzés estiver correta, uma exibição arrogante de orgulho equivaleria a uma exibição de dominação — que no fim das contas quer dizer: "Eu sou melhor que você e você vai fazer o que eu mandar, goste disso ou não."[18] Como vimos, as pessoas com frequência tendem a desestimular e a sabotar esse tipo de exibição de dominância. Numa sociedade coletivista muito interligada, onde o destino de um indivíduo é muito ligado ao do grupo, uma exibição de dominância equivale à ameaça de um grave prejuízo social e, portanto, vai ser muito mal vista e desestimulada. Em culturas como essa, os grandes realizadores precisam fazer uso da modéstia e da autodepreciação para mostrar que, embora eles sejam excelentes no que fazem, ainda assim vão precisar da aprovação dos vizinhos.

A cultura e a biologia, portanto, trabalham juntas para criar nossa constituição emocional. Todos nós temos a capacidade de sentir essas emoções, mas nosso leque de emoções particular vai depender do ambiente social. Assim como surgimos nas florestas africanas e fomos migrando para as tundras, os desertos, os litorais e as cidades, podemos nos adaptar rapidamente a muitos ambientes sociais: Fessler conta que, quando foi morar com os Bengkulu, ele se viu transformado de um sujeito reservado da costa Oeste americana em um sujeito moralista e prepotente, assumindo o código das pessoas que ele estava estudando.

Nós que moramos nas grandes cidades ocidentais do início do século XXI provavelmente somos os que menos temos a nos envergonhar em toda a história da humanidade. No entanto, pagamos um preço que vem na forma da solidão e da insegurança. Eu me pergunto se as pessoas do ocidente anglo-saxão começaram a revelar suas emoções mais fortemente nas últimas décadas, não só porque reprimi-las faz mal, mas porque sua sociedade ficou menos interligada. Nossas demonstrações emocionais servem para nos revelar às pessoas à nossa volta, para compartilhar informações e com isso gerar confiança. À medida que os indivíduos ficam mais isolados, essas demonstrações tendem a ficar mais pronunciadas, pois as pessoas lutam para transmitir informações suficientes para ganharem confiança em sociedades em que as distâncias sociais são maiores. Será que os exageros emocionais — como rompantes temperamentais, bater no peito e aquela vergonha lacrimejante e teatral — podem ser um esforço para gritar de cima de um abismo social e se fazer ouvir do outro lado?

O que provavelmente é verdade é que muitos de nossos dilemas pessoais e sociais têm origem em como nós, individualmente e *en masse*, respondemos e fazemos uso dos julgamentos e escrutínios sociais. Queremos, ao mesmo tempo, estar conectados, mas também ser independentes. Queremos ser conhecidos, mas também ter nossa vida particular. Queremos tolerância, mas também concordância. Queremos fazer parte do grupo, mas também queremos ser indivíduos autônomos. Quando a vergonha é grande, as pessoas se tratam com gentileza e consideração — a criminalidade no Japão é incrivelmente baixa —, mas sociedades como essa também exercem uma pressão pelo conformismo, fazendo com que as pessoas prefiram evitar um fracasso, em vez de correr os riscos relativos à criatividade, à inovação e às novas relações.[19] Toda cultura prefere determinadas virtudes sociais em detrimento de outras, e o valor relativo que cada uma delas — empurrada pela história, cultura, economia, política e pela tecnologia — deposita nesses objetivos vai determinar onde ela vai se posicionar nos espectros de coletivismo x individualismo, coesão x diversidade, estabilidade x fluidez.

Quando uma sociedade mantém todos os seus membros muito juntos, isso pode ser confortável, mas sufocante. Quando ela os deixa mais soltos, pode ser libertador, mas também solitário. E quando as pessoas têm mais a temer do que a ganhar de seus vizinhos, a força da reputação pode explicar não só por que elas ajudam umas às outras, mas também por que se maltratam.

CAPÍTULO 6

Tudo por uma reputação

No final da década de 1950, Richard Nisbett, então com 17 anos, deixou sua cidade natal no Texas e partiu para a Universidade de Tufts, em Massachusetts. Nem tudo na Nova Inglaterra combinava com ele. As pessoas pareciam andar mais frias e tensas, eram mais grosseiras e menos divertidas. No entanto, havia algo que ele preferia nos estados do Norte: era menos comum que pessoas da vizinhança matassem umas às outras.

Em 1960, o Texas tinha 9,5 milhões de habitantes e contabilizou 824 assassinatos. No mesmo ano, em Massachusetts, houve 74 homicídios numa população de pouco mais de 5 milhões.[1] Ao se mudar para o Norte, Nisbett reduziu suas chances de ter uma morte violenta para um sexto da que teria se tivesse continuado no Texas. Essa não era uma característica apenas do Texas: os estados do Sul, em geral, têm uma taxa de homicídios maior do que as do Norte, desde que começaram a ser feitas estatísticas desse tipo. Registros do século XIX mostram uma epidemia de duelos, rixas e linchamentos, em que a taxa de homicídio em algumas áreas era igual à de Ciudad Juarez, a cidade mexicana assolada pelo tráfico de drogas, que hoje detém o infeliz recorde mundial de taxa de homicídios. E não eram só pessoas pobres e desesperadas matando umas às outras: uma parente de Nisbett pegou o marido em "flagrante" e o matou no ato. Na época, era a editora da seção de sociedade do *El Paso Herald Post*.

Trinta anos depois, Nisbett continuava no Norte, trabalhando como professor de psicologia na Universidade de Michigan, em Ann Arbor. Ele queria estudar as diferenças culturais entre os grupos, mas, no campus, a cultura do politicamente correto estava no auge. Tentar mostrar por que um grupo de pessoas era diferente de outro provavelmente despertaria mais hostilidade e agressividade do que valeria a pena. Nessas circunstâncias, Nisbett chegou à conclusão de que a coisa mais diplomática a se fazer seria estudar a cultura de onde ele veio. E tratou de estudar por que o Sul era mais violento.

A primeira pista estava nos próprios arquivos do FBI. O Bureau não registra apenas quem matou quem, mas também por quê. Quando havia algum tipo de propriedade envolvida, não havia diferença regional — americanos de todo o país tinham a mesma possibilidade de matar quando roubavam. No entanto, quando a disputa era social, a coisa era bem diferente. Os moradores do Sul têm muito mais chances de matar seus amigos e conhecidos em brigas que começaram com uma simples troca de ofensas. Essa maior disposição em defender a honra, mesmo que fosse preciso levar o oponente à morte, era a responsável por todos os homicídios extras nos estados do Sul.

Nisbett reconhecia em si mesmo esse tipo de comportamento. Percebeu que levava as ofensas mais a sério do que seus colegas do Norte. Também tinha maior propensão a fazer justiça com as próprias mãos e certa vez chegou a correr atrás de um ladrão que invadira sua casa — o tipo de atitude que ele considerou uma idiotice, depois que se acalmou. Para apurar se esse era um comportamento tipicamente sulista, ele e seus colaboradores recrutaram cem alunos homens na Universidade de Michigan, metade dos estados do Norte e metade do Sul, e passaram a ofendê-los. No caso, disseram aos rapazes que eles iriam participar de um estudo que mediria o efeito de "condições limitadas no tempo de resposta sobre determinadas facetas do julgamento humano".² Pediram que completassem um pequeno questionário e o entregassem numa mesa no fim do corredor. O questionário era só uma isca — na verdade, o corredor é que era a arena da experiência. Quando os rapazes caminhavam por ele, tinham de passar por um homem ocupado com um arquivo e que tinha de fechar a gaveta para deixá-los passar. Quando eles voltavam, ele fazia a mesma coisa, só que com certa má vontade, empurrando a gaveta e demonstrando irritação. Ele também esbarrava no ombro do voluntário e o chamava de idiota.

Os alunos do Norte costumavam simplesmente rir e seguir em frente — dois terços acharam graça no sujeito e não ficaram irritados. Quanto aos do Sul, quase 90% sentiu uma pontada de cólera. Eles também mostraram um aumento no cortisol, o hormônio do estresse, e na testosterona, que é ligada à agressividade. Se depois eles encontrassem um estranho que tivesse testemunhado essa pequena humilhação, os do Sul agiam de uma maneira mais dominadora, o aperto de mão ficava mais forte, mas eles também diziam ter se sentido "menos másculos" aos olhos do estranho.

No clímax da experiência, a equipe de Nisbett utilizou algumas mesas para estreitar ainda mais o corredor e então, depois de ofender seus voluntários, confrontou-os com alguém que vinha andando na direção contrária e os obrigava a dar um passo para o lado. Os sulistas que não foram ofendidos mostraram as boas maneiras normalmente associadas aos seus estados, parando quando o outro estava a uns três metros de distância. Nortistas que não haviam sido ofendidos pararam a cerca de dois metros de distância, enquanto aqueles que foram ofendidos só cederam passagem quando a distância era de 1,70 m. No entanto, depois de terem sido chamados de idiotas, os do Sul não deram passagem até estarem a cerca de um metro da pessoa que vinha em direção a eles — que, por sinal, era um *linebacker* de futebol americano, de 110 Kg e 1,90 m de altura.³

Isso tudo para mostrar que uma ofensa social tende a deixar uma pessoa do Sul dos Estados Unidos mais assertiva e pronta para a violência do que uma pessoa do Norte. Mas por quê?

Uma pessoa que foi ofendida se vê diante das mesmas escolhas de uma que foi ajudada. Ela pode ignorar o ato, ou agir da mesma maneira. Se quiser retaliar, precisa decidir quanto está disposta a investir nesse ato. Machucar as pessoas custa caro e deixar a ofensa passar poupa tempo e energia. No entanto, a maioria de nós acredita que machucar alguém se justifica em determinadas circunstâncias. A isso damos o nome de "punição" e estamos dispostos a levá-la a cabo, mesmo que envolva algum tipo de custo.

Uma das melhores demonstrações de que as pessoas têm um gosto bastante dispendioso a favor de uma punição justa é uma experiência chamada de "o jogo do ultimato". Nesse jogo, um participante recebe um pouco de dinheiro, que deve repartir com outro jogador, o aceitante. O proponente pode oferecer muito ou pouco — o quanto ele quiser. Se o outro jogador aceitar a oferta, a divisão é feita conforme a proposta. Se o outro jogador não aceitar, ninguém ganha nada. O segundo jogador pode punir o primeiro por ser avarento, mas para isso terá que pagar.

Experiências feitas com o jogo do ultimato foram realizadas em várias culturas e, embora haja muita variação naquilo que as pessoas estão dispostas a aceitar, a punição aparece em todas elas.[4] Mesmo quando somas relativamente altas — correspondentes a cerca de três meses de salário — estão na mesa, ofertas de menos de um quarto do montante geralmente são rejeitadas.[5] O jogo do ultimato mostra que as pessoas valorizam a justiça acima de qualquer ganho imediato e que estão mais dispostas a machucar alguém que as trata injustamente do que aceitar uma oferta irrisória.

Se você for jogar frequentemente com a mesma pessoa, é fácil perceber que o custo de curto prazo de rejeitar uma oferta insignificante pode ser mais do que recuperado se um proponente ressabiado fizer ofertas maiores no futuro. Essa é a versão punitiva da reciprocidade: da mesma maneira que a cooperação pode se manter se duas pessoas trocarem favores, um gesto de avareza pode ser rejeitado e devolvido na mesma moeda, mesmo que, ao recusar a oferta, a outra parte tenha que abrir mão de algum ganho imediato.

Daqui basta só mais um pulinho até a reciprocidade indireta. Pode valer a pena tratar alguém de uma determinada maneira, não por causa do efeito que isso vai ter em seu comportamento futuro, mas porque vai influenciar quem vier a saber de sua reputação. E isso vale tanto para a punição, quanto para a assistência.

Dois economistas suíços, Ernst Fehr e Urs Fischbacher, testaram essa ideia analisando a influência que a reputação exerce no jogo do ultimato.[6] Os participantes da experiência disputaram uma série de vinte jogos, mudando sempre de parceiro. Em metade dos jogos, os jogadores entravam sem qualquer informação sobre como seu oponente havia se comportado anteriormente. Na outra metade, os aceitantes podiam formar uma reputação, porque o proponente era informado das ofertas anteriores que os aceitantes haviam topado e quais haviam rejeitado.

Quando jogavam às cegas, sem qualquer informação sobre o passado, qualquer oferta de mais de 30% do monte era aceita. Porém, quando os aceitantes tinham seu passado trazido à mesa, esse número subia para 40% e qualquer oferta menor era rejeitada. Quase todo mundo na experiência ficava mais exigente quando suas decisões vinham a público. Depois de uma rodada, um jogador que recusa uma oferta de 30% vai estar muito pior do que um que a aceita. Mas se o fato de ele recusar uma oferta baixa vier a resultar em ofertas mais altas no futuro, o jogo duro acaba compensando a longo prazo. O que aparentemente aconteceu foi o seguinte: os proponentes fizeram ofertas mais generosas na rodada de abertura. Isso não podia ser uma tentativa dos proponentes de criarem uma reputação para si mesmos, porque os pesquisadores não deixavam que os proponentes soubessem como seus parceiros haviam se comportado quando eles é que faziam a oferta — somente que ofertas haviam sido aceitas ou rejeitadas no passado. A experiência de Fehr e Fischbacher sugere que as pessoas costumam jogar mais duro diante de uma plateia, porque os benefícios de ganhar a reputação de um negociador durão mais do que compensam os custos de curto prazo de rejeitar ofertas pequenas. Mas se você aceitar uma ninharia agora, vai acabar atraindo outras ofertas minúsculas no futuro. Pensar na própria reputação não estimula apenas a ampliarmos nossos instintos mais generosos. Ele também nos torna mais durões.

A punição também é uma forma de reciprocidade indireta, em outro sentido. Nós não punimos apenas quem nos fez mal. Na verdade, estamos dispostos a punir, de maneira geral, quem comete uma infração. Detestamos crueldade e safadeza, mesmo quando não nos afeta diretamente, e gostamos de fazer algo a respeito. Há poucas coisas mais gratificantes do que ver alguém recebendo o que merece e melhor ainda é ser a pessoa que dá o troco, mesmo que tenhamos de pagar o preço.

Assim como o instinto de recompensar a bondade, a ânsia de punir a maldade aparece bem cedo na vida. Kiley Hamlin, cujo trabalho sobre como os bebês se utilizam da reputação já foi citado no Capítulo 3, descobriu que, depois de ver um cachorrinho de pelúcia ajudar ou atrapalhar um tigre de pelúcia, a maioria das crianças de dois anos vai punir o cachorro que não ajudou, impedindo que ele ganhe um "agradinho". Um dos bebês na experiência chegou a dar um tapa na cara do cachorro malcriado.[7]

Punir alguém pelo que ele fez a outra pessoa é o que se chama de "punição de terceiros". A experiência de Hamlin mostrou que bebês estão dispostos a utilizá-la, só que as crianças não tiveram que pagar nada para punir o cachorro mau. Uma segunda experiência conduzida por Ernst Fehr e Urs Fischbacher mostrou que seres humanos adultos apreciam a punição a terceiros mesmo quando ela custa caro.[8] Nessa experiência, duas pessoas disputaram o jogo do ditador. É igual ao jogo do ultimato, só que o aceitante não pode, na prática, aceitar. Ele tem que pegar o que lhe for dado, de modo que o incentivo para o proponente ser generoso é muito menor.

Os pesquisadores deram ao ditador 100 "pontos" e a opção de transferir de 0 a 50 pontos ao segundo jogador. Depois deram 50 pontos a um terceiro jogador e disseram que, a cada ponto que ele cedesse, o ditador perderia três (o "carrasco" não ficava com os pontos; estes eram simplesmente retirados do jogo). No fim, os pesquisadores deram aos voluntários 30 centavos de francos suíços (equivalente a 30 centavos de dólar) para cada ponto que sobrou.

Se o objetivo do terceiro jogador fosse sair do laboratório com o máximo de dinheiro possível, ele nunca deveria punir ninguém. No entanto, cerca de 60% dos voluntários se mostraram dispostos a punir o ditador que desse menos da metade de seus pontos ao segundo jogador. Diante de um jogador que não dava nada, o carrasco mediano estava disposto a abrir mão de 14 de seus pontos só para tirar 42 da pilha do ditador. Esse número diminuía à medida que o valor dado pelo ditador aumentava, mas qualquer um que desse menos que metade de seu quinhão corria o sério risco de ser punido. A maioria das pessoas se mostrou disposta a fazer valer a justiça, mesmo que em nome dos outros.

Há indícios bastante claros de que a bondade não seria capaz de sobreviver sem algum tipo de proteção dessa forma de "justiça desagradável". Em jogos nos quais as opções são ajudar alguém ou não, a sanção mais poderosa contra o comportamento antissocial é retirar toda forma de cooperação. Isso tem a vantagem de, ao contrário da punição, não custar nada para se administrar — a pessoa simplesmente deixa a participação social e todo o resto fica no mesmo ponto em que começou. No entanto, em situações de grupos em que o que está em jogo é o destino de um recurso comum, os resultados do jogo do bem público — onde a cooperação começa com força e depois vai se esvaindo — sugerem que a ameaça de retirar a cooperação não é suficiente para evitar as trapaças ou que alguém se aproveite gratuitamente.

No entanto, se você adicionar uma "punição altruísta" (para usar o termo utilizado por Fehr e seus colaboradores) ao menu de opções, isso pode proteger o bem público.[9] Jogadores generosos vão pagar para punir e jogadores mais egoístas vão aprender que é mais barato ser generoso. Se você der às pessoas a opção de disputar um jogo econômico num grupo experimental com ou sem punição, a maioria, no início, vai eleger o modo sem punição, mas, no fim, todos vão acabar optando por grupos em que existe punição e a cooperação é protegida.[10]

As pessoas punem umas às outras com a mesma extravagância com que ajudam umas às outras. Elas fazem tudo o que podem para punir, a ponto até mesmo de desafiar um cálculo racional. E elas *gostam* de punir. Estudos de ressonância magnética mostram que punir um malfeitor ilumina os centros de prazer do cérebro. Elas acreditam que é a coisa certa a fazer. No entanto, não é assim tão claro que benefícios a punição traz para os indivíduos e a sociedade. Um dos problemas é que a própria punição é um bem público. Todo mundo se beneficia se um trapaceiro for enquadrado, mas só os que punem pagam o preço em tempo e energia — a punição pode até trazer uma recompensa para os neurônios, mas tem um custo material. Se outra pessoa estiver disposta a levar a cabo a punição, o melhor que você tem a fazer é não se meter. Isso, por sua vez, cria a tentação de ser o que se chama de um "aproveitador de segunda ordem", alguém que está disposto a pagar o preço da cooperação, mas que se esquiva do preço de punir os malfeitores. Uma solução para isso é a "punição de segunda ordem" onde as pessoas que não punem acabam sendo punidas, mas isso acaba incentivando a existência de "aproveitadores de terceira ordem" e assim por diante, até o infinito.

Quando analisamos a cooperação, vimos que uma das possíveis razões para contribuir para o bem público era a de ganhar uma reputação que gera lucro em outras situações sociais, como os encontros a dois. Seria essa também uma razão para contribuir para o bem público da punição? Existem poucos estudos sobre essa hipótese, mas os poucos indícios que existem lhe dão apoio. O fato de haver uma plateia, por exemplo, faz com que as pessoas estejam mais dispostas em investir numa punição de terceiros. Um estudo concluiu que, quando os carrascos tinham que relatar o que fizeram na frente dos outros, eles passavam três vezes mais tempo punindo um jogador egoísta do que quando a punição era anônima.[11] Outro estudo, que alternou o jogo do bem público com outro, entre dois jogadores, descobriu que os jogadores que investiam numa punição no jogo do bem público eram considerados mais confiáveis e portanto recompensados nas interações particulares.[12]

Colocando de outra maneira, um caminho para ter uma boa reputação é fazer coisas ruins contra pessoas ruins — ser um vingador. Se a recompensa de ter uma reputação por punir os outros for suficientemente grande, ela, por si só, pode justificar que os indivíduos invistam nas punições.[13] O fato é que, se você for fornecer um bem público, punir um malfeitor (desde que todo mundo entenda os seus motivos, reconheça que os punidos agiram mal e que você não fique marcado como um simples troglodita intimidador) pode ser o maior investimento que você pode fazer na própria reputação — porque serve tanto para deter os trapaceiros e desafiantes e, ao mesmo tempo, faz com que você pareça generoso e confiável. Pense em políticos como Rudy Giuliani, eleito com base numa vida dedicada a punir a criminalidade. Giuliani fez tudo o que podia para divulgar suas prisões, chegando a ponto de inventar a "caminhada dos suspeitos", onde criminosos de colarinho branco eram presos no ambiente de trabalho, algemados e conduzidos em frente às câmeras de televisão.

Seria um erro, contudo, dar a impressão de que a reputação é a única coisa que existe, no que diz respeito à punição e à cooperação. Já descrevi vários estudos que mostram que, quando se dá às pessoas a chance de criarem uma reputação, é bem provável que elas façam algo dispendioso a curto prazo, seja cooperando com os outros, seja os punindo. No entanto, eu não toquei no assunto — e alguns de vocês devem ter erguido as sobrancelhas — de que indícios colhidos nos mesmos estudos mostram que, mesmo anonimamente e em relações que acontecem apenas uma vez, muita gente se mostra disposta a pagar para cooperar e pagar para punir. Por exemplo, mais de um terço das pessoas cooperam em dilemas do prisioneiro anônimos, em que só se joga uma vez, e Fehr e Fischbacher descobriram que ofertas no jogo do ultimato de menos de 30% do monte tinham boa chance de serem rejeitadas, mesmo se os jogadores nunca mais fossem se encontrar e nunca ninguém fosse saber desse jogo. Outras se mostram dispostas a gastar dinheiro na punição de terceiros, mesmo quando ninguém nunca vai saber que foram elas os carrascos. Isso é uma coisa difícil de se encaixar na tese que vê os instintos das pessoas como uma resposta evolucionista a cálculos egoístas de recompensas presentes e futuras. Se a reputação fosse a única coisa que fizesse as pessoas cooperarem, a cooperação não desapareceria se não houvesse reputação?

Uma possível causa para isso é que as experiências que procuram examinar o comportamento em situações anônimas incluem, sem querer, sinais sutis e inconscientes que disparam algum tipo de preocupação com a própria reputação. No Capítulo 8, nós vamos ver como as pessoas são sensíveis ao escrutínio público e o pouco que é preciso para elas sentirem que sua reputação está em risco. Uma segunda possibilidade é a de que as pessoas misturem as estratégias e não se sintam à vontade de fazer sempre as mesmas coisas: em experiências nas quais cooperar sempre apresenta os melhores resultados e o egoísmo passa a ser um comportamento irracional, mesmo assim as pessoas trapaceiam de vez em quando, só para ver o que acontece.[14] Uma terceira hipótese é a de que, como a nossa espécie tem suas raízes em grupos pequenos, onde o anonimato, a privacidade e o sigilo eram raridades e praticamente não existiam estranhos, nós nunca chegamos a nos comportar como se a nossa reputação pudesse ser totalmente blindada e partimos do princípio de que nossos atos e nossas identidades venham a se tornar conhecidos. Isso também evita o risco de que venhamos a nos trair e dar com a língua nos dentes, deixando escapar alguma verdade infame, por pura falta de atenção.

Já outros pesquisadores assumem um ponto de vista diferente e alegam que os altos níveis de cooperação e punição que são vistos até mesmo em interações anônimas e que não vão voltar a se repetir não são causados por um erro de experiência, nem por um resquício do passado. Em vez disso, eles acreditam que o comportamento social humano é guiado por uma predisposição de ajudar os outros, recompensar o comportamento cooperativo e punir os trapaceiros, mesmo quando esse comportamento não pode ser justificado por questões de parentesco, reciprocidade ou reputação.

Essa combinação de ajudar e punir é chamada de reciprocidade forte.[15] Seus defensores sustentam que a cooperação e a punição são incorporadas às sociedades não porque beneficiam os indivíduos, mas sim pela concorrência entre os grupos. Modelos mostram que um grupo em que os indivíduos cooperam uns com os outros e punem os aproveitadores sem pensar em ganho pessoal direto é uma força superior a um grupo de egoístas reativos que não fazem nada sem se perguntar "o que é que eu ganho com isso?" Em modelos onde a reciprocidade é forte, essas práticas se espalham, não por meio dos genes, mas como um conjunto de normas culturais que são transmitidas, por exemplo, quando um imigrante entra no grupo, ou quando um grupo copia outro que parece estar se saindo bem. Assim, a reciprocidade forte proporciona mais uma resposta potencial para a questão da ação coletiva e é mais um pilar a sustentar a cooperação humana.

Essa visão de forças que comandam o nosso comportamento lembra muito Charles Darwin. Intrigado com as vantagens evolucionistas da moralidade, em seu livro *A origem do homem*, de 1871, ele escreveu que "embora um alto padrão moral não confira mais do que uma pequena vantagem para cada indivíduo e sua prole em relação a outros indivíduos da mesma tribo (...), um avanço no padrão moral certamente dará uma imensa vantagem a uma tribo sobre a outra." No entanto, essa "visão da tribo" é o que torna a reciprocidade forte tão polêmica nos dias de hoje. Uma coisa que fez com que o trabalho de Bill Hamilton e Robert Trivers sobre o altruísmo se tornasse tão importante foi o fato de ele mostrar como a cooperação pode surgir a partir do autointeresse do indivíduo. Isso respondia ao problema de que grupos cooperativos seriam vulneráveis a invasores egoístas e à dificuldade de encontrar uma maneira como os grupos poderiam se reproduzir e passar suas características adiante, de um jeito parecido com os genes que se replicam ou os indivíduos que se reproduzem. Os críticos da reciprocidade forte — entre eles Manfred Milinski e Richard Alexander — tendem a ser biólogos evolucionistas, para quem a tese da seleção natural em nível grupal ainda é muito difícil de aceitar. Muitos dos principais defensores dessa ideia, como Ersnt Fehr, vêm da economia, onde estudos sobre empresas e outras instituições fizeram com que o pensamento no âmbito de grupo se tornasse menos problemático.

Eu cito aqui a reciprocidade forte porque este é um foco importante na pesquisa e nos debates sobre comportamento social humano e evolução. No entanto, ele é um desvio da nossa narrativa sobre a reputação, que é uma influência bem menos controversa no comportamento humano. Ainda é incerto por que as pessoas ajudam e punem umas às outras do jeito que fazem, mas existe um consenso de que a reputação torna esses tipos de comportamento mais pronunciados.

Em algumas culturas, a vontade de punir se torna mais palpável que em outras. Isso nos leva de volta às diferenças entre os estados do Norte e do Sul dos Estados Unidos. Os sulistas são mais propensos a acreditar que alguém tem o direito de matar em defesa de sua casa ou sua família, a espancar os filhos e possuem uma maior tendência de dizer que a polícia deve atirar para matar. Os estados do Sul têm menos leis para controlar a posse e o uso de armas, a violência doméstica, os castigos físicos e a pena de morte. Em comparação com os estados do Norte, os do Sul têm uma tendência maior a acreditar que casos de bullying e de xingamentos devem ser respondidos com violência. No Texas, a lei considerava o adultério uma justificativa para o homicídio até 1977. (Nisbett tem quase certeza de que sua parente que matou o marido nem chegou a ser presa.) Quando Nisbett dá palestras sobre sua pesquisa nos estados do Sul, eles se perguntam por que os ianques do Norte são tão frescos.

Então, por que é que os texanos, em geral, apoiam os castigos mais severos — revelando uma maior disposição a investir em punições — do que os moradores de Boston? Nisbett e seus colaboradores acreditam que a rapidez com que um sulista sente raiva, seu pendor para o confronto físico e a maneira como acredita nos castigos físicos têm suas raízes nos benefícios da fama de responder aos trapaceiros com rápida e extrema violência. E isso, por sua vez, reflete as origens e a vida dos europeus que colonizaram aquela região. No Sul, a maioria dos brancos são procedentes da Escócia e da Irlanda. No velho continente, eles moravam em charnecas e nas montanhas e viviam de tocar ovelhas e gado. Muitos continuaram sendo pastores no Novo Mundo.

O gado é móvel e os pastores sempre se veem diante do risco de perder seu sustento para os ladrões, que por sinal é uma característica da profissão no mundo inteiro. Pastores também vivem em populações esparsas onde instituições como a polícia são lentas e distantes. As próprias pessoas têm que defender suas posses. Numa situação como essa, a reputação de ser vigilante e vingativo é uma das melhores coisas que um homem pode ter. Aqueles que as pessoas pensam que estão prontos para matar e, se necessário, morrer para se defender têm muito menos chances de serem atacados. Ao explodirem mesmo diante da menor trapaça, o que pode ser interpretado como veemência e agressividade extremas, essas pessoas mostram à sociedade do que são capazes e ganham uma reputação que refreia qualquer desafio mais forte ao seu bem-estar e à sua riqueza.

Por outro lado, os estados do Norte dos Estados Unidos foram colonizados principalmente por holandeses e alemães, que eram agricultores que cuidavam de lavouras e continuaram assim. Roubar um campo de trigo é muito mais difícil que roubar um punhado de ovelhas e, numa aldeia de agricultores, as pessoas são mais próximas, têm um contato mais regular e, portanto, são mais fáceis de serem controladas, seja pelo governo, seja (como foi mais comum na maior parte da história humana) pelas autoridades informais presentes na própria comunidade. Num ambiente como esse, a propriedade está menos em risco e as pessoas têm menos necessidade de se defender com as próprias mãos, de modo que ter a reputação de ser razoável e educado é mais útil do que ser agressivo. Nesse sentido, nas regiões agrícolas do Sul dos Estados Unidos, onde a economia era baseada em grandes plantações e na escravidão, a taxa de homicídios é historicamente mais baixa do que nas regiões mais secas e montanhosas, onde predominam as pastagens.

Outra característica do pastoreio é que as oportunidades de cooperação são relativamente escassas. Se as terras não forem contíguas ou muito desgastadas, há pouca coisa que dois pastores possam ganhar um do outro — ao contrário, por exemplo, de dois agricultores que podem se beneficiar se colaborarem para construir um sistema de irrigação. O maior favor que um pastor pode fazer a outro é sair de sua frente e a ordem é proteger e monopolizar a riqueza — o mesmo ocorrendo com recursos como ouro, diamantes e petróleo, que são extraídos da terra e não construídos em cima dela. A busca por recursos naturais raramente desperta o melhor nas pessoas, porque os que se dedicam a explorá-los não ficam ricos mostrando seu lado mais humano. Em casos como esse, ter a reputação de ser cooperativo não é de grande utilidade, porque a reputação só favorece a cooperação quando isso vale a pena. Senão, as pessoas vão atrás da reputação que lhes for mais útil.

O Sul, diz Nisbett, tem uma cultura de honra — e também de autodefesa (em vez de uma defesa coletiva) contra os trapaceiros.

"A morte é melhor que a desonra" é um lema adotado por muitos grupos e pessoas que esperam ter que brigar bastante e não esperam que os outros façam isso por eles. A mensagem, evidentemente, não é "mate-me, por favor", e sim "é melhor você não mexer comigo".

Culturas de honra surgem em lugares onde os recursos das pessoas são vulneráveis e os governos, fracos — lugares onde as pessoas têm que ser sua própria força policial e onde a dominação, o poder de repelir, é mais valioso que o prestígio, que é o poder de atrair. No mundo inteiro, os pastores são conhecidos pela dureza, e depois que certos comportamentos se cristalizam, eles parecem persistir, mesmo que as circunstâncias que lhes deram origem desapareçam. Estudos feitos com estudantes no México e na Costa Rica mostraram que as pessoas de áreas pastoris, como Sonora (no México) e Guancaste (na Costa Rica) apoiam com mais vigor as respostas vingativas às ofensas do que aquelas provenientes de áreas agrícolas, como a Cidade do México e San José, que são as capitais dos dois países.[16]

Ladrões de ovelhas dificilmente vão ser uma preocupação para universitários contemporâneos, seja no México, na Costa Rica, ou nos Estados Unidos. Um dos fatores mais importantes na permanência das culturas de honra é, provavelmente, a inércia cultural. As gerações não inventam os comportamentos; elas aprendem com seus pais. Se a sua mãe e o seu pai (ter uma mãe sulista é um indicador especialmente forte de um vigoroso sentimento de honra) lhe ensinam a não levar desaforo para casa e a partir para a briga sozinho, é exatamente isso o que você vai fazer, e é exatamente assim que vai educar seus filhos, independentemente de você possuir ou não cabeças de gado.

Outro grupo de pessoas muito vulnerável a ser roubado e com pouco recurso às leis são os traficantes de drogas. O antropólogo Philippe Bourgois passou a segunda metade da década de 1980 estudando e vivendo no meio dos integrantes da economia do crack no Spanish Harlem de Nova York. O instigante livro que ele escreveu sobre essa experiência, *In Search of Respect*, mostra que administrar uma boca de crack num gueto urbano traz desafios semelhantes aos de tocar animais nas montanhas.[17] Os clientes roubam dos traficantes, os traficantes roubam entre si, e uma classe especializada de ladrões armados surgiu para atacar a economia da droga. (Omar Little, no seriado *The Wire*, é um exemplo fictício.) A polícia dificilmente será simpática com eles — afinal, mal consegue proteger quem obedece às leis — e depois que as drogas tomam conta de uma comunidade, as outras figuras de autoridade perdem seu poder. Ao descrever sua adolescência, quando vivia de vender drogas no Brooklyn, o rapper Jay-Z contou a um entrevistador como as pessoas que um dia o repreenderam passaram a ser seus clientes: "Antes, quando nossos pais e avós diziam que era para a gente fazer alguma coisa, a gente obedecia. Mas agora nós é que estávamos no poder, porque as pessoas que deviam ser a sua rede de apoio eram viciadas em crack e diziam para a gente: 'Eu faria qualquer coisa para ter a minha dose.' Por isso, nós assumíamos o papel dos sábios da aldeia, porque a comunidade toda tomava drogas. Não tinha ninguém para nos policiar e estávamos totalmente fora de controle."[18]

Num ambiente como esse, a melhor proteção que se pode ter é a fama de violento. Escreve Bourgois: "Um comportamento aparentemente violento, 'bárbaro' e que no fim pode acabar parecendo autodestrutivo para quem é de fora pode ser reinterpretado de acordo com a lógica da economia do submundo como um sistema de relações públicas muito bem-feito e um investimento de longo prazo no próprio capital humano." Ou, como disse o empregado de uma cracolância: "Você não pode deixar que os outros mandem em você, porque, se alguém perceber, vai querer mandar em você também." Esse homem era notório por seus ataques de fúria. Uma de suas histórias favoritas era a do dia em que ele quebrou o crânio de um cliente furioso com um taco de beisebol. (Muitos dos traficantes que Bourgois conheceu tinham vergonha de seu modo de vida, mas a alternativa era um emprego sem status e sem segurança — ou, devido ao salário, *mais* de um emprego — no setor de serviços. Mesmo assim, muitos lutavam para entrar na economia formal e alguns até conseguiam, ou conciliavam um bico no submundo das drogas e um emprego normal.)

Depois que uma cultura de honra — a cultura das ruas, regida pela violência e pela intimidação — toma conta de um lugar, ela se espalha para além daqueles envolvidos diretamente nos negócios criminosos. O economista Dan Silverman utilizou a teoria dos jogos para mostrar que, quando a má fama é uma maneira de evitar um ataque, pessoas honestas, sem qualquer participação na economia do crime, têm um incentivo para usar da violência para cultivar uma reputação de durão.[19] Se houver predadores nas ruas, a melhor maneira de circular entre eles é parecer ser um deles. Pode-se fazer isso pela maneira de se vestir, andar e falar, mas esses são sinais baratos e por isso pouco confiáveis. Só a violência mostra realmente quem manda.

As noções de honra e os comportamentos que ela incita não estão presentes no DNA de um grupo social e ausente no do outro. A maioria de nós tem toda a chance de se tornar baderneiros cheios de orgulho, dependendo da nossa cultura e de como somos criados. O que deu aos seres humanos um potencial como esse? O psicólogo Todd Shackelford duvida que tenha sido apenas a necessidade de proteger a prole. Apesar de a economia do pastoreio e de os roubos de ovelhas parecerem gerar um vigoroso sentido de honra, o pastoreio, argumenta ele, é um modo de vida muito recente e específico demais para ser a origem da honra. Em vez disso, ele sugere que a psicologia da honra tem suas raízes na tentativa dos homens de monopolizarem suas mulheres. O rapto de mulheres, o adultério e os estupros, escreve ele, eram bastante comuns no ambiente em que os homens evoluíram, de modo a guiar a honra masculina como uma maneira de se proteger contra isso.[20]

Proteger a honra feminina com certeza é um fator proeminente na cultura do Sul, como mostrou a proteção legal a quem mata pessoas adúlteras. O mesmo vale na hora de evitar que o comportamento feminino prejudique a honra masculina. A maneira como as mulheres se comportam é uma característica marcante de outras culturas baseadas na honra, como a do Curdistão, uma região que atravessa as fronteiras do Iraque, da Turquia, da Síria e do Irã. Os curdos são um exemplo bastante emblemático de uma cultura da honra. A região é montanhosa e a sociedade sempre foi centrada em tribos, todas elas ligadas por uma mistura de laços familiares e sociais. Não há um governo geral que supervisione a vida tribal e pouca autoridade central. Muitos curdos rejeitam as leis dos países em que vivem e lutam por um estado curdo independente.

 A preocupação com a honra significa que aquilo que poderia parecer uma trapaça sem importância pode acabar gerando uma rixa entre tribos capaz de se arrastar por gerações e custar várias vidas. O sociólogo norueguês Haci Akman, que estudou a violência baseada na honra no Curdistão, descreveu uma rixa entre duas tribos curdas que começou no final do século XIX, quando a ovelha de uma tribo entrou no território da outra.[21] Essa tribo matou a ovelha. Mas a coisa não podia parar por aí. Se a desfeita não fosse vingada, poderia destruir a honra da tribo e mostrar seus membros como fracos e covardes, diminuindo seu status e elevando a imagem dos ofensores diante de todos os demais grupos que viessem a saber do incidente. Assim, eles responderam queimando todo o feno da primeira tribo. Esta tribo então foi à forra matando todos os cabritos da outra tribo, que então matou os cachorros do inimigo com carne envenenada. Depois de perder seus cachorros, um rapaz dessa tribo começou a espalhar a história de que uma moça da tribo inimiga estava apaixonada por ele — e tinha uma foto para provar. Consequentemente, escreveu Akman, a moça "ficaria impura para sempre" e, sem perspectivas de se casar, representaria um verdadeiro fardo para a família — de fato, ela estava "socialmente morta". A tribo dessa jovem descobriu em que parte da cidade o rapaz se divertia e, depois de montar uma tocaia, o matou. Esse ciclo de mortes se estendeu por décadas.

Ao contrário de Shackelford, Akman acredita que honras e rixas têm mais a ver com o poder do que com sexo. "Violências como rapto e estupro", escreve ele, "servem principalmente para atacar a tribo inimiga. A mulher violentada é apenas uma vítima infeliz, num jogo de poder que é majoritariamente masculino." (Em *Otelo*, Iago usa a honra de Desdêmona como uma arma contra Otelo.) As histórias de certas rixas dão a entender que alguns grupos estão sempre procurando uma desculpa para guerrear, para poder mostrar sua força coletiva e obter a glória como indivíduos. Outro sociólogo, o norueguês Tor Aase, disse que a violência da honra é um "torneio de poder".

O argumento evolucionista de Shackelford e o viés político de Akman não são mutuamente exclusivos. Se o comportamento reprodutivo feminino não afetasse os interesses evolutivos masculinos, os homens não se preocupariam tanto com isso. Os homens têm um incentivo evolutivo para controlar o comportamento sexual das mulheres porque, enquanto elas têm certeza de serem mães dos filhos que geram, um homem não tem tanta certeza assim. E a forma de eles lidarem com essa assimetria de informação é atribuindo um alto valor à reputação sexual das mulheres ao adotarem uma postura ríspida e intolerante em relação à promiscuidade. Aqui, a reputação passa a ser uma maneira de lidar com os riscos e as incertezas sociais; também é uma questão de como os outros nos julgam, e não só daquilo que fazemos; e, ainda, é tudo uma questão de controle. As mulheres costumam ser julgadas com mais severidade do que os homens pelo mesmo comportamento sexual — o que também é conhecido como "duplo padrão sexual" —, e o comportamento sexual é um aspecto mais importante de sua reputação do que é para os homens. Para citar a professora de literatura Patricia Meyer Spacks, "o bom nome de um homem depende de seu comportamento numa série de situações; já para a mulher, a conduta sexual é o bastante."[22]

Um rapaz entrevistado por um advogado inglês, que investigava os crimes de violência baseados na honra contra mulheres, comparou a reputação de um homem ao ouro e a da mulher à seda: "Se o ouro se suja, basta passar um pano e limpar, mas se um pedaço de seda se suja, nunca mais vai dar para limpar; você pode perfeitamente jogar fora."[23] Isso faz com que a reputação sexual de uma mulher seja um alvo óbvio para os inimigos dela ou de seu grupo. Uma simples fofoca pode ser suficiente para destruir o bom nome de uma mulher e suas perspectivas de casamento e se, numa cultura de honra, uma mulher se tornar socialmente morta, sua família pode muito bem pensar que seria melhor se ela realmente estivesse morta. A ONU estima que ocorram cerca de 5 mil desses chamados "crimes de honra" anualmente, embora provavelmente os números sejam maiores. A violência em nome da honra é um crime que parece estarrecedor e obsceno para quem vê de fora da cultura de honra, mas que pode ser apoiado e até comemorado pelas pessoas que fazem parte dela. Entender as culturas da honra ajuda a revelar as forças sociais e evolutivas que levaram a esse tipo de violência. Assim como acontece com o Sul dos Estados Unidos, essas culturas permanecem mesmo depois de transplantadas de seu berço de origem.

A reputação ajuda a explicar muitas faces da violência. Como brigas geram desaprovação social e sanções legais, seria de se esperar que ocorressem discretamente e que a presença de uma plateia poderia apaziguar os ânimos — mas acontece justamente o contrário. O psicólogo Richard Felson interrogou uma série de ex-presidiários, ex-internos de um hospício e pessoas que nunca foram presas a respeito dos confrontos que tiveram no passado.[24] E descobriu que a presença de transeuntes dobrava as chances de uma confrontação atravessar a fronteira do verbal para o físico. Nos Estados Unidos, dois terços dos confrontos violentos acontecem em público, sendo que entre os jovens essa proporção sobe para três quartos. Não é difícil encontrar casos, tragicamente inexplicáveis para quem é de fora, de jovens em cidades do interior se matando por coisas mínimas, às vezes até imaginárias. Mesmo quando o motivo parece ser dinheiro, o retorno sobre o investimento geralmente é péssimo — um terço dos roubos nos Estados Unidos são de menos de US$ 50. Quase metade acontece à luz do dia, indicando que agir sorrateiramente não é uma prioridade na cabeça do delinquente. Mesmo quando não há ninguém para testemunhar o ataque, é comum que os homens gostem de se gabar da surra que deram em alguém, como Philippe Bourgois pôde constatar. Mas se analisar esses crimes à luz da reputação, tudo começa a fazer muito mais sentido. Não se trata de uma violência insana, mas sim de uma violência estratégica, e seus autores agem desse jeito não para ganhar dinheiro, mas para formar uma reputação.

E assim, da mesma maneira que a generosidade e a cooperação, a violência pode ser utilizada como um sinal. Como ser violento é muito caro, trata-se da exibição de força ideal. Quanto maior a plateia, mais valioso se torna o sinal e, portanto, mais vale a pena investir nele. Aliás, quando a violência não é tão arriscada, é menos provável que os homens ajam em público. Felson descobriu que uma plateia só aumenta a chance de violência quando a disputa se dá entre dois homens. Quando os dois lados são de sexos diferentes, a presença de público torna a violência mais improvável. Se um homem está a fim de lutar para mandar uma mensagem a quem estiver assistindo, bater em alguém com menos condições de revidar não é um sinal confiável de força. Um homem que bata numa mulher em público tem mais chances de ganhar a fama de bestalhão do que de durão.

A violência também pode trazer benefícios na forma de reciprocidade indireta. Em vez de Adam ajudar Bob para que o observador Charlie venha a ajudá-lo no futuro, Adam briga com Bob para fazer Charlie pensar duas vezes antes de o atacar. O nome para esse tipo de comportamento, em que os dois lados se dão mal — porque brigar custa caro, independentemente do quanto se machucar o oponente —, é *bullying*. Estudos teóricos do efeito da reciprocidade indireta no *bullying* sugerem que a presença de uma plateia torna mais comum esse comportamento agressivo.[25] Experiências comprovam os benefícios de intimidar alguém diante de uma plateia — as pessoas percebem um rosto furioso como sendo mais dominador se ele vier acompanhado da imagem de uma reação de medo, do que se vier acompanhado de uma reação igualmente raivosa e agressiva.[26] Talvez valha até a pena começar brigas que já se sabe que vai perder, se os benefícios de manter os outros à larga forem suficientemente grandes. Os economistas aplicaram uma lógica muito parecida para explicar por que certas empresas usam táticas predatórias como corte brutal de preços, mesmo sabendo que vão perder em receita mais do que vão ganhar em número de vendas. Porque se você demonstrar que está disposto a matar seus rivais a praticamente qualquer preço, isso vai valer a pena no longo prazo, ao fazer com que qualquer competidor futuro fique com medo de entrar naquele mercado.[27]

Isso não quer dizer que as pessoas optem conscientemente pela violência como uma forma de cultivar um determinado tipo de reputação. Em vez disso, as pessoas são levadas à violência como uma reação emocional ao fato de terem sido tapeadas ou insultadas — sentem como se estivessem defendendo sua honra, e não administrando uma imagem. O psiquiatra James Gilligan, diretor do Centro para o Estudo da Violência na Harvard Medical School, escreveu que ele "ainda está para ver um ato sério de violência que não tenha sido provocado pela experiência da pessoa ter se sentido humilhada ou envergonhada".[28] Como o trabalho de Richard Nisbett e outros mostrou, o quanto as pessoas se preocupam com a própria honra e o que estão dispostas a fazer para protegê-la vai depender da cultura, do meio ambiente e da economia.

Nesse ponto, não há nada melhor do que citar Maquiavel: "Daí surge a seguinte questão: se é melhor ser amado do que ser temido, ou o contrário." A resposta de Maquiavel à sua própria pergunta, que ele expôs no livro *O Príncipe*, é pouco auspiciosa: "A resposta é que gostaríamos de ser os dois, ao mesmo tempo; mas como isso é difícil de se obter, é muito melhor ser temido do que amado, se não pudermos ser as duas coisas. (...) Os homens se preocupam menos em fazer o mal a quem quer ser amado do que a alguém que deseje ser temido."[29]

Escrito em 1513, *O Príncipe* é uma tentativa de resolver o mesmo problema sobre o qual Richard Alexander se debruçaria mais de 450 anos depois, quando começou a pensar sobre a evolução humana, a moralidade e a reciprocidade indireta. Como um grupo se mantém forte o suficiente para sobreviver e prosperar em concorrência com outros grupos? Para Maquiavel, esse era um problema concreto. A Itália era uma colcha de retalhos de cidades-estados concorrendo entre si e ameaçadas por outros estados europeus. Enquanto Maquiavel era vivo, a Itália foi invadida pela França, pela Espanha e pelo Sagrado Império Romano. Em sua querida Florença, ele viu a poderosa família Médici ser substituída por uma república em 1494, viu os Médici voltarem ao poder em 1512 e de novo serem expulsos em 1527, o ano de sua morte. Durante todo esse tempo, a glória de Florença só declinou.

Em seu livro, Maquiavel se dirige a um líder que se encontra no tipo de ambiente que produz uma cultura da honra. Ele tem muito a perder, pode ser atacado de dentro e de fora de seu grupo, e não tem ninguém que o proteja. É fácil ver o que um homem assim teria a ganhar com a reputação de ser temido. No entanto, Maquiavel não idolatrava os ditadores e o poder só pelo poder. Ele lutou para defender a república de Florença, e os Médici o torturaram quando voltaram a conquistar a cidade. *O Príncipe* é um livro amoral, mas ele aconselha um regente de pôr a dominação a serviço de seu povo e usar a brutalidade como um bem público:

> [Um] príncipe não deve se preocupar se for reprovado por sua crueldade, enquanto mantiver os súditos unidos e leais. Com um ou dois exemplos, pode mostrar que tem mais compaixão do que aquele

que, por ser compassivo demais, acaba permitindo o tipo de desordem que leva aos saques e aos assassinatos. Isso quase sempre acaba prejudicando toda a comunidade, enquanto as execuções ordenadas por um príncipe só afetam indivíduos.[30]

Maquiavel também sabia que a dominação por si só não era o suficiente e que, se o regente quisesse se manter no poder por um bom tempo, teria que buscar também o prestígio: ninguém conspira contra um príncipe se achar que, ao fazer isso, vai afrontar as pessoas. Da mesma maneira, Bourgois descobriu que os grandes traficantes de crack fortaleciam suas posições se valendo de uma habilidosa mistura de amizade, benevolência e violência. A grande desvantagem da intimidação é que o medo, por si só, age como um repelente. Ele reduz os riscos de uma trapaça, mas também impede os benefícios da cooperação. Apesar de a ameaça de punição dar às pessoas um incentivo para obedecer, ela também dá um incentivo para se livrar da fonte da ameaça e reconquistar sua autonomia. Como já vimos por meio de inúmeros exemplos, as pessoas lutam para não serem dominadas por membros de seu próprio grupo. Isso se aplica a todas as culturas de honra, em todo tempo e lugar: o título deste capítulo foi tirado de uma música de 1990 do grupo de hip hop Gang Starr, que relata a vida de um jovem criminoso que progride na carreira pelo uso da violência extrema, até ser destruído pela vingança de uma das vítimas.

As sociedades regidas pela intimidação acabam se destruindo por dentro, exaurindo suas energias em vinganças e tentativas de apaziguamento e se tornando presas fáceis de grupos mais coesos. No estudo que fez sobre as rixas no Curdistão, Haci Akman notou que, desde o fim do século XVI, observadores externos mostraram que a obsessão das tribos pela honra é uma verdadeira barreira à coesão social e com isso impede a unidade curda e atrapalha a formação de um estado nacional. As tentativas das tribos de se unirem, escreveu Akman, são minadas por disputas sobre a honra, permitindo que outros poderes na região dividam e governem o Curdistão.

Para tirar o poder das culturas da honra e da violência, as comunidades e os governos precisam mudar a economia da reputação. O economista holandês Robert Dur argumentou que a política de tolerância zero, na qual a polícia tenta punir pequenos crimes como furtos em lojas ou furar o pedágio, acaba fazendo de um pequeno crime algo ousado e, portanto, um melhor investimento na reputação. E é por isso que, segundo ele, uma política de tolerância zero reduziu a criminalidade em todos os seus graus: ao fazer com que mesmo os pequenos crimes se tornassem mais arriscados, isso acabava os tornando sinais mais fortes.[31] Se você provar que é um valentão simplesmente quebrando uma janela, não vai ser necessário dar uma facada em alguém (embora Dan Silverman também diga que, se o policiamento ostensivo ajuda a espalhar mais rápido a notícia de um crime, ele pode acabar diminuindo esse efeito ao aumentar os benefícios gerais do crime como um sinal). E, se você não for um valentão, vai ser dissuadido de cometer um crime de qualquer maneira.

Ao aumentar a probabilidade e o escopo da punição de terceiros, o policiamento pode reduzir os benefícios de participar da economia informal e proporcionar uma autoridade externa que diminui a necessidade das pessoas de fazerem justiça com as próprias mãos. As punições surtem mais efeito quando são uma extensão da vontade da comunidade, quando o máximo de pessoas se mostram a favor de uma postura punitiva e estão dispostas a pagar o preço, de maneira que os custos não sejam arcados por nenhum indivíduo em especial. Temos vergonha de sermos punidos por nossos iguais e assim mudarmos nosso comportamento. Mas quando o controle e a punição parecem vir de fora, dá a impressão de ser mais um ataque que uma sanção e assim é menos eficiente para mudar um comportamento (um assunto ao qual nós iremos voltar no último capítulo, sobre como funciona a reputação entre grupos). As sociedades precisam trabalhar tanto para inserir as forças da lei e da ordem nas comunidades que elas policiam, como também para aumentar o poder dos "policiais" informais, como os mais velhos e mais sábios do grupo.

As mudanças culturais são uma consequência das mudanças nas redes sociais e de poder. No livro O *código de honra*, o filósofo Kwame Anthony Appiah discorre como práticas que antes eram sustentadas por conceitos de honra — como os duelos na Grã-Bretanha e os pés amarrados das mulheres na China — desapareceram, não por causa de algum insight moral ou reforma legal, mas porque mudanças econômicas e sociais minaram a reputação de pessoas que se dedicavam a essas práticas.[32] Na Inglaterra, a ascensão da classe média e da classe trabalhadora e a diminuição do isolamento social e da dominância política da aristocracia hereditária fizeram com que os antigos duelos parecessem algo ridículo. A China do século XIX se abriu para o comércio econômico, intelectual e filosófico com o Ocidente e sofreu uma série de derrotas militares humilhantes, por obra desses países ocidentais. Isso fez com que os intelectuais chineses questionassem suas tradições, e uma prática que um dia pareceu sofisticada e erótica logo passou a ser vista como antiquada e cruel. Appiah argumenta que, da mesma forma, a melhor maneira de se lutar contra os crimes de honra contra as mulheres é fazer com que eles se tornem uma vergonha. E o modo de se fazer isso é criando laços sociais entre as pessoas e sociedades que praticam esse tipo de violência e as que abominam, nas quais regras sociais, normas, reputação, prestígio, vergonha e punição possam fluir.

Neste capítulo e nos anteriores, examinamos como as reputações são formadas. Seres humanos se esforçam para mostrar aos outros o que têm e o que são. Exibições ostensivas de generosidade podem ser símbolos de status que apregoam nossa riqueza física e material. Ajudar uma pessoa incentiva um espectador do seu ato a ajudá-lo algum dia. Machucar uma pessoa desestimula um espectador do ato a atacar o agressor. Nossas emoções revelam os motivos tanto por trás dos nossos sucessos, como dos nossos fracassos, a qualquer um que esteja vendo. As fofocas sugam todas essas informações e as espalham para todos os lados, e com isso vão formando as reputações.

A reputação pode ser um instrumento para conseguir que as pessoas façam coisas para você, assim como para impedir que façam algo *contra* você. A confiança não vem do quanto você é bonzinho, mas do quanto você é previsível e o quanto as pessoas podem confiar em qual será sua resposta a uma determinada situação. Os benefícios de usar a maneira como tratamos os outros para mostrar como os outros devem nos tratar podem até nos deixar mais altruístas, mas também podem nos deixar brutais.

Porém, reputações não são simplesmente construídas. Elas também são protegidas, evitadas e atacadas e às vezes são melhor servidas não pela ação, mas pelo comedimento. Para analisar o que ameaça uma reputação e como ela é defendida, vamos nos voltar aos outros membros do mundo animal. As coisas vão ficar mais traiçoeiras.

CAPÍTULO 7

Vizinhos abelhudos

A primeira coisa que Peter McGregor pensou quando ouviu o que ouviu foi chamar aquilo de "efeito Margaret Thatcher". Nos dois anos anteriores, McGregor se tornou um expert em jogar um chapim-real contra o outro. São passarinhos pequenos e irascíveis, que na Inglaterra são vistos geralmente pegando amendoim nos jardins, mas que também, pelo que se sabe, matam e comem pequenos morcegos. Como outros passarinhos das florestas, os machos dessa espécie cantam para demarcar território, espantar outros machos e atrair uma parceira. Para nós, um passeio de primavera por um bosque cercado pelo canto dos pássaros é uma alegria. Mas, para os animais em si, parece mais um bar barulhento no sábado à noite — uma briga acontecendo num canto e uma tentativa de sedução no outro. Para os pesquisadores do comportamento dos animais, o melhor de tudo é que, pelo preço de um equipamento à prova d'água, eles também podem participar, semeando brigas e lamentos, como bem entenderem.

A melhor maneira de irritar um chapim-real macho, pelo que McGregor pôde ver, é o interrompendo. Quando um macho canta por cima do canto do vizinho, ele está desafiando seu status e os limites de seu território. Com um arsenal de cantos pré-gravados,

McGregor conseguiu simular um desafio desses para os chapins-reais que habitam as florestas da região de Nottingham, na Inglaterra. Os passarinhos odiaram essa intromissão e responderam com uma verdadeira ginástica acústica, alternando cantos rápidos e longos para evitar que os desafiantes cantassem por cima e para eles mesmos interromperem o canto dos desafiantes. Esse tipo de "agressão por interrupção" lembrou a McGregor o hábito que a ex-primeira ministra tinha de, nas entrevistas, começar a responder bem antes do entrevistador ter terminado a pergunta. O problema é que a pessoa tem que acordar muito, mas muito cedo mesmo, para estudar o canto desses pássaros; e o que McGregor achou inteligente na cantoria da manhã ficou mais parecido com falta de sono na hora do almoço, de modo que ele nunca utilizou a expressão "efeito Margaret Thatcher" nos artigos que escreveu.

No entanto, essa decepção passou logo, assim que McGregor percebeu um fator imprevisto nos confrontos da floresta. Quando McGregor começava um duelo de cantos num território, o vizinho do pássaro aparecia e ficava por perto. No começo, isso foi um tanto frustrante, porque McGregor não podia mais ter certeza absoluta de que o macho objeto da experiência estivesse respondendo à sua gravação, e não ao vizinho. Mas, à medida que isso foi se desenrolando, McGregor passou a ficar mais interessado no vizinho do que no macho original. Talvez os vizinhos estivessem só passando por ali. Talvez tenham chegado para ver o que era aquela confusão toda e descobrir alguma coisa, como por exemplo: será que o macho ao meu lado consegue defender o que é dele? E será que eu devo me preocupar com esse cara novo?

Com isso, McGregor se tornou um pioneiro naquilo que chamam de "escuta comportamental". Ele e seus colegas se dedicaram a uma série de estudos para testar se os chapins-reais machos realmente escutavam os duelos musicais dos outros e, se fosse o caso, o que eles faziam com essa informação. Com o uso de gravações, os pesquisadores às vezes "ganhavam" uma disputa com o macho, no sentido de se sobrepor agressivamente ao canto do outro, ou mostravam deferência da mesma maneira como outro chapim-real mostraria: esperando que o macho terminasse de cantar antes de entoar seu próprio canto. Eles também simularam encontros artificiais usando dois jogos de alto-falantes que tocavam cantos diferentes — cada macho tem um jeito próprio de cantar, de modo que o canto é uma forma de identidade, além de mostrar status — e então confrontavam o macho vizinho, ora com o vencedor, ora com o perdedor.

Os resultados mostraram que, de fato, os chapins-reais machos escutam os duelos dos vizinhos e utilizam essa informação para forjar suas táticas. Quando uma "gravação vencedora" invadia o território de um macho, o pássaro-residente passava a cantar menos e se aproximava da gravação em silêncio, que era um movimento mais hostil do que ficar cantando de longe. Aparentemente, um invasor com um histórico de agressões bem-sucedidas é mais visto como uma ameaça e portanto recebe uma resposta mais vigorosa.[1]

Passarinhos que demarcam seu território cantando mostram aquilo que se chama de efeito "prezado inimigo". Uma vez que os limites estão formados, os vizinhos exercem uma espécie de contenção mútua para respeitá-los. Isso lhes poupa o esforço de ficar sempre lutando, mas deixa os passarinhos expostos a uma invasão a suas fronteiras indefesas. Colocando de outra maneira, é uma situação que se parece muito com o dilema do prisioneiro, onde os benefícios de uma traição dificultam a cooperação. Uma utilidade de escutar os cantos é responder a esse problema, permitindo que você descubra em que vizinhos você pode confiar que não vão invadir seus domínios e em quais não pode confiar. Ao gravar o canto de outras espécies de pássaros (os pardais cantores que habitam o Discovery Park, em Seattle, Estados Unidos) e tocar a gravação para simular uma invasão, Çağlar Akçay e seus colaboradores demonstraram que esses pássaros monitoram seus vizinhos exatamente assim.[2] Se um macho ouve um vizinho invadir o território de outro, passa a prestar mais atenção no invasor, entrando com seu canto mais rapidamente e cantando com mais vigor. O fato dessa reciprocidade indireta ajudar a manter a paz, em vez de disparar uma enxurrada de agressões, com os outros ouvintes se tornando hostis ao pássaro que revida, sugere que os pardais cantores devem ter regras bastante sofisticadas sobre a maneira de julgar os motivos por trás de um ato de agressão e saber que um macho que luta contra um invasor ainda assim pode respeitar o território dos outros. Como já vimos na discussão sobre cooperação humana e reciprocidade indireta no Capítulo 3, ainda não está claro o quanto nossa própria espécie se utiliza desse tipo de regra.

E assim, a comunicação entre os bichos não é apenas um jogo entre dois oponentes. Muitos sinais vão longe e atingem muito mais animais do que somente o alvo mais óbvio. A perenidade dos canais de comunicação entre os animais permite que os outros ouçam, vejam, farejem e utilizem essas informações para planejar seus avanços e recuos.

Quando os animais começaram a ouvir uns aos outros, eles inventaram a reputação. No Capítulo 1, vimos o quanto os animais se copiam e quais os benefícios dessa tática. Porém, vimos que isso parece mais com a construção de uma marca do que de uma reputação em sentido estrito — não existe interação social nesse aprendizado. Já os ouvintes não estão imitando outro animal. Estão estudando seu comportamento para saber como devem tratá-lo, economizando tempo e esforço ao se valer da experiência do outro, na hora de tomar uma decisão.

Alguns são tão bons nisso que podem prever o resultado de disputas que sequer aconteceram. Por exemplo, se você vir o animal A derrotar o animal B e então o animal B derrotar o C, pode-se concluir que o animal A provavelmente sairá vencedor numa disputa com o C. Uma espécie que consegue raciocinar dessa maneira é o *Haplochromis burtoni*, um peixe africano de água doce. Se você deixar o peixe acompanhar uma luta onde A derrota B que derrota

C e então lhe der a chance de se aproximar de A ou de C, ele vai escolher o C, sendo este o mais fraco, mesmo que ele nunca tenha visto A derrotar efetivamente C.³

Outra semelhança entre a escuta comportamental e o uso que os humanos fazem da reputação está no fato de a plateia modelar a performance. Os animais conseguem adaptar seu comportamento não só para influenciar a maneira como seus adversários os veem, mas também como os espectadores vão tratá-los. Eles podem administrar suas reputações mudando o que fazem, dependendo de quem estiver assistindo. Por exemplo, quando McGregor escutava os duelos de cantos entre os passarinhos, ele geralmente conseguia descobrir qual dos dois iria ganhar depois de ouvir somente alguns segundos. Os chapins-reais, que nascem sabendo fazer esse tipo de avaliação, provavelmente são mais aptos a adivinhar quem será o vencedor do que um biólogo, por isso é estranho que os machos cantem por vários minutos, antes de encerrarem a disputa. Se você já sabe qual vai ser o resultado — especialmente se souber que vai perder — por que perder tempo e energia para entrar numa briga?

McGregor acredita que os machos prolongam disputas que eles sabem que vão perder porque eles não estão somente se exibindo para o adversário. Ao continuar a cantar, um macho mostra para os ouvintes que ele não é uma presa fácil. Ele pode até não ganhar a disputa, mas pode mostrar sua capacidade para os outros passarinhos que estiverem escutando e assim evitar que eles o desafiem.

McGregor nunca testou essa proposição específica nos chapins-reais, mas outros pesquisadores demonstraram que ela se aplica a outros animais. O espada (*Xiphophorus hellerii*), um peixinho de água doce da América Central, é uma espécie bastante comum nos aquários, mas alguns entusiastas recomendam que só se deve ter um macho no recipiente, porque eles tendem a se atacar uns aos outros. Eles também se escutam mutuamente: os espectadores machos tendem a ser menos agressivos com os peixes que eles viram ganhar uma disputa e menos agressivos contra os perdedores que enfrentam a luta do que contra aqueles que recuam rapidamente.⁴ O espada demonstra a maneira como, durante a evolução, os ouvintes ajudaram a formatar os sinais que eles observavam — mesmo que, no caso dos passarinhos, uma floresta densa não permita que o cantor saiba se tem alguém escutando.

Além de se exibir para quem estiver ouvindo, os pássaros machos podem tentar se esconder deles. Ao lado dos cantos sonoros e melodiosos, muitos dispõem de um canto mais baixo, que é utilizado em confrontos particularmente tensos, quando dois pássaros mais ou menos iguais se encontram no mesmo território, mas nenhum deles tem certeza de quem vai ganhar. Esse canto varia mais que o canto sonoro dos machos — formado por um repertório mais simples e fácil de identificar. Em vez de soltar seu canto de galhos conhecidos dentro de seu território, os machos que cantam baixinho voam de galho em galho. Ainda não está claro qual exatamente é a função desse canto mais baixo, mas uma possibilidade é a de que ele é utilizado quando dois machos querem lutar discretamente, impedindo que os ouvintes saibam de quem se trata.⁵

Um pássaro macho derrotado num confronto em público tem muito a perder, porque não são só os outros machos que estão ouvindo. A conquista do território e os duelos de cantos são apenas meios para o fim de atrair e manter uma parceira, e um dos modos como as fêmeas escolhem seus parceiros é ouvindo as disputas entre os machos. Além de observar chapins-reais, McGregor estudou os espectadores e ouvintes nas lutas entre peixes siameses, onde os machos balançam suas caudas de samurai em duelos ritualizados que às vezes acabam em morte. As fêmeas que assistem a um confronto preferem passar seu tempo ao lado de um vencedor. E isso não é porque elas podem julgar um macho a partir de suas qualidades inerentes — se não viram a luta, não demonstram uma preferência.⁶ Os peixes machos, sabendo disso, fazem o possível para proteger a própria imagem. Realizando lutas numa alternância de lugares abertos e outros menos visíveis, McGregor descobriu que os machos são mais propícios a lutar diante de uma fêmea se seu adversário for nitidamente mais fraco. Se forem obrigados a se digladiarem com um superior, vão tentar fazer isso discretamente. No entanto, as fêmeas de determinadas espécies nem sempre recompensam o machismo: entre as codornas japonesas, as fêmeas preferem os machos perdedores, talvez porque os pássaros dominantes façam a corte com o mesmo ímpeto com que brigam, e elas frequentemente saiam machucadas.[7]

Mesmo depois de arranjarem uma parceira, os machos não deixam de ser observados. Se uma fêmea ouve que o canto de seu macho está sendo atropelado, ou se ouvir uma melhor performance vinda do vizinho, é bem possível que ela tome uma decisão baseada nessa informação. A equipe de McGregor criou um cenário exatamente como esse, utilizando alto-falantes para travar uma disputa feroz com um chapim-real macho e depois indo para o território vizinho e tratando o habitante local com mais cordialidade. As fêmeas que ouviram o vizinho derrotar um pássaro que tinha derrotado seu parceiro tinham muito mais chance de visitar o território do macho bem-sucedido do que aquelas que eram parceiras de vencedores.[8]

Aparentemente, os machos derrotados não pagaram o preço pela volubilidade de suas parceiras, uma vez que os testes de DNA mostraram que os filhotes no ninho de um macho perdedor tinham a mesma chance de serem seus do que os criados no ninho de um vencedor. Já os chapins-de-cabeça-preta machos não tiveram a mesma sorte. Daniel Mennill e seus colegas fizeram uma experiência parecida com esses pássaros, nas florestas de Ontário, no Canadá. Eles são muito próximos dos chapins-reais (na verdade, são os nomes americano e inglês para a mesma espécie). As chapins-de-cabeça-preta fêmeas que têm machos de status mais baixo geralmente procuram outras opções: testes de paternidade revelam que aproximadamente metade dessas fêmeas têm filhotes de outros machos, que não seus parceiros. Já os machos de status elevado não têm esse tipo de preocupação: só 10% dos ninhos têm os frutos daquilo que pode ser chamado tecnicamente de uma cópula fora do par. No entanto, uma única derrota para outro macho de status elevado através das gravações de Mennill — o teste todo só durou seis minutos — fez com que esse percentual subisse para 50%, a mesma proporção verificada nos machos de pequeno status.[9] É uma turminha difícil.

Para os animais cujos contatos sociais se restringem a lutar e a acasalar, há pouca utilidade em se ter uma reputação, a não ser uma medida indireta de dominância. Muitos animais, entretanto, têm vidas sociais que vão além dessas duas interações básicas. As vantagens de viver em grupo se aplicam a outros animais tanto quanto aos seres humanos. Para os animais caçadores, formar um grupo viabiliza a caça de presas maiores. Para os que são caçados, os muitos olhos de um grupo facilitam a visão de predadores e permitem que cada indivíduo passe mais tempo se alimentando. Grupos viabilizam economias de escala, divisão de trabalho e servem como um seguro para os altos e baixos da sorte de um indivíduo, como, por exemplo, na hora de se repartir os alimentos. No entanto, assim como a vida social traz os seus custos para os seres humanos, ela também traz os seus custos para os animais. Um grupo precisa de mais espaço e comida. A concorrência interna nunca tem fim — sempre vai haver brigas por status, parceiras e recursos — e qualquer empreitada coletiva cria uma oportunidade para os aproveitadores se apossarem dos benefícios, sem pagar o devido preço.

A vida dos leões mostra os dois lados dessa contabilidade da vida em grupo. Os leões caçam, cuidam de seus filhotes e defendem seu território em grupo. As alcateias precisam ser fortes, porque passam boa parte de suas vidas lutando contra outras alcateias. Os vizinhos se confrontam uma ou duas vezes por semana, grupos maiores tomam o território das alcateias menores, e leões solitários são atacados com frequência e muitas vezes mortos. A coesão do grupo é uma questão de vida ou morte. No entanto, enquanto estudavam os leões do Serengeti nos anos 1990, Robert Heinsohn e Craig Parker descobriram que a solidariedade nas manadas é frágil e imperfeita.[10]

A pergunta sobre como se confrontar com um leão traz duas respostas: com cuidado, ou da mesma maneira que se faria com um chapim-real. Os pesquisadores se aproximavam da alcateia com um leão empalhado e um alto-falante que soltava um rugido. Alguns dos leões se apressavam a encarar o desafio, aproximando-se e atacando o modelo, antes de perceberem que cometeram um erro e, segundo Packer, "ficando muito constrangidos com isso".[11] No entanto, outros só apareceram vários minutos depois e, se o invasor fosse um leão de verdade, qualquer confronto já teria terminado. Alguns desses preguiçosos se ergueram mais rápido quando Heinsohn e Packer usaram os rugidos gravados de vários leões para fingirem que a ameaça era séria, mas outros ficaram ainda mais acuados.

Aparentemente, os leões mais covardes têm uma reputação à altura. Quando os pesquisadores separaram um líder e um covarde do resto da manada, obrigando-os a confrontar a ameaça juntos, o líder acabava ficando mais cauteloso e menos confiante. Ele hesitava e olhava para o leão que cuidava da retaguarda, antes de partir para o enfrentamento. Como aparentemente ele era incapaz de obrigar o covarde a arriscar a pele, o líder parecia perceber que estava preso a um companheiro que não faria força. Em contrapartida, quando o líder fazia dupla com outro líder, ambos confrontavam a ameaça como iguais.

O estudo mostra que os leões experimentam um dos maiores problemas da vida em grupo, os aproveitadores, e revela que eles percebem muito bem quando um membro de seu grupo não está contribuindo. Isso também levanta uma série de questões. Os líderes são recompensados, ou os preguiçosos punidos? Os covardes compensam sua pouca disposição em outras áreas, como caçar ou cuidar dos filhotes? Quantos preguiçosos um grupo é capaz de ter antes de desmoronar? Infelizmente, outra desvantagem da vida em grupo é que uma doença se alastra com mais facilidade entre os animais que vivem juntos. Em 1994, pouco depois de Heinsohn e Packer terem identificado os líderes e os preguiçosos na alcateia que estudavam, a maioria dos leões morreu num surto de vírus da raiva, deixando essas perguntas sem resposta.

Outro animal das planícies africanas demonstra saber mais de relações públicas do que o leão preguiçoso. Os pássaros tecelões do gênero *Ploceus* são sociais e têm mais ou menos o mesmo tamanho dos pardais, mas seus ninhos comunitários formam algumas das maiores estruturas construídas por qualquer ave. Esses verdadeiros edifícios de pássaros, construídos nas árvores e, mais recentemente, em postes telefônicos no deserto do Kalahari, no sul da África, contêm dezenas de câmaras, cerzidas com plantas. Um único ninho pode ter o tamanho de um monte de feno, abrigar dezenas de famílias e ter mais de um século.

Os tecelões *Ploceus* são uma das 300 espécies de pássaros que se alimentam cooperativamente — ou seja, outras aves além do pai e da mãe alimentam os filhotes do ninho. Um casal de *Ploceus* sociáveis (e, nesse caso, esse é realmente um casal fiel, porque as cópulas fora do par são raras) pode contar com um número que vai de um a cinco ajudantes. Quanto mais ajudantes num ninho, mais filhotes ele pode ter. Os ajudantes, por sua vez, geralmente têm algum parentesco com os filhotes que alimentam, e assim eles conseguem que pelo menos alguns de seus genes passem à geração seguinte.

Se um ajudante não conseguir manter sozinho uma parceira ou um território, então talvez ajudar seja mesmo sua melhor opção. No entanto, mesmo enquanto um ajudante está alimentando o filhote de outra ave, ele continua de olho no futuro e tenta cuidar de sua reputação de provedor, procurando dar o máximo de visibilidade possível aos seus atos.

Quando um tecelão sociável aparece numa colônia trazendo um pouco de comida, a tendência é que ele não se dirija direto até o ninho. O pai de um filhote costuma planar por uns quarenta segundos, mas um ajudante espera quase o dobro do tempo, ou quase um minuto e meio. Quanto menos pássaros estiverem olhando, mais ele vai esperar flanando, até ter certeza de que seu ato de caridade não vai passar em branco. Um pássaro que entrega um alimento especialmente grande vai circular mais do que um que tenha trazido uma refeição menor e o mesmo vale para a época da seca, quando os alimentos são escassos e isso faz com que a ajuda seja ainda mais valiosa.[12]

Os ajudantes não agem de forma diferente na frente dos pais que eles estão ajudando, ou dos outros pássaros da colônia, e não há indícios que um preguiçoso venha a ser expulso do ninho. Por isso, aparentemente, é como se os ajudantes não estivessem tentando impressionar os pais que moram no ninho, ou mostrar aos proprietários que são bons pagadores. Em vez disso, Claire Doutrelant e seus colegas, que estudaram o comportamento cooperativo dos tecelões *Ploceus*, acreditam que eles obtêm o mesmo tipo de benefício ao exibir sua competência em trazer comida que os caçadores de tartarugas de Mer ao compartilhar sua caça. Ajudar, sendo um sinal caro de qualidade, é um meio para atrair uma fêmea. O *Ploceus* parece querer deixar bem claro que está ajudando e afina seu comportamento para dar ao sinal a maior eficácia possível.

Todos esses pássaros e peixes voluntariosos mostram que diferentes aspectos da capacidade de julgar e manipular a reputação estão presentes em muitos ramos do mundo animal. Assim como no aprendizado social, eles mostram que o que determina se uma espécie consegue fazer evoluir ou não a capacidade de fazer uso da reputação não é sua capacidade cerebral, mas sua necessidade num determinado ambiente social. O problema é que pardais e espadas não dizem muito sobre as raízes evolucionárias da nossa capacidade. Para se ter uma ideia de como os seres humanos ficaram tão habilidosos no uso da reputação e tão sensíveis sobre o que os outros pensam sobre eles, nós precisamos examinar espécies mais próximas de nós

Um aspecto-chave da capacidade humana de utilizar a reputação é nossa compreensão de que as outras pessoas são dotadas de uma mente. Utilizando essa "teoria da mente", como os pesquisadores a chamam, podemos descobrir o que os outros sabem, o que eles querem e imaginar como eles vão reagir às nossas ações. Sabemos quando uma pessoa está tentando nos ajudar ou tapear e quando agradamos ou ofendemos alguém. Preocupamo-nos com o que os outros pensam de nós.

No entanto, uma teoria da mente não é fundamental para uma espécie se valer de uma reputação. Nenhum biólogo acredita que um peixe siamês imagina o que está se passando na cabeça de um adversário. Porém um peixe pode aprender a proteger sua reputação ou enganar observadores ao verificar os efeitos visíveis de suas ações nos outros animais e chegar a regras simples como "se eu vir um peixe me observando, devo ser mais agressivo do que se eu não vir ninguém".

Os primatólogos ainda se dividem se os chimpanzés — que são a espécie mais próxima dos seres humanos — dispõem de alguma teoria da mente ou se são apenas estudantes talentosos do comportamento. Porém, há muitos indícios de que os macacos têm como deduzir o que os outros animais sabem e o que eles desejam.[13] Boa parte disso se deve à capacidade que os chimpanzés têm de enganar e sua capacidade de esconder suas verdadeiras intenções dos outros membros do grupo, principalmente dos mais dominantes. Para enganar as pessoas ou os outros animais você tem que ter pelo menos uma ideia do que eles esperam — o que significa ter a capacidade de entender o que eles estão pensando.

Os chimpanzés machos dominantes costumam bater nos machos de status mais baixo quando eles tentam arrumar uma parceira. O primatólogo Frans de Waal, em seu livro *Chimpanzee Politics* [Políticas dos chimpanzés], baseado no estudo de um grupo criado em cativeiro no zoológico de Arnhem, na Holanda, descreve como é que o Dandy, o macho adulto mais novo no grupo, diante dessa ameaça, tentava levar uma vida sexual escondida.[14] "Volta e meia ele consegue se acasalar (...) depois de ter 'marcado um encontro'", escreve De Waal. "Quando isso acontece, a fêmea e o Dandy fingem caminhar na mesma direção e, se tudo der certo, eles se encontram atrás de alguns troncos de árvore."

Dandy, porém, tinha que ficar alerta e estar sempre pronto para ocultar suas intenções. "Dandy começava a dar em cima da fêmea, enquanto ao mesmo tempo olhava em volta aflito para ver se os outros machos estavam olhando. Os chimpanzés machos começam a fazer a corte se sentando com as pernas abertas e mostrando sua ereção. Exatamente quando Dandy exibia seu desejo sexual desse jeito, Luit, um dos machos mais velhos, apareceu inesperadamente do outro lado. Dandy imediatamente baixou as mãos sobre o pênis, escondendo-o de vista."

De Waal também mostra como uma fêmea, ao se acasalar sorrateiramente com um macho de baixo status, reprimia o grito que elas normalmente dão na hora do clímax. Chimpanzés selvagens também foram vistos tapeando uns ao outros e há provas experimentais de que os chimpanzés podem enganar os outros quando o assunto é comida — algo pelo qual eles também competem —, tomando um caminho mais discreto até sua refeição, se acharem que um ser humano ou outro chimpanzé poderão chegar na frente.[15] Os chimpanzés também jogam para a plateia de maneiras menos discretas. Os animais de status elevado geralmente interferem em brigas, aparentemente respondendo a um tipo específico de grito que esses macacos dão quando estão sendo atacados. Os chimpanzés que estão sendo atacados dão um grito ainda mais alto se souberem que outro animal de status mais elevado que o agressor está por perto.[16]

Com isso, os chimpanzés parecem manipular o que os outros sabem sobre eles e usam o que sabem sobre as ações e as habilidades dos outros para subverter a dominação e evitar uma surra. Na selva, eles cooperam, caçando em equipe e dividindo a comida. Experiências de laboratório em que os chimpanzés têm de colaborar para receber comida mostraram que eles conseguem aprender pela experiência quem vai ser o melhor colaborador.[17] Tudo isso revela um apurado senso político e uma bela consciência das habilidades dos outros animais.

Agora, se os chimpanzés se utilizam do conceito de reputação para decidir em quem confiar e com quem cooperar já não é assim tão certo. Duas experiências com macacos em cativeiro sugerem que sim. Numa delas, os chimpanzés e seus parentes próximos, os bonobos (mas não os gorilas, nem os orangotangos) preferiram se aproximar de uma pessoa que eles viram compartilhar umas frutinhas com outra, do que uma pessoa que se recusou a repartir.[18] Na outra, alguns dos chimpanzés testados aprenderam, depois de dois meses de treinamento, que um estranho que compartilhava frutas com o treinador humano tinha mais chances de dar uma fruta a um chimpanzé do que outro que não havia dividido — e lhes davam o tratamento adequado.[19] Esses chimpanzés, então, eram capazes de aplicar essa mesma regra quando viam outro ser humano desconhecido recompensar ou esnobar outro chimpanzé — o que não é de surpreender, uma vez que já é de se esperar que os chimpanzés mostrem mais interesse no que acontece com os outros chimpanzés do que nos que acontece com as pessoas.

Portanto, esse é um sinal de que nosso parente mais próximo tem, no mínimo, a capacidade de utilizar as informações sobre a experiência alheia para planejar seu comportamento. No entanto, essa não é uma afirmação categórica e ainda não está claro se chimpanzés no mundo selvagem efetivamente se utilizam do poder da reputação para promover algum tipo de cooperação. Seria surpreendente se não soubessem distinguir as hierarquias da dominação através da observação, mas os indícios de que os chimpanzés trocam favores diretamente — ou seja, praticam o altruísmo recíproco — não são conclusivos, portanto devemos pensar que é menos provável que eles usem a reputação para determinar a quem ajudar.[20] Colocando de uma maneira mais ampla, a sociedade entre os chimpanzés é menos cooperativa e mais competitiva e hierarquizada que a nossa, de modo que os macacos provavelmente têm menos chances de exercitar esse tipo de talento.

Contrastando com a necessidade que os chimpanzés têm de um treinamento especial, os cachorros de estimação passam voando por testes como esses, preferindo muito mais pedir comida a alguém que eles já viram dividindo um alimento com outra pessoa do que a alguém que já se comportou de maneira egoísta na frente deles. É claro que um cachorro de estimação tem muitas chances de ficar observando um ser humano. A espécie já tem milhares de anos de intimidade e cooperação conosco, o que lhe deu a oportunidade evolutiva e o incentivo para ler bem nosso comportamento.[21] Contudo, se você estiver procurando uma espécie além da nossa para considerar a campeã no uso da reputação — uma espécie que sabe o que os outros sabem a seu respeito, sabe como ganhar a confiança daqueles em quem confia e sabe quando jogar sujo e se safar, sem prejudicar as perspectivas futuras —, ela não seria um cachorro, nem um macaco, e sim um peixe.

Num recife de corais, todo o agito social gira em torno de ser um peixe mais limpo. Estações de limpeza podem ser encontradas mais ou menos a cada 20 metros, cada uma formada por uns 2,8 m³ de água, ocupada por um ou alguns peixes que decidiram parar ali "a negócios". Muitas espécies de peixe visitam essas estações para dar uma "repaginada". É frequente se formarem filas, e se uma espécie que vive em grandes cardumes precisar de uma limpeza, ela vai visitar a estação "em massa". O burburinho é grande e os mergulhadores sabem que uma das melhores maneiras de ver rapidinho muitas espécies num coral é ficando perto de uma estação de limpeza.

Nos corais do mundo inteiro, do Mar Vermelho à Grande Barreira de Coral, o limpador mais importante é o bodião-limpador. Um simples peixe é capaz de realizar mais de duas mil "faxinas" num único dia, removendo parasitas (especialmente pequenos crustáceos) da pele e das brânquias dos "clientes". O biólogo Redouan Bshary começou a estudar o bodião porque queria trabalhar com mercados biológicos — as situações em que oferta e demanda influenciam a maneira como os animais se comportam quando se encontram. E esse peixe demonstrou ser um operador muito mais arguto do que imaginava.

Uma das coisas que ele descobriu, por exemplo, é que o peixe trata os clientes de uma maneira diferente, dependendo da capacidade de eles arranjarem outros "fornecedores". Algumas espécies nos corais se movimentam por uma grande área. Outras passam a vida inteira dentro de pequenos territórios que contêm uma única estação de limpeza. Os "faxineiros" são capazes de reconhecer seus clientes especificamente. Eles também são capazes de reconhecer as espécies que costumam circular por outras áreas e que podem se limpar em outra freguesia se não forem atendidos na hora, e assim permitem que eles furem a fila dos locais.

Mas ainda há uma desfaçatez maior do que ser esnobado em troca de um cliente cosmopolita. Quando Bshary começou a estudar o bodião-limpador, ele já sabia que os tecidos dos clientes (escamas, pele e muco) acabavam indo parar no estômago dos limpadores, mas ainda não estava claro se isso era porque os limpadores mordiam os clientes de propósito, ou se era tudo um acidente, resultado de uma faxina "completa" demais.

Dá para ver quando um bodião-limpador morde um cliente, porque este se contorce todo. Bshary, observando as estações de limpeza no Mar Vermelho, pôde ver que, às vezes, esses espasmos ocorriam com muita frequência. Quando o cliente é um peixinho local que dificilmente irá muito longe, há mais ou menos um espasmo a cada 15 segundos de limpeza. Por outro lado, quando o cliente é um peixe predador, não há espasmo algum — e às vezes o limpador ainda acaba virando a comida, em vez de se alimentar. Os bodiões-limpadores com certeza podem evitar morder seus clientes. Então, eles mordem para quê?

Um cardápio que oferece como opções ou muco ou parasita não parece lá grande coisa, mas para o bodião faz uma grande diferença. Quando Bshary mostra as duas opções separadamente, oferecendo ao peixe um prato só com parasitas e outro com muco de peixe, o mais frequente foi eles optarem pelo muco.[22] Podendo escolher, os bodiões preferiam se alimentar de seus clientes do que de parasitas, porque o muco é mais nutritivo. Por isso, toda vez que o bodião-limpador vai trabalhar, ele se vê diante de um dilema: cumprir seu compromisso, ou tapear o cliente e se alimentar melhor?

Bshary também percebeu que uma pequena fração dos limpadores era responsável pela maioria das mordidas. Todos eram fêmeas em ovulação, que gastam muita energia produzindo ovos. Ao mesmo tempo, elas também desviam recursos de seu próprio crescimento, uma vez que a comida que ingerem vai acabar nos filhotes, e não nelas mesmas. Do ponto de vista evolutivo, produzir mais peixes seria a escolha óbvia, mas, para o limpador em si, optar pela reprodução em vez do próprio crescimento não é uma escolha assim tão clara quanto parece. Isso porque, se a fêmea crescer, pode ganhar outro prêmio: virar macho. O bodião-limpador é aquilo que chamam de um "hermafrodita sequencial". Quando pequenos, são fêmeas e habitam o território controlado por um macho. Quando crescem o bastante, podem virar macho, controlar um território próprio e se acasalar com as fêmeas que lá habitam. Ao se reproduzir, as fêmeas adiam esse momento, mas, ao morder seus clientes, acredita Bshary, elas ganham um rápido aditivo nutricional, que permite que elas produzam os óvulos sem prejudicar muito seu crescimento.

É claro que a clientela têm algo a dizer sobre isso. Os peixes que não vão muito longe não podem procurar outro lugar para se limpar, mas eles também podem revidar com outra mordida, e depois de um espasmo o cliente geralmente vira a cabeça e tenta acossar o bodião por um ou dois segundos. Já um cliente que pode ir mais longe — e portanto tem mais opções para escolher — simplesmente vai embora quando é mordido. Isso dá ao bodião um incentivo para colaborar

— mas não se trata só de um incentivo. Se o bodião decidir morder, pode perder mais do que a energia necessária para evitar a mordida de um cliente insatisfeito. Pode acabar perdendo a clientela.

Lembre-se de que geralmente há vários clientes circulando em torno de uma estação de limpeza, esperando sua vez. Se virem o cliente da hora se contorcendo, é bem provável eles irem embora. Os clientes também preferem ir a um limpador que eles sabem que prestam um bom serviço. Utilizando um aquário no laboratório, Bshary preparou duas estações de limpeza que eram observadas por um cliente em potencial. Em cada uma, ele colocou um peixe-modelo e um bodião-limpador. Numa delas, o peixe-modelo foi lambuzado de pasta de camarão, que o limpador lambeu e comeu, dando ao observador a impressão de que fazia um bom trabalho. O outro modelo não tinha esse tipo de incentivo, e o limpador o ignorou. Diante dessa opção, o cliente acabou indo visitar o bodião que ele tinha visto "limpar" o modelo, em vez daquele que ele não viu em ação. E assim, além de evitar os limpadores de que eles desconfiam, os clientes escolhem aqueles em que têm motivos para acreditar.[23] Diante de uma clientela que tem condições de escolher, o bodião-limpador toma a decisão mais sábia e só morde quando não tem ninguém olhando.[24]

Em seu habitat natural, o bodião-limpador comum raramente morde se houver algum peixe por perto que possa procurar outra estação. Ter um peixão local na fila também costuma evitar uma mordida, porque, quanto maior o cliente, mais ele poderá se alimentar dele. Esse tipo de peixe normalmente está na fila em cerca de metade das limpezas do bodião. Quase sempre há peixinhos locais observando, mas o bodião não se importa com eles. Esses têm pouco a oferecer em matéria de comida e portanto nem têm o que exigir. Aliás, os bodiões-limpadores em geral se recusam a limpar esses peixinhos.

No entanto, eles às vezes abrem uma exceção. Em especial, quando uma limpadora fêmea está passando por uma fase em que morde muito, ela tem mais chance de limpar um peixinho, desde que haja um peixão por perto. É uma tática incrivelmente semelhante a um tipo de fraude chamada "rapidinha": os bodiões-limpadores se aproveitam da natureza discriminativa do cliente e usam um peixinho para inflar seu valor e assim atrair um peixe que valha a pena enganar.[25] O jogo é mais ou menos assim: os clientes se beneficiam da limpeza, mas isso também dá aos limpadores a chance de se aproveitar deles. Por isso, os clientes usam a reputação para escolherem o melhor limpador e fazer com que eles sejam honestos. Consequentemente, os limpadores desenvolvem truques de confiança. Cada movimento fecha determinadas opções e abre outras. Cada truque gera novas vulnerabilidades.

Os seres humanos se deparam com as mesmas escolhas sociais e dilemas que os bodiões-limpadores e seus clientes. Precisamos construir e manter uma reputação, evitar que os outros nos tapeiem — e encontrá-los e puni-los se nos tapearem — e ficar alertas para o melhor momento de roubar um pouquinho de muco. Você pode perceber as respostas que a nossa espécie dá a esses problemas em nossos corpos, nossos cérebros e até mesmo, se pudermos falar assim, em nossas almas.

CAPÍTULO 8

Panóptico

Na sala de café do departamento de psicologia da Universidade de Newcastle, não tem ninguém para cobrar a bebida que você consome. Em vez disso, os pesquisadores usam um sistema baseado na confiança, depositando o dinheiro numa "caixinha da honestidade".

Melissa Bateson, pesquisadora de comportamento animal naquele departamento, é a responsável pela caixinha. No início de 2006, ela começou a fazer algumas experiências com o cartaz que mostra os preços das bebidas (30 pence para uma xícara de chá, 50 pence para um café e 10 para um copo de leite), que fica pendurado na porta do armário em cima do balcão onde ficam os bules, a cafeteira e os saquinhos de chá. Por dez semanas, do final de janeiro até o início de abril, Bateson colocou um banner do tamanho de um envelope com uma imagem baixada da internet, no alto da lista de preços. Nas semanas ímpares, a imagem era uma fotografia de flores. Nas outras, a foto era de olhos humanos, que iam desde o olhar furtivo e tímido de uma mulher até o olhar firme e belicoso de um homem.[1]

Uma quantidade diferente de pessoas passava pela sala de café a cada semana. Por isso, quando Bateson calculou o efeito das várias imagens na quantidade de dinheiro depositado na caixinha, ela corrigiu dividindo a quantia arrecadada pela quantidade de leite consumido. E descobriu que, em média, durante uma semana "de flores", a caixinha da honestidade continha 15 pence para cada litro de leite. Durante uma semana em que a foto era um par de *olhos*, a quantia aumentava para 42 pence por litro, ou seja, as pessoas praticamente triplicavam suas contribuições. Quando os olhos eram fixos como os de um maníaco, as pessoas chegavam a pagar 70 pence por litro. Como monitora da sala, Bateson evidentemente queria que elas pagassem mais. Mesmo assim, os resultados foram assustadores. Os colegas ficaram tão impressionados quanto ela: algumas pessoas do departamento chegaram a comentar que as fotos viviam mudando, mas a maioria nem percebeu, e ninguém sabia que estava sendo objeto de uma experiência.

Bateson especula que a imagem dos olhos pode ter sinalizado uma das seguintes coisas. Ou que "eu vi a sua boa ação e vou recompensá-lo por isso", "achei sua honestidade um afrodisíaco" ou "vou lhe punir se você se comportar mal". O fato de os olhos mais assustadores terem atraído mais dinheiro dá a entender que a segunda frase deve ser a mais precisa. A imagem de olhos femininos inocentes angariou só um pouquinho a mais de dinheiro dos cientistas do que as imagens de flores, revelando talvez que esse tipo de estímulo só deve ter atingido os frequentadores masculinos da sala; ou que os cientistas são menos suscetíveis a esse tipo de artifício; ou que nunca ninguém fez o papel de bonzinho para impressionar uma mulher. Desde então, Bateson e suas colegas usaram esse mesmo truque na cantina da universidade, onde se pede que as pessoas retirem as bandejas depois de comer. Os resultados foram bem parecidos: numa "semana de flores", o número de pessoas que "se esqueceram" de tirar a bandeja da mesa foi o dobro do da "semana de olhos".[2] Enquanto isso, uma foto dos próprios olhos de Bateson fica de guarda na sala do café do departamento de psicologia.

"Quanto mais de perto somos observados, melhor nos comportamos", escreveu o filósofo inglês Jeremy Bentham em 1791, um insight que o levou a pedir pela transparência na vida pública e a desenhar uma prisão que chamou de panóptico, na qual celas com a frente aberta eram dispostas num círculo em volta de uma torre de guarda, que permitia vigilância constante.[3] Nenhuma prisão desse tipo foi construída enquanto ele viveu, mas desde então muitas seguiram esse modelo. Os psicólogos já sabem há muito tempo que, quanto menos as pessoas são anônimas — se as pessoas, por exemplo, têm de olhar umas para as outras para revelar seu nome —, mais justas, generosas e cooperativas elas ficam. Assim como acontece com os clientes que observam o bodião-limpador, uma plateia melhora suas boas maneiras. Você tem mais chance de lavar as mãos depois de usar um banheiro público se alguém mais estiver presente; se estiver dirigindo um conversível, tem menos chance de buzinar alto se a capota estiver abaixada; e as pessoas que vão à igreja colocam mais dinheiro numa cesta aberta do que numa sacola fechada, onde não se pode ver as doações.[4]

O estudo de Bateson mostra que, quando achamos que não tem ninguém vendo, ou quando não nos importamos com o que os outros pensam, nosso senso de reputação está nos manipulando. Suas descobertas não são o único exemplo: testar como o uso de olhos artificiais afeta a maneira como as pessoas disputam jogos econômicos já virou uma agitada microdisciplina. Diferentes grupos de pesquisadores descobriram que as pessoas que disputam esses jogos por computador são mais generosas se na tela aparece a imagem de Kismet, o robô (que parece com um veado-robô, com crânio de metal, orelhas pontudas, sobrancelhas louras, lábios cor-de-rosa e olhos grandes e bondosos), ou o Olho de Horus, um antigo símbolo egípcio.[5] Outro estudo, em que se perguntou aos participantes o que eles sentiram durante uma experiência, descobriu que, além de deixar as pessoas mais generosas, o Olho fez com que elas pensassem que sua generosidade seria percebida e recompensada.[6] Na experiência mais ousada e explícita nesse sentido, Mary Rigdon e suas colegas descobriram que as pessoas eram mais generosas se tivessem que escrever sua decisão num pedaço de papel onde três pontos formavam um triângulo de cabeça para baixo — a representação mais abstrata que se pode fazer de um rosto.[7]

Nem todas as experiências geram um efeito tão forte quanto o que se viu em Newcastle. No estudo de Rigdon, por exemplo, só os homens responderam aos três pontos (outros estudos também mostraram que as mulheres têm um nível mais alto de generosidade-padrão e que os homens são mais influenciados por imagens como as dos olhos). Além disso, se a experiência dá aos jogadores a sensação de estarem interagindo com uma pessoa de verdade, em vez de simplesmente terem de decidir se vão ser honestos ou compartilhar alguma coisa, isso aparentemente se sobrepõe à influência dos truques mais artificiais.[8] No entanto, também já houve um número suficiente de descobertas positivas que mostram que somos tão sensíveis ao escrutínio público que respondemos a ele, mesmo que não estejamos cientes de estarmos sendo observados, ou mesmo quando o observador é obviamente falso. Essa sensibilidade é a primeira linha de defesa da reputação e a primeira linha de ataque da tapeação. Num mundo onde as ações são monitoradas, mas onde pode surgir a oportunidade de levar vantagem, vale a pena saber quando se está em público.

Formadores de imagem de todos os tipos há muito tempo compreendem e exploram essa sensibilidade. Uma consequência indesejável desse tipo de manipulação aconteceu com o meu avô materno, cujo nome do meio era Kitchener. Esse nunca foi um nome comum para um menino em Bermondsey, um bairro pobre na região central de Londres, mas o fato é que meu avô nasceu no outono de 1915, enquanto os olhos do Lord Kitchener de Cartum olhavam fixamente para os meus bisavós, direto do mais famoso cartaz de recrutamento para a I Guerra Mundial, comunicando que o país precisava deles (mais ou menos como o Tio Sam fazia do outro lado do Atlântico). Sabe-se que ladrões costumam virar para baixo as fotos das famílias de suas vítimas, e eu diria que os adúlteros costumam fazer a mesma coisa. Até o nosso próprio olhar importa. Alunos de faculdade se mostram menos dispostos a colar se tiverem que se olhar no espelho enquanto colam e, na década de 1970, uma equipe de psicólogos de Seattle descobriu que as pessoas que costumam avançar nos doces têm menos chances de pegar mais do que devem se houver um espelho atrás do pote.[9] A necessidade de olhar nos olhos não é apenas um motivo fictício para se fazer o que é certo.

A linguagem é tão importante na ideia que os seres humanos fazem de si mesmos que é fácil se esquecer do quanto comunicamos com os nossos olhos.[10] Seres humanos adultos conseguem perceber um movimento de um ou dois graus no olhar, a cerca de 2 metros de distância — correspondente a uma mudança de uns 5 centímetros no ponto de atenção, como o que acontece ao se passar do olho esquerdo para o direito. Para um bebê, os olhos dos outros costumam ser a coisa mais interessante do mundo. Um bebê passa quase o mesmo tempo olhando para uma foto que mostre dois olhos do que para a foto de um rosto inteiro, e muito mais do que para uma foto que mostre um rosto sem os olhos. Com poucos dias de vida, os bebês passam mais tempo observando uma foto se os olhos estiverem voltados para eles do que se estiverem voltados para outra direção.[11]

O que os outros estão olhando é uma das fontes de informação social mais importantes e mais avidamente consumidas por nós. A maneira mais rápida de saber aquilo que é importante no seu ambiente — como as fontes de alimento e de perigo — é acompanhar o olhar dos outros. É difícil resistir à tentação de fazer isso, e é por isso que os jogadores de futebol e de basquete conseguem enganar seus adversários olhando numa direção e mandando a bola na outra. Experiências que pedem para as pessoas localizarem um objeto na tela mostram que elas seguem o olhar de um fotógrafo, mesmo que ele sempre aponte na direção errada — e mesmo que, depois da experiência, elas digam que aquela pessoa não é muito confiável.[12]

É ainda mais importante quando alguém está olhando para você, porque isso significa que você é a pessoa mais importante no ambiente dela. O contato visual pode significar muita coisa: desafio, cumplicidade, desce daí, vai embora, vem cá. São mensagens complexas e cheias de nuances: em princípio, alguém que o olha nos olhos é bom e inspira confiança, mas, em algum momento, um olhar fixo por tempo demais acaba se transformando numa ameaça — daí o motivo para respostas como "é falta de educação ficar encarando alguém" ou "está olhando o quê?" Várias regiões do cérebro detectam e interpretam as informações enviadas pelos olhos. Algumas áreas simplesmente registram o que as pessoas estão olhando e se estão olhando para elas. Outras deciframo que o olhar significa: uma região que fica toda acesa quando vemos alguém nos observando é a amígdala, uma parte do sistema emocional do cérebro ligada particularmente ao medo. Ela responde mais vigorosamente quando percebe um estranho do que quando uma pessoa conhecida olha em nossa direção.

Os sintomas do autismo são mais um indicador da importância do olhar na vida social e como ele se liga às nossas outras habilidades. Além de sofrerem de uma falta de adequação social, de sentido do eu e de uma teoria da mente, os autistas não se interessam tanto em olhar os olhos de alguém, não são muito bons na hora de apontar a direção de um olhar e menos habilidosos na hora de entender os significados do contato visual. O pesquisador de autismo Simon Baron-Cohen conta a história da mãe de um menino com autismo muito extremo que encontrou seu filho num quarto apontando para um brinquedo numa prateleira alta. Ele tinha deduzido que apontar as coisas que você quer é uma boa maneira de consegui-las, mas não percebeu que esse tipo de truque só funciona quando tem alguém olhando.

Todos os primatas prestam atenção para onde os outros membros do grupo estão olhando, mas as habilidades humanas foram mais bem desenvolvidas. Se um pesquisador humano apontar o rosto para o teto de olhos fechados, um chimpanzé vai olhar na mesma direção. Mas as crianças humanas só costumam fazer o mesmo se perceberem que os olhos da pessoa se encontram abertos.[13] Se compararmos com nossos parentes mais próximos, somos especialmente bem equipados para mandar mensagens com o nosso olhar. Não importa o quanto você se aproxime, você nunca vai ver o branco dos olhos de um chimpanzé. A esclera — a parte que circunda a íris — é escura, assim como a íris e o rosto do macaco. O mesmo acontece com os outros primatas e com a maioria dos outros animais e por isso é difícil dizer para onde eles estão olhando. Só nós temos escleras brancas e grandes que tornam bem fácil ver para onde as pupilas se dirigem.[14] Os olhos humanos também são mais elípticos, comparados com os olhos mais arredondados dos demais primatas, fazendo com que a mudança no olhar da esquerda para a direita fique mais clara.

Mas olhos que são muito fáceis de ler também têm as suas limitações. É muito mais difícil disfarçar para onde se está olhando e por isso mais difícil de reunir informações discretamente — o tipo de informação capaz de revelar o máximo sobre as intenções e a personalidade do outro. Colocando de outra maneira: nossos olhos não são bons na hora de espionar. Espiões tentam descobrir o que os outros estão fazendo quando acham que não estão sendo observados e, teoricamente, impedir comportamentos antissociais pegando os criminosos com as mãos na massa. Já a polícia, ao contrário, procura se revelar e, teoricamente, impedir o comportamento antissocial deixando bem claro que as pessoas estão sendo vigiadas. Aparentemente, é como se, na evolução da sociedade humana, os benefícios do policiamento tivessem superado os da espionagem, e a vantagem de deixar bem claro que os outros estão sendo observados revelou ser maior do que a vantagem de pegá-los de surpresa. Ou pelo menos foi assim que funcionou com um grupo de caçadores e coletores. Estados modernos grandes e complexos sabem combinar tanto o policiamento ostensivo quanto a espionagem para exercer o máximo de controle. A propaganda dos regimes totalitários deixa bem claro a seus cidadãos que o Big Brother está olhando, enquanto os ditadores e a polícia secreta escondem seu olhar por trás de óculos escuros.

E, se tudo isso ainda não bastasse, nossas reputações contam com mais uma linha de defesa. Os observadores se instalaram em nossas mentes.

Jesse Bering e seus colegas na Queen's University de Belfast, na Irlanda do Norte, deram a um grupo de alunos um teste de inteligência espacial. Os participantes viam uma imagem numa tela de computador e então apontavam que outras formas eram as mesmas, só que em outra posição. Esse, eles disseram aos voluntários, era um teste avançadíssimo — tanto que ainda havia algumas falhas no programa. Uma falha que eles seriam capazes de notar é que às vezes a resposta certa surgia num flash antes que as opções de múltipla escolha aparecessem, acompanhadas pela palavra *resposta*. Se isso acontecesse, será que eles poderiam apertar a tecla de espaço para fazerem o teste honestamente? Ah, sim. Também tem um prêmio de $50 para quem acertar o máximo de respostas.

Dois terços dos participantes receberam mais uma informação depois dessas instruções. Disseram-lhes que a experiência estava sendo feita em homenagem a Paul J. Kellogg, um aluno de pós-graduação do departamento que trabalhara no desenho do teste, mas morrera inesperadamente antes que ele fosse realizado com voluntários. Para metade deles (ou seja, um terço do total geral), o pesquisador encarregado de administrar o teste falou de passagem, mas num tom sincero, que eles veriam o fantasma de Paul naquela sala enquanto estivessem fazendo o teste. Várias outras pessoas já o tinham visto. Muito bem. Tudo pronto. Vou fechar a porta e deixar vocês sozinhos. Espero lá fora. Boa sorte!

Como já deve ter dado para perceber, os pesquisadores não estavam testando a inteligência espacial de ninguém. Testavam se as pessoas eram mais honestas diante de um observador do além.[15]

Além do mais, a falha no computador não era uma falha — dos 25 itens que formavam o teste, cinco eram programados aleatoriamente para dar a resposta num flash antes da pergunta. As pessoas no grupo de controle, que não sabiam nada a respeito de Paul Kellogg, esperavam uma média de 7,2 segundos antes de apertar a barra de espaço para se livrar da tentação (embora não acertassem as respostas mais do que os outros dois grupos). Os que foram informados da morte de Kellogg, mas não do fantasma, esperaram 6,3 segundos, uma diferença estatisticamente insignificante. Os que receberam a notícia de que o fantasma de Paul poderia estar olhando (sendo que dois deles só aceitaram fazer o teste com a porta entreaberta) apertaram a barra de espaço depois de uma média de 4,3 segundos, significativamente mais rápido do que os outros grupos que não tinham ouvido a tal história do fantasma.

Esse grupo também acertou menos respostas em geral, dando a entender que os voluntários talvez tenham ficado com a mente confusa devido à história supersticiosa do pesquisador, em vez de se concentrar no teste. No entanto, se os voluntários assustados estivessem simplesmente distraídos, seria de se esperar que fossem demorar mais para apertar a barra de espaço para se livrar da vantagem indevida; no entanto, parece que o medo de provocar o fantasma de Kellogg os deixou mais escrupulosos.

Num estudo semelhante, Azim Shariff e Ara Norenzayan, dois psicólogos que trabalhavam na Universidade de British Columbia, em Vancouver, pediram a cinquenta voluntários que fizessem o papel de ditador naquele jogo de dar o quanto quiser e aceitar o que for, em condições anônimas, dividindo $10 com o oponente.[16] Antes do teste, deram a metade dos participantes uma pequena tarefa: uma lista de cinco palavras, que poderiam se transformar numa frase se eles eliminassem uma delas. Assim, por exemplo, as palavras "sobremesa divina estava garfo a" virava "a sobremesa estava divina". Das dez frases, metade continha uma das seguintes palavras: *espírito*, *divino*, *Deus*, *sagrado* ou *profeta*.

Os psicólogos chamam isso de indução. Induzir as pessoas com palavras ligadas à falta de educação torna mais provável que elas interrompam uma conversa; induzi-las com a ideia de velhice faz com que elas andem mais devagar. Na experiência de Shariff e Norenzayan, os jogadores não induzidos deram uma média de $1,82 e pouco mais da metade deu um dólar ou menos. Os que foram induzidos com palavras religiosas deram, em média, $4,22 — mais do que o dobro da quantidade dada pelo outro grupo — e cerca de dois terços deram $5 ou mais. Esse efeito não dependia da fé religiosa: a indução funcionava da mesma maneira tanto nos alunos que admitiam ter uma religião como nos que se diziam ateus ou agnósticos. A religião sem a indução, por outro lado, não fez diferença: um crente não induzido se revelou tão sovina quanto um ateu.

A dupla repetiu a mesma experiência com 75 pessoas, a maioria não estudantes, cujas idades variavam dos 17 aos 82 anos. E, mais uma vez, a indução religiosa exerceu uma grande diferença nas doações: $4,56, comparada com $2,56. Felizmente para os seculares, a indução com palavras relacionadas às leis como *cívico*, *júri*, *polícia*, *tribunal* e *contrato* se revelou tão valiosa quanto a indução espiritual, com as doações sendo em média de $4,44. Talvez essa preparação dê às pessoas uma dose de bem-estar e uma inflada no ego, muito embora esses participantes que foram "preparados" não fizeram qualquer relato de terem se sentido mais felizes ou simpáticos, o que aparentemente quer dizer que eles não se sentiram mais nobres; nem deduziram o verdadeiro objetivo da experiência. A explicação mais provável, dizem Shariff e Norenzayan, é que incutir na cabeça das pessoas a ideia, seja jurídica ou religiosa, de que elas vão ter de prestar contas de suas ações faz com que elas se sintam observadas e andem na linha.

A religião condiciona muito as pessoas. Todo domingo, antes da Comunhão Sagrada e logo depois da *Lord's Prayer*, os anglicanos que desde 1662 utilizam o *Book of Common Prayer* pedem ao "Deus Poderoso, para quem todos os corações estão abertos, todos os desejos são conhecidos e de quem não se pode ocultar nenhum segredo" para "limpar os pensamentos de nossos corações". No Velho Testamento, o versículo 7 do salmo 66 diz: "Ele comanda por Seu poder infinito; Seus olhos estão sobre as nações; não se exaltem os rebeldes." O Corão também cita a vigilância divina: "Não percebes que Deus sabe tudo o que se passa no Céu e na Terra? Não existe diálogo entre três pessoas em que Ele não seja a quarta."

E isso tampouco é privilégio do monoteísmo. A religião é universal entre os seres humanos, presente em todas as sociedades. Todas elas invocam entes sobrenaturais, como deuses ou os espíritos dos antepassados, e uma característica desse tipo de entidade é a onisciência. Em seu ensaio de 1955, "Sobre os Atributos de Deus", a antropóloga italiana Raffaele Pettazoni faz uma lista de dezenas de exemplos de deuses que sabem de tudo e, principalmente, que veem tudo.[17] Muitos panteões são comandados por deuses celestiais que tomam conta de seus rebanhos, como Zeus, ou o Torem eslavo, cujos olhos são "tão grandes como os lagos". Os animais nos totens dos índios americanos têm brancos nos olhos, como os dos humanos, que talvez sejam mais apropriados para bem observar sua comunidade. Horus, o já citado deus egípcio, tem uma cabeça de falcão, o animal melhor dotado de visão. Os masai do leste da África e os ilhéus da Polinésia estão entre as muitas sociedades que acreditam que as estrelas, o sol e a lua são os olhos de Deus. Deuses hindus como Brahma, Vishnu e Shiva são comumente representados com muitas cabeças. "Se alguém vai ou fica, ou o que duas pessoas falam uma para a outra, [o deus e] rei Varuna será sempre a terceira presente e de tudo saberá", diz a *Atarvaveda* hindu, escrita cerca de mil anos antes de Cristo. Pegue uma nota de dólar: de um lado, você vai ver George Washington, um dos designers mais inteligentes dos Estados Unidos, olhando-o no olho; do outro, o olho maçom que tudo vê. Pode-se passar toda uma carreira acadêmica tentando decifrar o que isso quer dizer sobre o poder do dinheiro e como ele está ligado à religião.

Como policiais que estão por toda a parte, os deuses estão mais interessados nas más ações do que nas boas, e é mais provável que punam os pecados com o inferno no além, reencarnação numa posição pior, ou pragas e maldições nesta vida, do que recompensem as virtudes. O deus Nyalich, dos Dinka da África Ocidental, nutre um interesse todo especial por ladrões e assassinos, enquanto Puluga, o ente supremo dos habitantes das Ilhas Andamã, fica, segundo Pettazoni, "enfurecido quando vê alguém fatiar mal um javali ou colher batatas na estação errada". Esse tipo de descaso com o lar tem toda a chance de provocar a resposta-padrão dos deuses ofendidos: raios, tempestades e enchentes. Um benefício especial de terceirizar sua vingança para as entidades sobrenaturais é que ela tira o peso da punição dos ombros humanos. Quando os deuses proporcionam uma ameaça de punição que reprime o mau comportamento, as pessoas não precisam gastar tanto no bem público da punição. Até as boas entidades sobrenaturais, como Papai Noel, têm, na descrição do cargo, a atribuição de ver quando você está acordado, quando está dormindo, fazer sua pontuação de imagem e agir pela reciprocidade indireta.

Pode-se ver os efeitos desse "policiamento" sobrenatural nas atitudes e no comportamento das pessoas e sociedades. Analisando dados do World Values Survey (Pesquisa dos Valores Mundiais), colhida em 87 países, Quentin Atkinson e Pierrick Bourrat descobriram que os crentes têm uma visão mais radical das transgressões morais (que vão desde jogar lixo na rua, até a corrupção ou transar com menos de 18 anos) do que os ateus.[18] As atitudes dos crentes refletem o quanto eles acreditam que vão prestar contas a Deus: os que acreditam nas recompensas e punições do inferno ou do paraíso fazem julgamentos morais mais fortes do que os que não acreditam, assim como os que acreditam num Deus observador e semelhante aos humanos, em vez dos que acreditam apenas numa força espiritual mais difusa. Pessoas religiosas fazem seu dinheiro acompanhar suas crenças: os que vão à igreja assiduamente doam mais tempo e dinheiro à caridade e, nos jogos econômicos, são mais confiáveis e tendem a confiar mais nos outros. (Já os que são mais fundamentalistas em suas crenças religiosas tendem a restringir seu auxílio apenas aos que compartilham dos mesmos valores.)[19]

Mais uma prova de que a religião exerce uma função de policiamento é que o tipo de crença adotado por uma sociedade depende, em parte, do tipo de policiamento de que ela precisa. Para ser mais específico, divindades que têm um papel mais ativo em questões de moralidade e nos assuntos humanos, os chamados "deuses superiores", são mais comuns em sociedades maiores e com mais instituições, como dinheiro e impostos, que exigem uma cooperação em larga escala entre pessoas desconhecidas.[20] Em grupos maiores, é complicado para as pessoas controlarem umas às outras, porque é mais difícil conhecer a reputação de uma pessoa e mais fácil disfarçar a sua. A tentação de tapear fica mais forte e é mais difícil obter confiança — daí a necessidade de ter deuses mais fortes e dotados de maiores poderes. A ameaça desempenhada pelos seus antepassados particulares ou pelos espíritos da natureza provavelmente é muito local e pessoal para assustar alguém de outra cidade, a ponto de ele tratá-lo bem.

Deuses superiores não são sinônimos de um único Deus — os romanos, os egípcios e os indianos, entre outros, criaram sociedades grandes, sofisticadas e politeístas. No entanto, é impressionante como as duas religiões mais populares da atualidade estimulam seus seguidores a ter uma relação pessoal com um único Deus todo-poderoso, onipresente, onisciente e que tudo vê, e que — ao contrário dos capciosos, provocadores e sedutores habitantes do panteão da Roma Antiga — tem poucas funções, a não ser vigiar e julgar, recompensar e punir. Um tipo de Deus como esse é especialmente útil em sociedades grandes e relativamente anônimas, em que desconhecidos precisam confiar uns nos outros, porque esse Deus obriga que todo mundo jogue pelas mesmas regras e sinta as mesmas pressões. O antropólogo Joseph Heinrich (cujas ideias sobre prestígio e dominação foram apresentadas no Capítulo 1) e seus colaboradores descobriram que, quando as pessoas das sociedades cristãs e islâmicas disputam jogos econômicos com desconhecidos, tendem a se comportar de maneira mais uniforme do que pessoas que seguem religiões mais localizadas. "A religião pode ter evoluído conjuntamente com as sociedades complexas para facilitar interações em larga escala", escreveram.[21] Colocando de outra maneira, a necessidade de se proteger e ter uma boa reputação diante de Deus pode compensar um eventual enfraquecimento da força da reputação entre as pessoas e com isso ajudar a manter grandes grupos unidos.

Essas características da religião e de seus praticantes são um forte indício de que uma vantagem de ser religioso é que ela concede os benefícios da cooperação e que uma maneira de conseguir isso é fornecendo a ideia de um policial onipotente, que tolhe o egoísmo e os desvios e assim protege o self social do praticante. Se permitir que considerações religiosas guiem seu comportamento, você deixa passar algumas oportunidades de ser egoísta, como, por exemplo, tomar uma xícara de café grátis quando não tem ninguém vigiando a caixinha. No entanto, você tem menos chance de filar o mesmo cafezinho quando houver um professor emérito sentado silenciosamente na poltrona do canto e lhe pegar no flagra. Você também evita o risco de se entregar noutro dia. Se acreditar erroneamente que ninguém está olhando, pode causar um prejuízo maior do que deixar passar uma oportunidade de só pensar em si mesmo — o que, dada a chance de estragar sua reputação, é bem provável —, então vale a pena acreditar em Deus.[22]

Essa é a versão de um psicólogo evolucionista para a Aposta de Pascal, a famosa ideia lançada pelo filósofo francês do século XVII Blaise Pascal, para quem, embora a existência de Deus não possa ser comprovada, é melhor partir do princípio de que ele existe e viver uma vida virtuosa. Porque, se no fim das contas você descobrir que Ele existe, você conquista a salvação e evita a danação; e se não existir, você não perdeu muito. Da mesma maneira, se em um mundo de reputações você age como se ninguém estivesse vendo e acaba sendo pego em flagrante, você se arrisca a perder mais do que ganharia se estivesse certo. Por isso, vale a pena agir como se uma entidade poderosa e sensível estivesse observando-o — mesmo que ela não esteja.

A sociedade é um panóptico e todos nós somos, ao mesmo tempo, prisioneiros e carcereiros — embora o resultado seja a cooperação, e não a paranoia. No entanto, se a reputação se espalhasse apenas pelo que nós víssemos e fosse formada apenas pelas nossas ações, seríamos iguais aos bodiões-limpadores. Só que os seres humanos não têm essa sorte: um único ato impensado, maluco, egoísta ou indiscreto pode estragar sua reputação com todo mundo, para sempre. Isso porque nossos olhos são apenas o segundo agente mais poderoso da reputação e somente o segundo meio mais eficaz de que dispomos para controlar os outros. O primeiro é algo que fica alguns centímetros abaixo dos olhos, e fala pelos cotovelos.

CAPÍTULO 9

Uma ferramenta e uma arma

Participar da equipe de remo de uma universidade exige compromisso. Antes de amanhecer, os barcos já estão na água e às vezes voltam para lá somente no fim do dia. Quando os remadores não estão no barco, estão normalmente na academia. Além de estarem no auge da forma física, os atletas que remam em dupla ou numa equipe de quatro ou de oito precisam treinar para se tornarem partes de um todo, enredando suas forças num equilíbrio e num ritmo coletivo. A velocidade do barco é resultado do esforço do grupo — um bem público — e, se um remador não fizer a sua parte, o barco inteiro sofre.

Richard Dawkins, no livro *O gene egoísta*, compara os genes num genoma aos remadores de um barco. A concorrência entre genomas, ele observa, é decidida em parte pela maneira como os genes trabalham uns com os outros — o trabalho em equipe, além dos atributos individuais, é importante. Não adianta ser grande e forte se não remar no mesmo ritmo dos seus companheiros.

Esse trecho fez o antropólogo Kevin Kniffin parar para pensar. Em *O gene egoísta*, Dawkins faz uma defesa bastante forte de que a evolução é mais bem compreendida como um processo que torna os genes individuais melhores se eles competirem com os outros, mesmo se isso prejudicar a espécie, as populações e os indivíduos que carregam os tais genes. Kniffin, no entanto, tinha acabado de começar a pós-graduação na Universidade de Binghamton, em Nova York, onde seu orientador era o biólogo evolucionista David Sloan Wilson, um dos maiores advogados do que se tornou conhecido como "seleção multinível". Essa teoria sustenta que, além de genes e indivíduos, a seleção natural também age em nível coletivo e que algumas características da biologia são adaptações que evoluíram para ajudar o grupo, e não o indivíduo. A reciprocidade forte, aquela combinação de ajuda e punição que discutimos no Capítulo 6, é usada como exemplo desse conjunto de adaptações.

Nesse sentido, se virmos um animal fazendo algo dispendioso, ele talvez não acabe recebendo uma recompensa que só sirva para ele. Em vez disso, os benefícios podem ser compartilhados com o grupo como um todo. Kniffin decidiu levar a metáfora de Darwin ao pé da letra: uma equipe de remadores, pensou ele, na qual indivíduos precisam unir suas habilidades e seus destinos como parte de um grupo, seria um excelente sistema para verificar como a seleção funcionava nos grupos e nos indivíduos. E assim ele se inscreveu na equipe de remo da universidade.[1]

A maioria das pessoas que não têm disposição para levantar cedo ou para um trabalho exaustivo não duram muito tempo num clube de remo, mas Kniffin, logo no primeiro semestre, teve a sorte de ser apresentado a uma experiência natural, que era a dinâmica social do clube. Dele participava um homem que ele viria a conhecer como "o preguiçoso". O preguiçoso havia se matriculado no clube no semestre anterior, mas mal tinha participado de qualquer treino na academia durante as férias. Quando a temporada de remo começou e os treinos ficaram mais frequentes, ele continuou sendo relapso.

Enquanto Kniffin treinava, ele obtete a permissão do grupo para monitorar o que os remadores conversavam quando, por exemplo, iam e voltavam dos treinos. Logo logo, o clube já estava fervilhando de opiniões grosseiras e piadas de mau gosto sobre o preguiçoso, tanto pelas costas quanto — o que era menos comum — pela frente.

— Eu não entendo como ele consegue fazer alguma coisa na vida — comentou um remador, demonstrando a tendência humana de generalizar o comportamento que as pessoas mostram numa área da vida em relação a outras.

— Ele simplesmente não têm espírito de equipe — disse outro.

Fofocando dessa maneira, os remadores estavam ignorando milênios de instruções morais. O Nono Mandamento proíbe as pessoas de darem falso testemunho. Além disso, os livros sagrados da fé de Abraão expressam enorme desaprovação a dar qualquer tipo de testemunho. "Você não deve se passar como contador de histórias no meio de seu povo", diz o Levítico. "Não espione e não permita que alguns de vocês mordam os outros", diz o Corão. E São Paulo, em sua primeira epístola aos Romanos, lista os murmúrios e as trocas de ofensas como vícios dos injustos, além do assassinato, da trapaça e da fornicação, anunciando que "os que cometem esses atos merecem a morte". O livro *Gossip* [Fofoca], de Patricia Meyer Spack, lista séculos de difamação dos fofoqueiros, desde alertas da Idade Média de que a fofoca matava a alma e que era "mais cruel que o inferno", passando por associações renascentistas com animais nocivos como escorpiões, vespas e sanguessugas, até a visão moderna da fofoca como um crime contra as boas maneiras, em vez de contra Deus. O filósofo francês Roland Barthes chamou-a de "assassinato pela língua", e uma coluna de 1976 de Ann Landers, escrita sob o pseudônimo de "tia agonia americana", levou o título de "Gossip's Vicious Killer" (A Assassina Maldosa que é a Fofoca). "Já falei e vou repetir", escreveu ela. "Pessoas superiores falam de ideias. Pessoas medíocres falam de coisas. Pessoas pequenas falam das outras."[2] Para uma coisa que todos nós fazemos — e muito —, a fofoca tem péssima fama.

No entanto, é difícil negar o fato de que o comportamento mais antissocial revelado pelo estudo de Kniffin vinha dos fofoqueiros.

Os remadores tinham um problema sério, na forma de um parasita social que ameaçava o esforço coletivo que eles faziam. A fofoca negativa servia como uma reação imunológica: ela identificava a ameaça, espalhava a notícia pelo corpo social e ativava os sistemas de defesa que atacavam o preguiçoso, prejudicando sua reputação, com o objetivo de enquadrá-lo ou expulsá-lo do grupo.

O disse me disse era a primeira linha de defesa do clube contra a ameaça sempre presente do egoísmo. Isso vale para qualquer sociedade e faz da fofoca um componente crucial da nossa capacidade de confiar nos outros e de cooperar sem a necessidade de qualquer autoridade externa ou árbitro imparcial para aplicar as leis. Nesse sentido, falar mal dos preguiçosos se torna um imperativo moral.

E é isso o que muita gente pensa. Em outro estudo de como os grupos usam a fofoca para pôr seus integrantes na linha, o orientador de Kniffin, David Sloan Wilson, mostrou a seus alunos da graduação cenários tirados de um estudo com rancheiros de gado no norte da Califórnia. Em seu livro *Order Without Law* [Ordem sem lei], de 1991, o professor de direito Robert Ellickson descreveu como os rancheiros de Shasta County quase nunca precisavam de polícia ou advogados para resolver seus conflitos.[3] Quando alguém violava uma norma, como por exemplo deixar que seus animais invadissem o terreno alheio, ou não mantinha a cerca adequadamente, a primeira resposta da parte prejudicada era contar aos vizinhos. Isso criava uma pressão social que geralmente bastava para corrigir o ofensor.

Estaria tudo bem, perguntou Wilson aos seus pesquisados, se o Tom Stark reclamasse aos rancheiros que o rebanho do Jim Turner tinha rompido a cerca e estava comendo o capim de seu rancho? Não só estaria tudo muito bem, responderam, como essa era sua obrigação. Noutro cenário nesse mesmo estudo, eles mostraram desaprovação a Stark quando ele se calou sobre a violação.[4] Às vezes, não fazer fofoca é que é considerado antissocial, porque se erguer para enfrentar o indivíduo egoísta é tido como o dever esperado de um bom membro da sociedade. Ao ficar calado, Stark estava se esquivando dos custos de exercer uma punição (fazendo o papel, para usar o jargão técnico, de um "aproveitador de segunda ordem") e confiando que outra pessoa é que iria policiar a comunidade.

É verdade que fofoca não passa de papo. Se a intriga tem como objetivo fazer alguém mudar ou ir embora, então ela precisa apresentar algo consistente. Entre os rancheiros de Shasta County, medidas mais drásticas, como atirar num animal invasor, às vezes eram tomadas, se só a fofoca não bastasse. Quando o preguiçoso da equipe de remo continuou faltando aos treinos e o início da temporada se aproximava, chegou a haver ameaças de violência física. Uma vez, quando ele deixou de aparecer num treino de manhã cedo, mais de quarenta membros do clube foram até a sua casa acordá-lo com o máximo de grosseria possível.

A equipe de remo também puniu o preguiçoso de uma maneira mais sutil. Quando Kniffin pediu a desconhecidos que julgassem sua aparência física, eles o acharam bem-apessoado. Mas os integrantes do clube, que conheciam seu comportamento antissocial, o consideraram bem menos atraente.[5] Os que o conheciam traduziram sua deficiência moral em problemas físicos e, se ele quisesse arranjar uma namorada dentro do clube — se ele estivesse, por exemplo, num grupo isolado de caçadores e coletores, e não no clube esportivo de uma universidade —, seus genes provavelmente teriam sofrido.

Depois de passar um semestre inteiro desse jeito, o preguiçoso finalmente captou a mensagem e saiu do clube. Os remadores haviam se protegido exclusivamente pela pressão social. Não foi preciso partir para a violência e, talvez o mais surpreendente, as fofocas não foram direcionadas a um novo alvo, depois que ele partiu. Um vez livres do preguiçoso, Kniffin percebeu que as intrigas praticamente sumiram. Ele registrou mais de cem casos de intrigas no primeiro semestre, contra menos de 11 no segundo e no terceiro semestres juntos. Kniffin também notou que as fofocas positivas cessaram inteiramente. Quando o preguiçoso fazia parte da equipe, os remadores estavam sempre prontos para elogiarem seus companheiros esforçados e comprometidos, reafirmando seus valores coletivos. Quando o preguiçoso saiu, as pessoas voltaram a falar sobre filmes e música. Num grupo que se vê ameaçado, a fofoca é utilizada tanto para atacar o mau, quanto para incentivar o bom.

As pessoas parecem dedicar relativamente pouco tempo de suas conversas para criticar os outros pelas costas — um estudo sobre isso apontou que o percentual é de menos de 5%.[6] (Embora não se deva talhar esse número numa pedra, já que as definições do que é fofoca e como ela deve ser medida variam de estudo para estudo.) Damos tanta importância ao efeito corrosivo da fofoca sobre a reputação que, como todos os bons freios, ela raramente precisa ser usada e a simples ameaça é suficiente para evitar comportamentos antissociais. E um pouquinho de fofoca pode render bastante.

Uma das fontes da má fama da fofoca é a maneira como os seres humanos respondem ao que acontece com eles. Em quase todos os aspectos da nossa vida mental, as coisas ruins deixam uma marca maior do que as boas. O cérebro responde com mais força a imagens desagradáveis do que a coisas bonitas. Os maus momentos são relembrados por muito mais tempo do que os bons. A dor de perder $10 é muito maior do que a alegria de achar $10 — se você perder algum dinheiro e depois voltar a achar, no fim você vai estar com a sensação de que está mais empobrecido. Um simples ato grosseiro ou falta de consideração pode estragar seu dia, mas pequenos atos de gentileza passam batidos. Um único acontecimento trágico pode resultar numa vida inteira de transtorno de estresse pós-traumático, mas não existe um brilho eufórico pós-triunfo que se prolongue por tanto tempo.

Uma ilustração do que estamos dizendo é a maneira como a fofoca afina nossos sistemas de vigilância visual. Se cada olho recebe uma imagem diferente — por exemplo, um rosto e uma casa —, o cérebro fica dividido, de forma que vemos primeiro a casa, depois o rosto, depois a casa de novo, etc. Normalmente, cada imagem é vista durante a mesma quantidade de tempo, mas quando o psicólogo Eric Anderson e sua equipe mostraram aos voluntários uma casa a um dos olhos e o rosto de um desconhecido de quem eles haviam ouvido fofocas negativas (como "ele jogou uma cadeira em cima de um colega") ao outro, o rosto acabou tomando conta da visão, pois o cérebro se concentrou no suposto vilão. Ou seja: a fofoca dá forma àquilo que nós vemos, mas só se ela for ruim; rostos associados a fofocas positivas não recebem maior atenção.[7]

Essa tendência à negatividade começa cedo. Dois anos depois que Kiley Hamlin fez suas experiências demonstrando que bebês de 6 e 10 meses são ótimos juízes do valor social de alguém, ela repetiu o estudo, dessa vez com bebês de 3 meses.[8] Crianças dessa idade não conseguem esticar a mão e pegar um objeto, mas podem mostrar do que gostam pelo tempo que ficam olhando para uma determinada coisa. Podendo escolher entre um bloco de madeira que ajuda e outro que atrapalha, eles passam mais tempo olhando para o ajudante, revelando a mesma preferência que seus pares mais velhos. No entanto, quando Hamlin os testou no cenário mais complexo, aferindo como os bebês lidavam com um bloco neutro em relação a um ajudante e a outro que atrapalhava, ela se viu diante de algo novo. Ajudantes e blocos neutros despertavam a mesma atenção, mostrando, aparentemente, que os bebês não tinham uma predileção especial por qualquer um dos dois. Mas os blocos neutros, no entanto, eram muito mais populares que os que atrapalhavam. Quando Hamlin comparou a reação dos bebês a um personagem neutro e a um vilão que atrapalhava o que tentava subir a colina, ela percebeu que o bloco neutro recebia 12 segundos de atenção, enquanto o vilão só recebia três. A diferença entre uma má ação e uma inação era muito maior do que entre uma inação e uma boa ação.

O vies da negatividade está por trás do comentário de Warren Buffett de que são precisos vinte anos para construir uma reputação e apenas cinco minutos para arruiná-la. Os rancheiros podem não dar a mínima para o fato de Jim Turner ter passado anos seguindo as normas vigentes, mas um arrombamento na cerca cria uma impressão poderosa e imediata. Nos anos 1970, o psicólogo Michael Birbaum conduziu uma série de estudos sobre como as ações boas e más são reunidas para traçar o quadro de uma personalidade, em que ele pediu a seus alunos de graduação para avaliar o peso moral cumulativo de boas ações (como ajudar uma velhinha a atravessar a rua, resgatar uma família de uma casa em chamas) e outras más (subornar um guarda para ele não multá-lo, torturar prisioneiros de guerra); e descobriu que não só as más ações geram um impacto mais forte na reputação de alguém do que as boas, como também que nenhum número de boas ações seria suficiente para redimir alguém que tivesse feito algo realmente ruim.[9] "A bondade geral de uma pessoa é determinada pelo pior de seus atos", escreveu ele, observando que essa atitude também aparece no Velho Testamento, no Livro de Ezequiel 3:20. "Quando o homem justo se desvia do bom caminho e comete uma iniquidade (...) morrerá pecador, e tudo de bom que ele fez não será lembrado." Também traz à mente a piada que começa com um homem andando pela cidade e apontando para suas muitas realizações... "Eu construí aquela ponte, mas você acha que eles me chamam de Angus, o construtor de pontes? Jamais" ... e termina: "mas experimente foder com uma ovelha..."

O motivo pelo qual nós temos uma tendência para a negatividade é provavelmente o mesmo pelo qual é mais fácil partir do princípio de que alguém (seja um fantasma, um amigo ou um deus) pode ver um ato impróprio seu. Alguns tipos de erro são mais caros do que outros. Se você tiver uma tendência a pensar negativamente e reagir com intensidade diante de pequenas ameaças — como, por exemplo, sair correndo ao primeiro sinal de perigo —, vai gastar uma quantidade de energia desnecessária e perder algumas oportunidades na vida, mas tem menos chance de terminar morto. Evitar pessoas, situações e escolhas ruins é mais importante, e erros são mais difíceis de corrigir do que perder algumas coisas boas. Se alguém gritar "cuidado" por engano e você sair correndo, não vai perder mais do que o fôlego. Mas, se ignorar a tal pessoa e ela estiver falando sério, pode perder a própria vida.

Quando começamos a falar sobre fofoca, no Capítulo 4, vimos como é fundamental para sua reputação que as pessoas falem sobre você. Porém, também vimos que o que as pessoas falam de você serve mais aos objetivos delas do que aos seus. Às vezes as necessidades dos indivíduos estão alinhadas com as do grupo, que é o caso de uma equipe de remo. Nesse tipo de contexto, difamar alguém é quase um ato de nobreza — ninguém tinha a ganhar mais do que os outros por criticar o preguiçoso pelas costas. Se as pessoas só fofocassem sobre isso, teríamos sido poupados dos dedos rijos dos moralistas do Levítico até Ann Landers. Em muitos grupos sociais (partidos políticos, revistas, universidades etc.), o desejo que as pessoas têm de chegar ao topo do poder é normalmente mais importante que a ambição de trabalhar por um objetivo comum. O status social tem uma coisa que o torna particularmente vulnerável às fofocas: ele é relativo. Você não precisa se erguer. Basta diminuir alguém.

As pessoas são especialistas em usar as fofocas para manipular o status social em seu próprio interesse. O psicólogo Frank McAndrew e seus colegas descobriram que, em cenários hipotéticos, as pessoas têm mais chances de passar à frente boas notícias sobre amigos e parentes e de falar mal de seus rivais, inimigos e superiores.[10] Se um amigo lhe conta que o seu professor ganhou o Prêmio Nobel, você sorri cortesmente. Mas se você ouvir que o seu professor foi pego furtando os computadores do campus da universidade, ou que o cara barulhento do apartamento de cima foi visto caindo bêbado na rua, você imediatamente pega o celular. Se alguém lhe conta que um amigo comum arranjou um ótimo emprego, você conta para os outros. Mas se ouvir que o mesmo amigo anda enrolado com drogas, você guarda para si. No geral, as descobertas de McAndrew apoiam a ideia de que a fofoca é uma ferramenta que utilizamos para colocar os amigos para cima e prejudicar nossos rivais — e, nesse ínterim, melhorar nosso próprio status na hierarquia social.

As novas mídias reproduzem os velhos padrões. Uma equipe comandada por Lars Kai Hansen, um pesquisador dinamarquês que trabalha na fronteira da neurociência com a tecnologia, analisou que tipo de mensagens têm mais chances de serem passadas pelo Twitter.[11] Descobriram que notícias negativas tinham uma "viralidade" mais alta, o que batia com os estudos feitos sobre as velhas mídias. Porém, assim como no estudo de McAndrew, as mensagens sociais positivas tinham mais chances de serem retuitadas nas redes de amigos. Como no mundo real, a comunicação pelas redes sociais é tanto uma maneira de criar laços, quanto de passar informações. O segredo para criar esses laços e mandar uma mensagem que se espalhe é atingir a emoção do destinatário. Se quiser chamar a atenção de alguém, explore seu viés negativo e conte-lhe algo ruim; se quiser construir um relacionamento, conte-lhe algo bom e faça com que ele associe você a uma boa sensação.

A necessidade de espalhar notícias ruins sobre uma pessoa poderosa, mesmo que tal pessoa não seja um adversário, também demonstra o poder da fofoca como arma contra a dominação. Como muitos pesquisadores já mostraram, a fofoca é uma das poucas maneiras que os fracos têm de atacar os fortes. Ao manchar a reputação das pessoas de status elevado, limitamos o poder delas. Isso não quer dizer que as fofocas atinjam de maneira desproporcional os poderosos. Inúmeras pessoas já sofreram e até morreram porque não conseguiram se defender contra os sussurros nas alcovas. Talvez seja por isso que as filosofias religiosas tanto falem contra a fofoca. Uma interpretação menos lisonjeira é que as escrituras tendem a ser escritas, interpretadas e colocadas em prática por pessoas de status elevado, que são as que têm mais a perder, se atingidas pelas palavras dos detratores.

Pode-se ver as fofocas sendo usadas para atacar a reputação de alguém em qualquer banca de jornal, ou em toda a internet. Digitei no Google as palavras "celebrity friends worried" (amigos celebridades preocupados) para descobrir que Christina Aguilera, Lindsay Lohan e Charlie Sheen são algumas das pessoas com amigos que foram levados a contar seus excessos e deslizes. Ao atacar as reputações dos machos e fêmeas alfa do grupo, esses pequenos Iagos se elevaram um pouco mais na direção do topo.

O desafio para quem ouve é descobrir os motivos de quem está passando uma fofoca apetitosa. É uma questão muito semelhante ao problema de julgar os motivos na reciprocidade indireta: o que estamos testemunhando é uma punição justificada ou só um ataque egoísta? Experiências que perguntam às pessoas como é que elas julgam uma fofoca revelaram que elas têm várias maneiras de fazer isso.

Uma delas é analisar o conteúdo. No estudo de David Sloan Wilson que se valeu das fofocas sobre criadores de gado, ele mostrou que, apesar de os alunos aprovarem as fofocas sobre transgressões sociais, eles mostraram desaprovação dos cenários em que a fofoca era gratuita (como no exemplo de Stark contando sobre a bebedeira de Turner), ou mostrava apenas uma parte da história (como quando Stark deixa de dizer que Turner não foi pegar de volta o gado que invadiu porque não estava na cidade).

Os ouvintes também vão além do conteúdo que as pessoas contam e se tornam verdadeiros pesquisadores de opinião informais, buscando um amplo leque de opiniões e descontando aquelas que são raras ou incomuns. Os experimentos mostraram que, apesar da nossa tendência à negatividade, uma má opinião isolada sobre alguém não é o bastante para suplantar uma ampla maioria positiva.[12] Também costumamos deixar de lado os extremos: assim como nos resultados dos saltos ornamentais — em que a nota mais alta e a mais baixa são descartadas, tornando mais difícil para que um único juiz desequilibre o resultado —, as pessoas parecem ser proporcionalmente menos influenciadas por fofocas muito boas ou muito ruins do que por opiniões mais moderadas.[13] A fofoca também ganha crédito se vier de mais de uma fonte independente e perde credibilidade se já soubermos que o fofoqueiro está simplesmente passando algo que ouviu de outra pessoa, ou se for rival do alvo da história.[14]

Quando ouvimos uma fofoca, usamos os mesmos critérios que um jornalista responsável usa na hora de avaliar uma matéria. Será que prejudicar a reputação dessa pessoa tem algum interesse público? Temos outras fontes? Elas são independentes? Nossa fonte tem algum motivo ulterior, ou algum conflito de interesse com o alvo da matéria? (Por exemplo, se esse livro receber uma crítica favorável da revista *Nature*, você pode se perguntar se é por que eu sou casado com a editora-chefe da seção de opinião.)

A maioria das fofocas sobre celebridades não passa em nenhum desses testes. Então, por que as pessoas têm um apetite tão voraz para receber más notícias sobre os famosos? Uma possível resposta é que as fofocas sobre celebridades são o equivalente social da *junk food*. Até recentemente, todos nós só tínhamos umas poucas pessoas que despertavam nossa curiosidade — as que viviam conosco e com quem lidávamos no dia a dia. Os benefícios de saber bastante sobre os gostos e as tendências desse grupo é bastante óbvio, assim como o benefício do esforço necessário de colher essas informações. Se estranhos e desconhecidos são raros, não faz muito sentido ficar escolhendo sobre quem ser curioso, porque todo mundo que você pode conhecer a fundo provavelmente já exerce alguma influência na sua vida. Nesse sentido, a mídia de massa captura nosso apetite geral e indiscriminado por informações sociais da mesma maneira que a indústria de alimentos explora nossa fome ancestral por gordura e açúcar. Nós não sabemos muito sobre Charlie Sheen porque ele é importante para nós; pensamos que ele é importante porque sabemos muito sobre ele. E quanto mais soubermos de coisas degradantes sobre essas pessoas, mais superiores nos sentiremos em comparação a elas.

Outro estudo de Frank McAndrew e equipe sustenta a ideia de que vemos as celebridades como membros do nosso grupo e que usamos as fofocas para competir com elas. Eles descobriram que as pessoas são mais interessadas por celebridades que têm a mesma idade e sexo que elas. No final da década de 1990, mulheres de menos de 30 anos consideravam as matérias sobre a patinadora artística Oksana Baiul as mais interessantes; homens jovens preferiam matérias sobre Robert Downey Jr., que na época tinha 31. Para os entrevistados com mais de 30, as celebridades mais interessantes para mulheres e homens eram, respectivamente, Christie Brinkley (nascida em 1954) e Kelsey Grammer (de 1955). Histórias sobre os membros mais antigos da amostra, como Frank Sinatra, raramente despertavam interesse.[15]

Na vida quotidiana, argumenta McAndrew, os aliados mais próximos das pessoas e também seus maiores concorrentes por parceiros, dinheiro e status são os mais parecidos consigo mesmas. São esses que você tem que vigiar; é sobre eles que você tem que se informar. E isso, acredita McAndrew, é o interesse que os tabloides e as revistas exploram quando falam das últimas alterações de peso, cabelo, comportamento e relacionamentos da Britney Spears ou da Angelina Jolie, de modo a vender mais exemplares para mulheres jovens. E são exatamente estas mulheres que compram mais revistas: o público da *OK!* (uma das maiores revistas de celebridades da Inglaterra) é 84% feminino.[16] O que nos leva à pergunta se as fofocas são realmente uma especialidade feminina e, se for o caso, por quê?

Quando pensamos no que torna um grupo uma força de guerra eficiente, a coesão é uma das primeiras coisas que vêm à mente, com a disciplina e a coragem necessárias para que um conjunto de indivíduos possa atacar e defender seu território como uma unidade, e na camaradagem que motiva as pessoas a lutar pelos amigos. Isso era verdade há 250 mil anos e é verdade agora, e muitos psicólogos evolucionistas acreditam que uma das razões pelas quais os homens formam amizades longas e próximas é que, no ambiente em que nossa espécie evoluiu, isso fez com que seu grupo se desse melhor na hora de lutar contra outros grupos. No campo de batalha, os soldados não dão a vida pelo país ou por seus ideais. Dão a vida uns pelos outros.

As mulheres são menos violentas que os homens, e a amizade feminina recebeu muito menos atenção da academia. Uma ideia é que as alianças entre mulheres as ajudam a se defender das agressões masculinas; outra, às vezes chamada de "seja amiga e cuide", é a de que as mulheres formam relacionamentos próximos para se ajudarem na criação dos filhos. Para a antropóloga Nicole Hess, isso não batia com a experiência. Quando ela passava pela adolescência e entrava na vida adulta, formou um grupo de amigas próximas, que passavam mais tempo falando sobre o que as ex-colegas de escola estavam fazendo do que cuidando dos filhos. Isso também não bate com o que fazem as espécies mais próximas de nós. Para as babuínos fêmeas, por exemplo, as alianças com outras fêmeas são fundamentais para competir por comida com o resto do grupo. Será que as fêmeas humanas são as únicas a formarem alianças pacíficas?

Isso é bem pouco provável. Os seres humanos vivem — pelo menos em suas origens —, assim como os outros primatas, em ambientes onde o que é necessário para o sucesso evolutivo é difícil de encontrar. Vale a pena lutar por comida (e, no caso dos machos, vale a pena lutar pelas fêmeas para acasalar), mesmo que seja contra o vizinho, mas quase todas as sociedades humanas torcem o nariz para resolver conflitos internos com violência, talvez porque, se você não for parte da briga, não vai querer ver o bem-estar do grupo prejudicado por conflitos internos.

Já a fofoca... essa está por toda parte. Comparada com a violência física, ela é mais difícil de detectar, mais fácil de negar, mais prazerosa para se dedicar e valiosa para os consumidores. Isso abre um flanco muito mais promissor. Manchar a reputação de alguém pode ser tão eficaz quanto um ataque direto: nos outros primatas, os animais de status mais baixo são menos férteis que suas contrapartes hierarquicamente superiores. Esse efeito passa para as gerações seguintes, e as filhas das fêmeas de menor posição hierárquica também sofrem. Os indivíduos mais desprezados e mais baixos na hierarquia são basicamente estéreis. No entanto, não são menos capazes de trabalhar para o grupo, tanto quanto os indivíduos mais férteis e superiores.

Hess começou a se perguntar se um dos benefícios da amizade entre mulheres não estaria nas guerras de palavras. Na batalha da propaganda e do disse me disse, os aliados são tão importantes quanto nos outros conflitos. As amigas podem atuar tanto na ofensiva — reunindo e analisando informações sobre suas rivais e espalhando fofocas —, quanto na defensiva — impedindo que os outros espalhem fofocas maldosas a seu respeito e apresentando álibis e explicações para as que estiverem correndo. Cortar o mal pela raiz é especialmente valioso, porque boatos maliciosos ganham poder por serem sobre coisas — fidelidade, promiscuidade e, dependendo do século e do continente em que se viva, bruxaria e abuso de drogas — que, verdade ou não, são difíceis para seus alvos negarem. A natureza íntima do sexo e o importante papel que o comportamento sexual exerce na reputação de uma mulher a torna especialmente vulnerável às fofocas maliciosas.

Para testar a ideia de que as claques agem como verdadeiras patrulheiras de fofocas, Hess foi até uma irmandade, numa universidade no sul da Califórnia que ela não revelou, munida do seguinte cenário: imagine, disse ela às irmãs, que você está na festa com mais uma integrante da irmandade. Vamos chamá-la de Nina. Tarde da noite, procurando um banheiro, você entra num quarto sem bater primeiro e dá de cara com Nina cheirando cocaína com Hank, um dos cafajestes mais notórios da universidade. Você pede desculpa e sai, e no final acaba voltando para casa a pé com Ryan, o namorado de Nina, sem que nada aconteça e sem que, graças a Deus, ele pergunte alguma coisa sobre ela. Porém, no dia seguinte, Nina começa a espalhar a fofoca de que você deu em cima do Ryan.[17]

Hess contou essa história a 75 moças da irmandade e depois perguntou o quanto elas concordavam com uma série de afirmações do tipo "Diriam que Nina cheira cocaína" e "Diriam que Nina é uma mentirosa". Ela também pediu às alunas que falassem das redes sociais que mantinham na vida real. Como vimos em momentos anteriores, a boa ou má reputação de uma pessoa depende fundamentalmente da estrutura de sua rede social. A fofoca forma reputações à medida que ela vai passando pelas conexões sociais, e as redes fechadas, onde todo mundo fala com todo mundo, são particularmente boas para se criar e solidificar uma reputação. Hess também pensou que, além disso se aplicar a uma reputação dentro de um determinado círculo, também poderia afetar a capacidade de um círculo de atacar a reputação de alguém de fora — quanto mais fechado for o grupo, mais "casca grossa" ele é. Por isso, ela também pediu às moças para dizerem quão próximas elas eram de suas quatro melhores amigas e o quanto esse quarteto era fechado.

Hess descobriu que, quanto mais próximas fossem as amigas de uma pessoa, mais elas esperavam que a reputação de Nina saísse prejudicada. As que tinham um círculo sólido mostravam mais confiança em sua capacidade de montar um contra-ataque de fofocas do que aquelas cujas redes eram menos interligadas. Em outro estudo, usando um questionário pela internet, Hess descobriu que homens e mulheres tinham menos chances de passar uma fofoca negativa sobre um rival numa promoção se o rival tivesse um amigo próximo no mesmo escritório. (Um amigo no mesmo bairro era visto como uma maior ameaça física do que um colega, mas o tal amigo era visto como um menor obstáculo a fofocas maliciosas, sugerindo que o poder dos aliados para conter as fofocas é social, e não físico.) Em outras palavras, quando as pessoas competem com alguém perto delas por alguma coisa (como um emprego) que é difícil ou impossível de se dividir, a fofoca é parte do armamento, e uma das muitas coisas para que servem os amigos é montar e resistir a esse tipo de ataque.

Os psicólogos chamam isso de agressão indireta. Se você for estudar o que acontece nas escolas, as agressões indiretas parecem coisa de menina. Crianças e adolescentes se dividem nitidamente em suas táticas agressivas. Garotos gritam e partem para os socos e pontapés, enquanto as meninas vivem numa teia de alianças e inimizades, onde quem é *in* e quem é *out* está sempre mudando. Já com os adultos, o quadro não é tão simples. Os homens continuam, em média, sendo fisicamente mais agressivos que as mulheres ao longo da vida, e os sexos parecem ter mesmo estratégias diferentes na maneira como espalham as fofocas. Frank McAndrew descobriu que os homens têm mais chances de passar detalhes picantes às suas parceiras românticas, enquanto as mulheres costumam contar esse tipo de coisa às amigas. Depois da adolescência, contudo, os sexos não diferem muito no quanto eles utilizam a agressão indireta. Esse é um desafio sério à ideia de que a amizade feminina tem uma função competitiva.

Para encarar esse desafio, Hess investigou se os dois sexos pensavam de maneira diferente sobre fofocas e reputação. Para isso, ela levou mais um cenário doloroso para um grupo de alunos de graduação da Universidade da Califórnia, em Santa Barbara.[18] Era o seguinte. Num projeto para a faculdade, você tem que trabalhar com um parceiro, do mesmo sexo, que deixa você trabalhando enquanto dá uma escapada para o México para tirar umas rápidas férias. Numa sexta à noite, você está numa festa, quando ouve essa pessoa (na história, a mulher se chamava Melissa) reclamando com uma professora-assistente de que ela é que está fazendo o trabalho todo e que você sempre chega aos encontros de ressaca da noite anterior. Ela acha que você é alcoólatra. Nada disso é verdade, e o fato é que você guardou uma mensagem de voz incriminadora de Melissa falando sobre a viagem que ela ia fazer ao México. A conversa que você estava ouvindo acaba e pouco depois você dá de cara com Melissa. "Oi. Como é que vai?", ela pergunta, toda animada. "O tempo não está ótimo?"

Hess deu aos alunos uma série de opções, que iam desde dar um soco na pessoa, contar sobre as tais férias para a professora-assistente, falar mal de Melissa para outras pessoas na própria festa, ou simplesmente responder, irônica: "É. O tempo tem andado ótimo." Com que intensidade eles estariam dispostos a se dedicar a cada uma dessas possibilidades? Ela também perguntou se eles prefeririam atacar a pessoa de Melissa, ou sua reputação.

Se obrigados a escolher entre uma agressão indireta ou uma física, 90% das mulheres optaram por atacar a reputação, comparadas a 55% dos homens. As mulheres também manifestaram um desejo mais forte de fofocar sobre a parceira, enquanto os homens se sentiram mais inclinados a dar um soco ou ameaçar dar um soco no parceiro. Eles também disseram que um soco seria mais socialmente aceitável. Nenhum dos dois sexos mostrou qualquer vontade de oferecer a outra face e falar do tempo.

Se as pessoas forem obrigadas a escolher, as mulheres serão mais inclinadas a atacarem seus desafetos com fofocas. Por que isso não se traduz no comportamento? Pode ser um reflexo da nossa cultura, um sinal de que os homens aderiram à agressão indireta porque resolver suas questões com os punhos ou com armas num duelo se tornou algo pouco aceitável. (Estudando a agressão entre caçadores-coletores na África central, Hess e seus colaboradores descobriram uma tendência para a agressividade indireta entre as fêmeas adultas.)[19] Também pode ser que, no momento em que as mulheres chegam à idade adulta, elas já passaram do auge da agressividade. A maior diferença entre os sexos na quantidade de agressão indireta que eles usam vai dos 11 aos 17 anos, enquanto, para a agressão física, aparece dos 18 aos 30 anos. Isso também pode refletir a tendência das mulheres de se casar mais cedo que os homens: a idade mais agressiva de cada sexo parece bater com a idade em que ele tem mais chance de procurar, atrair e competir por um parceiro sexual, e portanto na competição mais acirrada com outros membros do mesmo sexo. Essa também é a idade na qual as mulheres mostram maior apetite por fofocas — mais de um terço das leitoras de *OK!* estão na faixa etária que vai dos 15 aos 24 anos.

Isso não quer dizer, de modo algum, que os homens nunca falam mal uns dos outros, ou que uma mulher não possa ser a própria encarnação da delicadeza e da discrição. O que a ideia de Hess quer dizer é que a agressão indireta é especialmente útil em brigas dentro de grupos e que, na nossa história evolutiva, as mulheres se viram nesse tipo de competição com mais frequência do que os homens. Isso, ela sugere, se deve aos padrões divergentes de migração vistos em homens e mulheres. Na maioria das sociedades humanas, os homens tendem a permanecer no grupo em que nasceram — gerando laços de sangue, o que é mais um motivo para os membros do grupo se protegerem —, enquanto as fêmeas se mudam para o grupo dos maridos, depois de casarem. (Com a maioria dos outros primatas, acontece justamente o contrário e são os machos que migram.)

Em situações assim, a mulher tem que encontrar aliados num grupo de estranhos. Elas certamente têm talento para forjar laços sociais. Estudos de escutas de conversas ao ar livre revelaram que não há muita diferença em relação ao tempo que homens e mulheres ficam fofocando, mas em matéria de conteúdo, sim. Os homens falam mais sobre si mesmos — ou seja, ficam se exibindo — e tentam dominar uns aos outros na conversa, interrompendo e querendo mostrar quem é o tal. As mulheres, por sua vez, falam mais sobre as outras pessoas, fazendo perguntas e mostrando empatia.[20] Suas conversas visam mais à construção e ao fortalecimento dos laços sociais que as dos homens. Como escreveram o antropólogo Lars Rodseth e sua equipe, em "forte contraste" com os demais primatas, "até mulheres sem parentesco nas sociedades patriarcais mais extremas (...) se dedicam regularmente a atos de cooperação pacífica em direção a um objetivo comum, com amizades próximas e duradouras."[21]

Mas, se não puder se unir a eles, é melhor derrotá-los. E se você se encontrar como uma recém-chegada num grupo de mulheres, onde algumas vão lhe ver como rival pelos mesmos recursos, status e atração masculina, é melhor se preparar para lutar com as armas com as quais tem maior habilidade. No caso das mulheres, é a conversa.

De acordo com alguns estudos, as mulheres são mais rápidas, mais fluentes, têm menos chances do que os homens de se perder falando e são menos propensas a ter problemas de fala, como a gagueira.

Esse não é um quadro pacífico nem inconteste (o estudo de Hess sobre a irmandade ainda não foi publicado e, portanto, não pôde receber o apoio dos colegas). Há certa dúvida se as sociedades humanas realmente evoluíram com os homens ficando em suas tribos e as mulheres se mudando, ou se somos mais parecidos com os demais primatas, com as fêmeas usando a fofoca para cimentar alianças em seu próprio grupo do que para atacar desconhecidos num novo grupo. Alguns pesquisadores sustentam que as mulheres são menos fisicamente agressivas do que os homens porque um dano físico prejudicaria sua capacidade de cuidar dos filhos (ou seja, são o sexo menos descartável), embora isso não explique por que as fêmeas das outras espécies lutam.[22] E a fofoca tem outros usos além de controlar e machucar: ela está, por exemplo, na base de todo aprendizado social. A psicóloga belga Charlotte De Backer argumenta que a função primordial das fofocas de celebridades é proporcionar lições úteis para as nossas vidas. Isso, observa ela, explicaria por que as mulheres mais jovens, que têm menos experiência de vida e maior necessidade de informações sociais, seriam as mais ávidas consumidoras desse tipo de material.[23]

O tamanho das diferenças psicológicas entre os sexos também é controverso. Alguns pesquisadores apontam para as muitas interseções do comportamento e habilidades masculinas e femininas e acreditam que enfatizar as relativamente poucas áreas em que eles diferem só serve para reforçar os estereótipos dos sexos na escola e no trabalho.[24] Certamente há muitas coincidências entre ambos os sexos: no cenário que Hess pintou para a "Melissa", por exemplo, mais homens do que mulheres queriam dar um soco no adversário, porém mais da metade dos homens desejou atacar a reputação. Também há o risco de que os pesquisadores vão escolher as provas que desejam — pegando um fato sugestivo dos macacos, outro dos caçadores-coletores, um terceiro das moças da irmandade e um quarto dos tabloides de supermercado — e juntar tudo numa colcha de retalhos que obscurece o fato de todas essas situações serem bem diferentes. Às vezes é tentador argumentar que as pessoas se comportam desse jeito por causa do legado do passado evolutivo, e outras que elas estão se adaptando maravilhosamente às circunstâncias. Mesmo que você aceite os resultados até aqui, ainda restam muitas incertezas. Não sabemos por que as moças da irmandade com redes sociais mais fortes se sentiram mais preparadas para manchar a reputação de uma rival — a ligação não revela a causa. Da mesma maneira, não sabemos se o preguiçoso saiu do clube de remo por causa de toda a fofoca que correu contra ele, ou porque optou por outro esporte, ou porque arranjou uma namorada nova que gostava de dormir na casa dele.

No entanto, não resta dúvida de que as pessoas atacam mesmo umas às outras com fofocas. Também é preciso explicar os indícios veementes das diferenças do sexo no comportamento agressivo, os indícios igualmente fortes das diferenças na habilidade verbal e os diferentes assuntos das conversas de homens e mulheres. Hipóteses como a de Hess não trazem todas as respostas, mas parecem estar na pista certa. Elas certamente explicariam por que a maioria das celebridades que saíram da minha busca no Google eram mulheres jovens, e por que as mulheres jovens, famosas e bem-sucedidas costumam ser os alvos da maioria das fofocas mais ofensivas.

As pessoas não usam a fofoca por um único motivo. A maneira como as usamos depende de nossos objetivos e dos incentivos e ameaças presentes no ambiente. Principalmente, vai depender se a força do grupo é mais importante que o nosso status dentro dele. Numa equipe de remo, não há motivo para querer subir na hierarquia pisando no cara à sua frente. Fazer isso prejudicaria o barco inteiro e as suas próprias chances como indivíduo. Seus rivais mais sérios estão nos outros barcos, por isso o melhor a fazer é o que for preciso para que o seu grupo seja o melhor competidor possível. Já numa irmandade, suas concorrentes mais sérias por status social estão dentro de casa. Hess entrou na irmandade que estudou esperando encontrar um exemplo de solidariedade, mas o que encontrou foi uma série de grupinhos competindo entre si.

Infelizmente, a única coisa pior que uma sociedade de fofoqueiros é uma sociedade sem fofoca.

CAPÍTULO 10

Descontos futuros

A estimulação magnética transcraniana (EMT), diz a neurocientista Daria Knoch, gera um "tique muito sutil" no interior de sua cabeça. A EMT é tão sutil que, a não ser que você saiba que ela está acontecendo, é difícil de detectar. Por isso, para controlar a experiência, os pesquisadores usam um tratamento fictício, colocando um eletroímã na cabeça de um voluntário sem mandar qualquer pulso para o cérebro. Nas pessoas efetivamente testadas, quando esse ímã é ativado, ele altera a atividade elétrica no cérebro e, de acordo com a posição dele, a atividade de determinadas áreas do cérebro pode ser aumentada ou amainada de maneira temporária e não invasiva.

Knoch e seus colegas realizaram uma estimulação magnética transcraniana com voluntários enquanto eles disputavam um jogo de confiança com múltiplos parceiros. Os jogadores tinham que decidir quanto de uma bolsa dada pelo primeiro jogador e multiplicada pelos pesquisadores eles deveriam devolver. Com a EMT ou com a simulação, as pessoas devolviam cerca de 25% do que recebiam se estivessem anônimas e quase metade se as decisões fossem divulgadas. Evidentemente, eles entendiam que, se traíssem a confiança de um parceiro, o seguinte não confiaria nele.

Quando, no entanto, Knoch usou a EMT para restringir a atividade do córtex pré-frontal direito (CPD), os voluntários se comportaram como se ninguém estivesse vendo, mesmo quando estavam em público.¹ A quantia de dinheiro devolvida foi quase idêntica à situação de anonimato. Interferir nessa região da parte frontal do cérebro, responsável pelo comportamento social e pelos planos complexos, fez com que as pessoas simplesmente se esquecessem de que têm uma reputação. Questionadas depois da experiência, elas sabiam qual teria sido a atitude correta e sabiam que não haviam tomado esse caminho, mas não conseguiram se refrear e preferiram uma vitória fácil e rápida. Deram de ombros, em vez de se envergonharem da decisão.

O trabalho de Knoch mostra que a preocupação com a reputação é uma forma de autocontrole. É a capacidade de resistir à chance de uma pequena vitória agora, na esperança de uma vitória maior no futuro. Dentro do cérebro, o CPD direito, que é uma das regiões do cérebro que evoluíram mais recentemente e uma das últimas a se formarem no desenvolvimento humano, é o responsável por esse controle. Em outras experiências, a equipe de Knoch descobriu que uma interferência na mesma região faz as pessoas aceitarem ofertas mais baixas no jogo do ultimato e se arriscarem mais nos jogos de azar. A reputação, a justiça e a reciprocidade estão todas relacionadas, e todas se baseiam em permitir que o futuro influencie o presente. Sem o CPD direito para agir como um anjo no nosso ombro, somos levados por uma voz mais primitiva que quer sua recompensa imediatamente. Ouvir essa voz geralmente é um mau passo — na experiência de Knoch, por exemplo, os jogadores que se tornaram suspeitos pela EMT terminaram com menos dinheiro do que aqueles que zelaram por suas reputações. Porém, em certas pessoas, uma falta de autocontrole, nenhum sentimento de justiça e um desprezo pela reputação parecem ser uma característica do indivíduo, e não uma falha.

*

Cerca de um por cento das pessoas não dá valor a uma boa reputação e não se preocupa se os outros não lhe têm em bom conceito. São pessoas difíceis de perceber. Fisicamente, costumam ser saudáveis e normais. Tiveram uma formação estável, às vezes até privilegiada. A inteligência, em geral, é acima da média. E nas palavras do psiquiatra David Lykken, que passou a vida estudando esse tipo de gente, elas mentem na maior cara de pau, roubam, trapaceiam e violam tranquilamente todas as normas de conduta social, quando bem entenderem. Têm pouca ou nenhuma simpatia pelo sofrimento alheio, não demonstram remorso quando são pegas em flagrante e uma punição ajuda muito pouco (ou nada) para mudar seu comportamento.[2] São os chamados psicopatas.

Os profissionais da saúde mental geralmente tratam o comportamento psicopata como prova de que alguma coisa deu errado num ser humano, mas, da perspectiva evolucionista, ser psicopata pode fazer sentido. Apesar dos benefícios de curto prazo de trapacear e se aproveitar dos outros, o primeiro movimento das pessoas em relação às outras costuma ser generoso e de confiança. Com o tempo, isso acaba sendo recompensado, porque estimula os benefícios da cooperação. Mas também abre uma brecha para qualquer um que queira rapinar uma sociedade, em vez de se unir a ela, assim como a vida celular criou um nicho para os vírus preencherem.

A natureza manipuladora, trapaceira e implacável de um psicopata o prepara (e há três vezes mais chances de se tratar de um homem que uma mulher) para preencher esse nicho. O que falta aos psicopatas é empatia, e não razão. Como os voluntários do estudo de Knoch, eles compreendem perfeitamente as regras e os princípios morais, mas são imunes às emoções dos outros e por isso não se importam com a consequência de seus atos. A sociedade não dá muitas aberturas para os psicopatas porque, se eles fossem muitos, estariam sempre esbarrando uns nos outros, levando à trapaça ou à destruição mútuas. Os biólogos evolucionistas dão a isso o nome de seleção dependente da frequência, na qual quanto mais rara for uma característica, mais ela compensa para quem a tiver. Essa vantagem, quando rara, evita que a característica venha a se extinguir, mas a desvantagem, quando ela se torna comum, impede que ela se alastre. O resultado líquido é que várias características são mantidas em equilíbrio. O sexo é um exemplo da seleção dependente da frequência: se os machos fossem mais comuns do que as fêmeas, teriam menos chance de encontrar uma parceira, daí que valeria a pena ter filhotes do sexo feminino e isso faria a proporção entre os sexos retornar à igualdade. Da mesma maneira, modelos matemáticos sugerem que, se o comportamento antissocial for suficientemente raro, ele pode prosperar.[3]

Como qualquer estratégia, a psicopatia envolve perder aqui para ganhar ali. O benefício da psicopatia é que você fica com as recompensas do altruísmo alheio, sem pagar o preço de ser um altruísta. A desvantagem é que a cooperação dos outros é condicional. Há um número limitado de vezes que você pode enganar alguém antes de ela simplesmente fechar a porta para você. Suas vítimas provavelmente também vão avisar aos amigos para não confiarem em você. E elas, ou terceiros que se sintam inconformados, podem ir atrás de uma vingança. Por isso, um psicopata tem que estar sempre um passo à frente da própria reputação.

A psicologia dos psicopatas reflete isso. Costumam ir de galho em galho e muitas vezes mudam de nome com a mesma frequência com que mudam de lugar. Aborrecem-se com uma facilidade enorme e odeiam qualquer compromisso de longo prazo no trabalho, nas amizades e nos romances. Em vez de jogar o jogo da reciprocidade de longo prazo, preferem os ganhos rápidos e o sexo de uma noite só.[4] São impulsivos e desinibidos, dotados de pouco autocontrole, pouca preocupação com as consequências futuras de seus atos e perdem a atenção rapidamente. Um psicopata é uma pessoa que vive em alta velocidade, fazendo tudo o que pode para escapar da sombra do futuro. O córtex pré-frontal direito de um psicopata vive adormecido e aparentemente essa é uma das regiões do cérebro que revelam as diferenças entre as pessoas sociais e as psicopatas.

Uma crítica evidente feita à ideia de que a psicopatia é uma estratégia, em vez de um mal funcionamento do cérebro, é que geralmente ela leva a uma vida desastrosa. Só nas histórias em quadrinhos é que uma lesão transforma uma pessoa comum num gênio do crime. Na vida real, quando a doença, a demência ou uma lesão afeta as regiões do cérebro envolvidas no autocontrole e no julgamento social, essas pessoas descambam para uma violência ruinosa, para o crime, o abuso de drogas e o descuido, perdendo suas vidas e seus relacionamentos.[5] (Phineas Gage, o ferroviário cuja personalidade foi transformada quando uma barra de ferro atravessou seu crânio em 1848, é um exemplo famoso.) Estima-se que mais da metade da população das penitenciárias federais americanas tem algum transtorno de personalidade antissocial, o diagnóstico-padrão que substituiu os termos psicopatia e sociopatia na atual edição do *Manual Diagnóstico e Estatístico de Transtornos Mentais (Diagnosis and Statistical Manual of Mental Disorders, DSM)*, da American Psychiatric Association.

Por outro lado, esses são os que são pegos. Só porque muitos presidiários são psicopatas, isso não quer dizer que a maioria dos psicopatas esteja na prisão. Aliás, os psicopatas atuam na sociedade com muito mais sucesso do que pessoas acometidas de distúrbios graves, como autismo, esquizofrenia e transtorno bipolar. Um psiquiatra chegou a chamar a psicopatia de "a máscara da sanidade".*
A lista do DSM se concentra principalmente nos defeitos de personalidade, em que alguns dos sintomas da psicopatia dispõem uma clara vantagem. Psicopatas são agressivos, de pavio curto, violentos, destemidos e conseguem se manter frios sob pressão. Como diz Lykken, "o herói e o psicopata podem ser duas ramificações do

---

*Em inglês, *The Mask of Sanity*, título de um livro famoso e pioneiro sobre o assunto, de Hervey Cleckley, publicado em 1941. (*N. do T.*)

mesmo galho".⁶ É fácil perceber como uma falta de empatia pode gerar tanto o malfeitor que quer enganar os outros, como o guerreiro que tem de atacar sem piedade. Isso levou certos psicólogos a dizer que essas pessoas podem ser guerreiros especializados, em vez de (ou além de) trapaceiros — eles podem não dar valor ao prestígio dos outros, mas são mais do que capazes de entender e fazer uso da dominação, como bem ilustram as técnicas de gestão dos déspotas e dos gângsteres.⁷

Na lista usada pelos clínicos, também aparecem como características do psicopata: "melífluo/charme superficial", "maldoso/manipulador" e "comportamento sexual promíscuo". Todas elas têm suas vantagens. Mesmo que você termine morrendo ou sendo preso, a seleção natural não vai penalizá-lo se você teve vários filhos antes disso. Além do mais, a psicopatia não precisa ser necessariamente uma vida de tudo ou nada. Já enfatizei o quanto nosso comportamento social é sensível ao nosso ambiente, mas isso não é tudo. Pessoas diferentes depositam valores diferentes em questões como justiça, reciprocidade ou punição e estão dispostas a investir determinadas quantias nelas, independentemente das recompensas imediatas de quem estiver assistindo. Essas diferenças de personalidade são chamadas de preferências sociais, embora o quanto elas sejam fixas ou sensíveis ao ambiente ainda seja desconhecido e controverso. Psicopatas completos existem nos extremos das preferências sociais, onde tudo o que conta é o interesse próprio. Mas é fácil imaginar que um comportamento manipulador e impiedoso, se acompanhado de certo autocontrole, pode ser uma combinação campeã na política, no mundo dos negócios, ou em qualquer outro empreendimento humano. Como nos casos de autismo e esquizofrenia, a psicopatia pode refletir características que são valiosas em moderação, mas que acabaram sendo levadas a extremos perigosos.

É difícil detectar psicopatas de sucesso, mas numa pesquisa de psicólogos profissionais, professores universitários e advogados criminalistas, Stephanie Mullins-Sweatt e sua equipe descobriram que quase 75% dos entrevistados acreditavam ter conhecido um psicopata de sucesso. Essas pessoas, conforme descritas pelos entrevistados, apresentavam todas as características clássicas do tipo, mas também apresentavam um enorme zelo e uma capacidade de fazer o que tem de ser feito que aparentemente está em falta nos seus irmãos não tão bem-sucedidos.[8] Mullins-Sweatte e sua equipe sustentam que devemos atualizar nossa definição de psicopatia para também incluir suas vantagens.

A psicóloga Linda Mealey argumenta que há dois caminhos para o comportamento antissocial.[9] Alguns psicopatas nascem assim porque a seleção natural preservou genes que permitem às pessoas explorar o nicho psicopático (e essa característica parece ter um componente genético). Outros se tornam antissociais por causa do ambiente em que vivem. Se você nasceu e cresceu num ambiente pobre, insalubre, caótico e pouco favorecido, sugere ela, você talvez não tenha fé no futuro e por isso decida se lançar num estilo de vida predatório para tirar o máximo das cartas ruins que recebeu.

Ela também observou que algumas sociedades são melhores que outras na hora de excluir os psicopatas. Culturas onde as pessoas moram em pequenos grupos com fortes relações, como os esquimós Inuit e os kibutzes de Israel, apresentam níveis bastante baixos de comportamento antissocial. Isso acontece porque, segundo ela, é mais raro que as crianças se tornem antissociais nessas condições, e as que nascem assim acabam se mudando — ou são derrubadas do bloco de gelo, como explicaram a um antropólogo que estudava os Inuit. Isso também explica por que as comunidades pequenas costumam desconfiar dos recém-chegados. O simples fato de alguém ter se mudado de algum lugar levanta a questão de por que ele teve que partir. Não ter reputação equivale, nesse caso, a ter uma má reputação.

Alguns de nós são psicopatas e alguns são santos que jamais cometeriam uma má ação, independentemente de quem estivesse olhando. A maioria de nós está em algum lugar aí pelo meio. Não somos predispostos ao comportamento antissocial pelos genes ou pelo meio ambiente, mas o fato é que, conscientemente ou não, pesamos os benefícios de trapacear em relação à probabilidade e às consequências de ser pego. Para um psicopata, ninguém vale nada — ele simplesmente vai em frente, sem se controlar. Para o resto de nós, a preocupação com a reputação nos empurra para a parte mais santa do espectro.

No entanto, nem todo ambiente provoca esse tipo de preocupação. Numa cidadezinha, assim como num grupo de caçadores-coletores de algumas dezenas de pessoas, todo mundo sabe tudo sobre todo mundo. Há poucos segredos ou anonimato e uma chance mínima de se safar do que quer que seja. É fácil resistir à tentação num ambiente como esse. A vida urbana moderna, por outro lado, facilita muito mais a desonestidade.

Quanto mais pessoas houver num grupo, mais difícil vai ser sustentar a cooperação. Emilia Yamamoto e sua equipe pegaram crianças brasileiras, com idade média um pouco abaixo dos 9 anos, e as fizeram jogar um jogo do bem público — só que em vez de colocar dinheiro no monte comum, elas deram três barras de chocolate a cada uma e a opção de investir tudo, uma parte ou nada numa urna comum. Para cada barra que era depositada, as pesquisadoras colocavam mais duas e dividiam o resultado igualmente. As doações eram anônimas — a urna ficava atrás de uma divisória, que permitia que as crianças colocassem suas barras "públicas" num envelope e enfiassem o restante no bolso, sem que ninguém percebesse.[10]

Pelo menos, esse era o plano. A verdade é que as pesquisadoras descobriram que as crianças tinham um olhar afiado para ver quem tinha ficado com o chocolate. As crianças tentaram somar quem tinha ficado com quanto ao final da experiência e provavelmente estenderam essa vigilância à hora do recreio — onde também seria possível punir os aproveitadores. No entanto, existe um limite sobre quantas pessoas se pode vigiar ao mesmo tempo, e isso pareceu influenciar as contribuições públicas dos alunos. Em grupos grandes, de 12 ou mais crianças, onde elas só conseguiam monitorar o que os amigos mais próximos haviam feito, elas colocaram menos de um terço no monte comum. Em grupos pequenos, de cinco a sete crianças, era possível controlar todo mundo, e aí as crianças eram mais cooperativas, depositando pouco mais da metade do chocolate no monte.

O tamanho de uma comunidade tem um efeito bem grande sobre como seus membros se comportam. O comportamento antissocial patológico é duas vezes mais comum nas grandes cidades do que nas pequenas e nas comunidades rurais. Os índices de criminalidade também refletem essa diferença. No livro *Bowling Alone*, o sociólogo Robert Putnam mostra como as pessoas nas cidades pequenas ajudam mais e são mais caridosas e honestas do que os habitantes das cidades grandes.[11] Habitantes de cidades pequenas ensinam o caminho com mais frequência nas ruas e têm mais chance de devolver o dinheiro recebido a mais numa loja, menos probabilidade de tapear as autoridades e menos chance de consertar um carro que não precisa de conserto. Pode ser até que os tipos mais antissociais se mudem para as cidades grandes, deixando os honestos para trás (é o que um psicopata faria). Mas o mais provável, aparentemente, é que o ambiente de cidade pequena incentive o bom comportamento, em parte porque as pessoas têm mais condições de vigiar as outras, tornando mais difícil que alguém se esquive de sua reputação.

O número de pessoas num grupo não é a única coisa que afeta o comportamento dos membros. A reputação flui pelas redes sociais, e o tamanho e o formato da rede de alguém exercem uma influência considerável em como a pessoa trata sua reputação. Não é mistério algum o que torna uma reputação poderosa e incentiva o bom comportamento: transparência, confiança e interdependência. O segredo, a impunidade e o isolamento geram o efeito contrário.

Dois escândalos recentes ilustram bem isso. Em 2009, os pedidos de reembolso de despesas dos membros do parlamento britânico foram tornados públicos pela primeira vez, depois de uma longa campanha dos ativistas da liberdade de informação e uma longa resistência dos parlamentares. (Os pedidos acabaram sendo vazados para um jornal antes de serem publicados oficialmente.) Eles revelaram algumas das coisas que os contribuintes britânicos estavam pagando para seus políticos. A então secretária do Interior Jacqui Smith pediu mais de £150 mil para decorar sua segunda residência com objetos que iam desde uma TV de tela grande até um plugue de banheira e, o que era mais relevante, dois filmes pornográficos vistos pelo marido dela no sistema *pay per view*. Na ponta mais aristocrática do espectro político, o conservador Douglas Hogg enviou uma lista de reembolso de despesas para sua casa de campo que incluía £2.200 para limpar um fosso e £40 para afinar o piano. Ele também pediu reembolso de £20 por uma torradeira e £2,99 por sacos de lixo.

Mas por que eles fizeram isso? Independentemente da imagem que se faça deles, é difícil imaginar que os políticos sejam mais gananciosos que os demais ingleses. O problema estava no ambiente parlamentar, e não nas preferências sociais. Eles pensavam que esses pedidos ficariam no anonimato, de modo que a voz do interesse de curto prazo acabou se sobrepondo à voz da reputação. Como a maioria de seus colegas fazia a mesma coisa — mais da metade dos parlamentares fizeram pedidos excessivos, de acordo com uma investigação oficial sobre o caso — e ninguém do lado de fora sabia disso, a reputação não parecia estar em risco.

Mas se suas ações vierem a público, a população com a qual os políticos têm que se preocupar inclui praticamente todos os cidadãos. Todo parlamentar eleito depende de milhares de conexões que vão além de sua bolha política, que são os eleitores que o elegeram. Quando os pedidos de reembolso foram revelados — a enxurrada de informação encheu os jornais e os boletins televisivos por mais de um mês —, essas conexões se transformaram em dutos de punição, que iam desde as provocações normais da vida democrática até ameaças de morte e cartas de ódio dirigidas às famílias dos membros do parlamento. Muitos deles se recolheram e uma delas chegou a temer que um de seus pares cometesse suicídio. Peter Viggers, que pediu £1.600 por uma casa de patos flutuante para o laguinho de sua casa, se disse "envergonhado e humilhado".[12] Ele foi um dos mais de 120 parlamentares que decidiram não concorrer à reeleição em 2010, que teve o maior índice de renovação nos quadros desde a II Guerra Mundial. Jacqui Smith tentou se reeleger, mas perdeu. Tentativas de reformar o sistema de reembolso de despesas têm sido criticadas como fracas, pequenas e feitas a contragosto. Mesmo assim, o certo é que houve uma guinada em favor da abertura e da transparência, e o impacto emocional do incidente sobre os membros do parlamento foi inegável.

Contrastando com isso, veja o modo como os banqueiros de investimento responderam ao quase colapso e ao resgate estratosférico de seu setor de atividade em 2008. No último degrau da hierarquia, financiadores concediam hipotecas sem se preocupar com a reputação financeira dos devedores. Então se livraram de boa parte desse risco empacotando os empréstimos em instrumentos financeiros como *mortgage backed securities* (ativos garantidos por hipotecas), que logo desapareciam numa rede complexa e sem transparência de negócios e derivativos. Quando os empréstimos não foram pagos, todas essas conexões viraram fonte de contágio, em vez de controle. Os bancos fizeram um grande esforço para manter esses negócios na maior discrição e criaram "veículos de propósito específico" para ocultar boa parte dos riscos. As agências de risco financeiro, cujo trabalho é medir e divulgar a reputação dos produtos e dos instrumentos financeiros, pintaram um quadro irreal e cor-de-rosa dos riscos de operar com os títulos ligados às hipotecas subprime. Mesmo deixando de lado fraudadores como Bernie Madoff, capazes de operar nesse vácuo de informação, esse verdadeiro vazio reputacional tornou impossível saber em quem confiar; como escreveu o jornalista especializado em finanças Michael Lewis no livro *A jogada do século — The Big Short*, a fé cega tomou o lugar da confiança.

Quando o tamanho do problema e das consequências ficou claro, a queda na reputação dos banqueiros entre o público em geral foi tão avassaladora quanto a dos parlamentares britânicos. E, no entanto, a julgar pelos bônus que eles continuam a se pagar e aos esforços que fazem para resistir a uma legislação mais rígida, eles não sentem a menor necessidade de consertar o estrago. O jornalista Andrew Ross Sorkin contou que, quando perguntou a figuras importantes no setor se eles sentiam algum tipo de remorso, "a resposta quase sempre foi não".[13] Os banqueiros, segundo ele, se veem mais como sobreviventes da crise do que sua causa.

Os parlamentares britânicos poderiam dizer a mesma coisa com a maior facilidade: foram feridos tanto em seu ambiente, quanto em sua personalidade. O motivo, creio eu, pelo qual os parlamentares e os banqueiros mostraram reações emocionais tão diferentes ao fracasso e à vergonha está na estrutura de suas redes sociais. Pessoalmente, suspeito que os profissionais do setor financeiro possuam poucos laços com não banqueiros e menos ainda com os menos aquinhoados. Eles trabalham muitas horas por dia e sua vida social é restrita basicamente aos próprios colegas. Enquanto os políticos têm que se preocupar com suas reputações junto ao público em geral, os banqueiros só se preocupam com os outros banqueiros e talvez com seus vizinhos igualmente abastados. Isso dá às pessoas de fora (que terminaram pagando a conta) poucos meios de fazer seu descontentamento ser percebido. Os banqueiros sem dúvida alguma se preocupam muito com o que os demais banqueiros pensam sobre eles, mas habitam um mundo financeiro transnacional, distante demais do resto da sociedade para que a opinião de qualquer um lhes interesse — e, entre os banqueiros, o comportamento que levou ao colapso era visto como normal e virtuoso, por isso não havia por que se sentir mal. Se, para muitos de nós, os banqueiros parecem um bando de psicopatas sedentos de dinheiro, é porque eles não precisam se preocupar com a nossa opinião.

Outro ponto que enfraquece o poder que a sociedade pode exercer sobre o setor financeiro é que os banqueiros costumam ser ricos. Num estudo sobre as aldeias pastoris gregas, Sally Engle Merry descobriu que só as pessoas da classe média se preocupavam com as fofocas, escândalos e com o que os outros pensavam delas.[14] As que já estavam no fundo do poço não tinham mais para onde cair. Se a vida parece que vai ser curta e difícil, não há por que se preocupar com a própria reputação, e a gratificação imediata e as chances de se dar um grande golpe passam a ser escolhas racionais. Se você não tem futuro, então ele também não pode lançar uma sombra. Já os que estão no topo faziam o que bem entendiam, sem a menor preocupação com as ideias comuns do que é apropriado, porque a riqueza deles servia de armadura contra as punições econômicas e sociais que o restante da comunidade poderia tentar lhes impingir. A reputação é mais forte no meio de um grupo de pessoas que precisam umas das outras e estão mais ou menos no mesmo nível (e, como já vimos, as pessoas têm os seus métodos de manter as outras no mesmo nível). Na aldeia que Merry estudou, essa era uma preocupação principalmente burguesa.

A chance de se ganhar muito dinheiro rapidamente é um óbvio incentivo para se comportar de maneira egoísta. O escritor e economista Will Hutton pôs a culpa da crise de 2008 nos altos bônus que "acabaram com a necessidade dos indivíduos de se preocupar com a integridade".[15] Esse tipo de gente, escreveu ele, "não precisa se preocupar com a reputação. Tudo o que eles precisam é de um grande negócio ou um ano no topo e nunca mais vão precisar trabalhar na vida." Se os seus bolsos forem suficientemente cheios, você pode gastar bastante e se livrar de uma má reputação, como acontece com as pessoas, empresas e países que compram aprovação e apoio. "Eu sou feio", teria escrito, hipoteticamente, Karl Marx em 1844, "mas posso comprar as mulheres mais bonitas. Por isso, eu não sou feio, pois o efeito da feiura (seu poder de repulsa) é anulado pelo dinheiro. Eu sou mau, desonesto, inescrupuloso e burro, mas o dinheiro é homenageado, e assim também seu possuidor." E concluiu que o dinheiro era o "agente universal do divórcio", desfazendo todos os laços humanos.[16]

O dinheiro com certeza é uma tentação, e uma alternativa à reputação — mas também se pode superestimar seu poder. Experiências com o jogo do ultimato mostram que quantias relativamente grandes não desfazem as preocupações que as pessoas têm com justiça, embora obviamente não seja prático para os economistas evolucionistas trabalhar com o tipo de quantia que Wall Street paga de bônus. Os parlamentares ingleses se mostraram dispostos a vender suas reputações por reembolsos ridículos — um membro do parlamento pediu que lhe reembolsassem um chá que ele pagou no salão da Casa dos Comuns. As experiências de Mark Leary com a autoestima e o sociômetro humano mostram que a maioria das pessoas não pode deixar de se preocupar com que os outros pensam delas. Além disso, status é relativo: se todo mundo que você conhece ganha $20 milhões, ir para casa com *apenas* $5 milhões parece um fracasso em comparação com os outros.

O efeito mais potente do dinheiro sobre o comportamento provavelmente não vem através do poder para corromper, mas do poder para isolar, de separar as pessoas de quem quer que esteja numa circunstância econômica diferente. O efeito da igualdade econômica nas redes sociais pode ser uma das causas dos efeitos corrosivos (ainda que controversos) da desigualdade social numa sociedade, independentemente de sua riqueza.[17] Além de impor os custos e a ansiedade de um status inferior aos que estão na parte de baixo da pirâmide, a desigualdade rompe as conexões sociais e divide a sociedade em grupos cujas normas se desenvolvem separadamente, e cujos membros não conseguem influenciar uns aos outros.

O problema do setor financeiro não foi que seus membros estivessem dispostos a sacrificar sua reputação se as recompensas fossem boas o bastante. É que a recompensa e a reputação não tinham nada a ver uma com a outra. Nós nos importamos com a reputação de alguém quando o que ele faz pode afetar a nossa vida. Nos bancos, a maneira como os salários e os bônus eram decididos, tanto para as empresas como para as pessoas, fez com que os incentivos para correr riscos fossem muito maiores do que os de evitar um fracasso. Juntamente com a fragilidade das multas e da regulamentação do governo, ficou muito difícil para alguém (independentemente do tamanho de sua ganância, desonestidade ou incompetência) fazer mal a outro alguém. De modo que os bancos tinham poucos motivos para regular uns aos outros. Comparando-se a isso, o escândalo do reembolso das despesas na Inglaterra gerou um efeito bumerangue na eleição seguinte contra todos os principais políticos, de tal modo que os que se comportaram mal acabaram arrastando consigo os que eram inocentes e isso deu a todos um motivo para se corrigir.

Num artigo profético escrito em 2005, Stanislas Yassukovich, um banqueiro londrino com mais de quarenta anos de experiência, disse que os banqueiros de investimento que usavam práticas arriscadas viam qualquer escândalo como uma espécie de propaganda, em vez de uma acusação, e observou que um operador de Wall Street despedido por perder aquilo que na época era uma quantidade recorde de dinheiro foi prontamente agarrado por outro banco, dias mais tarde. "Riscos reputacionais não são mais uma questão significativa para a governança corporativa, independentemente de tudo que falarem a esse respeito", escreveu. "Para quem está no meio, não se trata mais de distinguir entre certo e errado; é uma questão de saber do que é possível se safar e qual pode ser o custo de ser pego."[18]

Quando as respostas para essas perguntas são, respectivamente, "muito" e "muito pouco", é difícil alguém se comportar.

Quando nós não trapaceamos, isso geralmente acontece porque o ambiente — especialmente a dependência que temos dos que estão à nossa volta — faz com que trapacear seja uma opção perdedora. O desafio dos governos é redesenhar o ambiente do setor financeiro, de modo que o autointeresse dos bancos e o bem público fiquem mais alinhados. Se os bancos pudessem se dar mal quando suas decisões ferissem a sociedade — ou, melhor ainda, se pudessem machucar uns aos outros —, eles iriam policiar o comportamento uns dos outros com mais atenção. Muitos bancos passaram a adotar a tática de pagar uma parte maior do bônus em ações que só podem ser vendidas depois de um certo número de anos, para que seus funcionários se preocupem mais com o longo prazo das empresas. Seria ainda mais eficaz se recebessem ações de outros bancos, de modo que um administrador de fundos seria o responsável pelo bônus de um colega. As recompensas sociais do sucesso e as punições do fracasso perpetrada por uma política como essa fariam com que os cientistas loucos do mundo das finanças pensassem duas vezes antes de explodir o laboratório. Só para garantir, também poderíamos colocar o robô Kismet em todas as salas de operação e um par de olhos bem sério em cima de cada computador.

Não são só as redes sociais dos banqueiros que não são mais como antigamente. O livro *Bowling Alone* [Jogando boliche sozinho], de Robert Putnam, descreve o esgarçamento das conexões sociais no terço final do século XX. Isso se reflete na quantidade declinante de ligações das pessoas a grupos organizados — como sindicatos, associações profissionais, comerciais e clubes de boliche, e conexões informais como jantar ou jogar cartas com os amigos, com a família ou com os vizinhos. Ao mesmo tempo, as pessoas confiam menos nos desconhecidos e desenvolveram uma visão mais árida da natureza humana (tendemos a projetar nossas próprias características nos outros, de modo que os que confiam menos são também as pessoas menos confiáveis, e vice-versa). Ilícitos pequenos, como avançar um sinal vermelho, se tornaram mais comuns. A maior parte dessas mudanças veio com as novas gerações: desde a II Guerra Mundial, cada nova leva de americanos tem sido menos sociável, menos altruísta e confia menos nos outros do que a anterior.

Muitos dos fatores que Putnam culpa por essa mudança estão ligados a uma privacidade e um anonimato cada vez maiores. Por exemplo, em vez de voltar aos modos típicos de cidade pequena, a mudança dos formigueiros urbanos para o isolamento dos subúrbios parece ter tido o efeito exatamente contrário e deixou as pessoas ainda menos interligadas. Putnam cita o historiador e filósofo Lewis Mumford, que em 1938 comentou que "os subúrbios são um esforço coletivo para se levar uma vida privada". Os americanos abandonaram o transporte público em favor do isolamento dos automóveis, passando cada vez mais tempo dirigindo sozinhos até o trabalho — ou a qualquer parte. Abandonaram o lazer público e social, como os clubes e o cinema, e preferem ficar em casa, assistindo à televisão. Até em público estão mais isolados. Quando o Walkman da Sony foi lançado, ele tinha entradas para dois headphones e a propaganda mostrava duas pessoas ouvindo juntas, dividindo uma experiência. Agora, os aparelhos estereofônicos pessoais e seus sucessores viraram uma maneira de se desligar do restante do mundo.

Ninguém fez nada disso com o intuito de ter uma existência mais infeliz. A riqueza e a tecnologia trouxeram consigo o conforto, a conveniência e a autossuficiência, especialmente no lazer e nos transportes. A privacidade e a mobilidade nos livram das pressões sociais, trazendo liberdade e novas possibilidades, maiores opções e a oportunidade de se reinventar e se expressar. Nas pequenas comunidades onde todo mundo sabe da vida de todo mundo, o passado pesa muito e o que se considera um comportamento aceitável é uma noção muito limitada. Há uma linha muito tênue entre dar apoio e ser sufocante.

A privacidade e o anonimato são muito sedutores, porque se ninguém sabe o que você andou fazendo, então ninguém pode usar isso para controlá-lo. Viver fora da sociedade exerce um apelo evidente, e a riqueza pessoal (seja ela material, física ou intelectual) dá um controle e uma segurança que a reputação não traz. Se, no dia que você me conhece, você vê que eu tenho um bíceps enorme, um Patek Philippe no pulso e um monte de cartas de referência, vai perceber imediatamente que eu sou forte, rico e/ou educado, e não há nada que alguém possa fazer contra isso. Mesmo assim, se eu tentar conquistar sua confiança e o seu esforço na direção de um objetivo comum, é bem provável que você vá querer ouvir uma segunda, terceira e talvez até uma quarta opinião. Meu capital social pertence aos outros — e isso assusta. Os lobos solitários, que podem viver a vida sem a aprovação ou a ajuda de ninguém, são figuras muito carismáticas no mundo da fantasia. Homero criou personagens simpáticos e heroicos nas figuras do guerreiro Aquiles e do trapaceiro Ulisses, sendo que ambos provavelmente marcariam muitos pontos na lista da psicopatia. A ficção tem um gosto todo especial por anti-heróis psicopatas como Tom Ripley, Hannibal Lecter e Dexter Morgan e criminosos do mundo real podem acabar virando heróis populares, como o inglês Raoul Moat, que atraiu mais de 30 mil pessoas para o grupo do Facebook "RIP Raoul Moat you legend" (Descanse em Paz Raoul Moat, Nossa Lenda), criado em sua homenagem, depois que ele matou uma pessoa e feriu outras duas, antes de se suicidar em julho de 2010. A liberdade em relação às opiniões e à influência dos outros exerce um certo fascínio, mesmo que essas pessoas, ao vivo, sejam assustadoras.

No entanto, sem alguma maneira de controlar os outros, não podemos confiar nas pessoas, investir nelas ou trabalhar com elas em direção a um objetivo comum. Sem contato social, você não pode, evidentemente, conhecer as pessoas diretamente e assim formar aqueles laços que viabilizam a reciprocidade. No entanto, exatamente porque as pessoas costumam falar de quem não está presente, você também acaba sendo cortado do fluxo de fofocas que criam as reputações, da reciprocidade indireta e da ação coletiva. Se levar uma vida muito solitária, perde a chance de criar uma pontuação de imagem dos seus vizinhos e de trocar pequenas gentilezas com desconhecidos, o tipo de coisa que ajuda a manter a fé na humanidade.

Em resumo: os Estados Unidos são uma daquelas sociedades — a Inglaterra é outra — que se tornaram menos cooperativas e coletivas e mais individualistas e competitivas. Pesquisas mostram que as pessoas se sentem menos motivadas em servir ao público e estão mais focadas nos ganhos materiais e na autossatisfação. É tentador culpar os governos por essa tendência, sendo certo que a ex-primeira ministra britânica Margaret Thatcher ficou famosa pela frase de que não existe sociedade, só pessoas e famílias, superenfatizando assim a seleção de parentes como a melhor forma de promover a cooperação. A impopularidade do imposto sobre herança é mais um sinal de mudança em direção a uma sociedade que vê o parentesco como uma base mais confiável para o altruísmo do que os laços sociais, e a impopularidade dos próprios impostos em geral já serve como uma pista de que nos sentimos cada vez menos responsáveis pelo bem-estar dos outros. No entanto, apesar de políticos como Thatcher e Ronald Reagan terem sido parcialmente responsáveis por essas mudanças, priorizando a riqueza pessoal sobre os bens públicos, eles também seguiram mudanças tecnológicas e sociais que separavam as pessoas umas das outras. Se a privacidade e o anonimato aumentam, fica mais difícil obter cooperação e formar uma reputação, por isso faz mais sentido passar de uma visão cooperativista para um viés mais competitivo e confiar mais nas coisas em que você se garante sozinho. E aí, se aquilo que você já faz for apresentado como uma filosofia política, você vai lá e vota nela.

Como é que podemos aumentar a transparência, a confiabilidade e a dependência? E como podemos fazer isso sem invadir a privacidade e sem tornar a sociedade menos tolerante? Aqui vão algumas alternativas, que já são praticadas ao redor do mundo. Todo outono, a Noruega publica quanto cada habitante do país ganhou no ano anterior e quanto ele pagou de impostos. Os Estados Unidos faziam o mesmo até pouco tempo atrás e vários estados revelam os vencimentos dos funcionários públicos. Passei um outono em Santa Fé, no deserto do Novo México, no qual o *Santa Fe Reporter* publicou uma lista dos maiores consumidores de água no verão anterior. Cerca de metade dessas pessoas fez, constrangida, promessas de se comportar melhor no futuro; a outra metade não foi encontrada para se pronunciar. Um seguro-desemprego alemão costuma pagar famílias que estão desempregadas há muito tempo para saírem de casa, fazerem algum curso, ou simplesmente irem ao cinema. No Japão, onde as pessoas precisam separar o próprio lixo num monte de categorias, os sacos de lixo são transparentes e seus vizinhos podem ver se você está reciclando.

É claro que aquilo que parece ser aceitável numa cultura pode parecer uma invasão em outra. Quando o conselho de Stockport, no norte da Inglaterra, tentou aprovar o uso de sacos de lixo transparentes, os habitantes locais acreditaram que isso era uma forma do governo se meter na sua vida — "1984, lá vamos nós", escreveu um comentarista na internet.[19] E muita gente preferiria revelar os detalhes de sua vida sexual do que anunciar quanto ganha. Essa é uma situação que não tem jeito: se você não confia em seus vizinhos, não vai querer se revelar para eles — mas, se não se revelar, não tem como conquistar a confiança deles. Esse é mais um argumento para todas aquelas coisas boas que estimulam as pessoas a viverem uma parte maior da vida em público, como transporte barato e eficiente; parques seguros e agradáveis; eventos artísticos subsidiados; casas baixas e de alta densidade em ruas de pouco movimento; instalações para a prática desportiva e de exercícios físicos; parques e jardins comunitários; e até mesmo cafés, bares e igrejas. O que sabemos da reputação sugere que um espaço público forte viabiliza uma espécie de vigilância benigna, que, ao conectar as pessoas àquelas que estão à sua volta, faz com que elas se comportem melhor. Ficar de olho em alguém ou em alguma coisa implica controle e proteção ao mesmo tempo, como na frase: "Você pode ficar de olho na minha bicicleta?" ou "Estou de olho em você". A sociedade funciona melhor quando ficamos de olho uns nos outros.

Mas se, nos últimos 50 anos, a tecnologia nos separou dos outros, ela também criou novas maneiras de nos conectarmos e de usar a reputação para nos controlarmos reciprocamente.

CAPÍTULO 11

Panóptico 2.0

É bem provável que a linguagem tenha começado como uma maneira de espalhar fofocas e que depois ela permitiu que discutíssemos coisas altamente técnicas, como a física de partículas. Já a web foi inventada como uma maneira de os físicos de partículas compartilharem dados e ideias e está indo a toda velocidade na direção contrária, tornando-se o lugar onde pessoas do mundo inteiro vão falar suas abobrinhas.

Isso não é de surpreender. Na selva da vida, as pessoas passam mais tempo fofocando do que fazendo qualquer outra coisa. À medida que dedicamos mais tempo à comunicação e às comunidades on-line, a quantidade de fofocas eletrônicas também aumenta e a internet inteira passa a ser, como a própria língua, um meio que serve principalmente para a interação social, em vez de, digamos, uma plataforma para publicações ou um mercado comercial. Em março de 2010, o Facebook ultrapassou o Google como o site mais acessado nos Estados Unidos.

Apesar de o Google e o Facebook parecerem muito diferentes entre si, ambos dependem da reputação. O Facebook, assim como o Twitter, o MySpace e outras redes sociais, gira em torno de formar e medir conexões sociais e com isso gerar prestígio. Esses sites são ferramentas para as pessoas administrarem suas reputações e julgarem os outros. A ferramenta de busca do Google é uma verdadeira máquina de fuxicar tudo, detectando os links entre os sites e medindo sua reputação a partir de quem está conectado a quem. O fato é que quase todos os grandes sites se aproveitam da reputação. As avaliações dadas pelos compradores e vendedores do eBay, que nada sabem uns sobre os outros e talvez nunca mais venham a interagir novamente, geram confiança a partir da maneira como as pessoas trataram as outras no passado. A Amazon permite que os usuários resenhem seus produtos e também avaliem os resenhistas. Sites que reúnem e filtram conteúdo, como o Slashdot e o Digg, utilizam a reputação para ajudar seus leitores a encontrar grãos de trigo no meio das infindáveis planícies de joio. Eles recompensam os melhores coletores com agrados simbólicos em vez de dinheiro, assim como faz a Wikipedia. O YouTube e o Flickr adotam sistemas de avaliação para trazer as melhores fotos e vídeos à atenção dos espectadores. A reputação regula a web, fornecendo um sistema legal, uma constituição e uma política econômica num único bolo, incentivando e recompensando determinados comportamentos e proibindo e rejeitando outros.

Mesmo assim, a reputação na internet é diferente. Imagine que você tenha se mudado para uma base na Lua. Transportado a uma gravidade que é de apenas 1/6 da que você está acostumado, você poderia fazer coisas muito estimulantes — como pular mais alto e levantar pesos maiores do que jamais poderia fazer aqui na Terra. Por outro lado, até que os seus músculos se adaptassem, você estaria sempre batendo com a cabeça no teto do módulo de habitação. A nova física do seu ambiente exigiria alguns ajustes. Entrar para a sociedade on-line é mais ou menos assim, exceto pelo fato de que não é a matéria, e sim o comportamento da informação social, que se modifica, concedendo-nos novos poderes, mas também trazendo alguns riscos.

Há alguns milhões de anos, a invenção da fofoca pelos seres humanos acrescentou um elemento verbal ao que sempre foi um sistema visual. Isso permitiu que a reputação durasse mais tempo e se alastrasse por um espaço mais amplo, permitindo uma maior complexidade e cooperação da sociedade. A internet turbina as duas coisas. A fofoca se espalha mais rápido, vai mais longe e tem um alcance mais amplo do que em toda a história e fica registrada para que todos possam ver, na hora que quiserem. No entanto, ela é também mais frágil, porque não carrega nenhuma daquelas pistas biológicas e de contexto social que utilizamos, além do que é falado, para julgar se podemos ou não confiar em alguém. A internet pode ser a coisa mais importante que aconteceu com a reputação desde que as pessoas começaram a conversar umas com as outras, mas participar dela exige que as pessoas se acostumem.

Começamos este livro com a história de como Pierre Omidyar se valeu da reputação, na forma de um sistema de avaliações, para estimular o bom comportamento no eBay. Na virada do milênio, professores na fronteira da economia com a informática começaram a se perguntar se isso realmente funcionava.

Numa experiência, Paul Resnick, da Universidade de Michigan, e seus colegas recrutaram John Swanson, um vendedor de cartões-postais antigos bem-visto no eBay. Swanson preparou muitos cartões-postais, bem como 36 cartões de dia dos namorados, que ele acreditava terem o mesmo valor. Então ele vendeu um lote pela identidade que já havia estabelecido no eBay, que na época tinha mais de 2 mil avaliações positivas e apenas uma negativa; e o outro por uma das sete novas identidades que ele criou para a experiência, cada uma com uma vitrine virtual própria e um e-mail diferente. Essa abordagem experimental evita o problema de simplesmente olhar para o eBay e ver como as avaliações se comparam com os preços de venda. No complexo ecossistema do site, pode haver muitos fatores concorrentes que afetam o sucesso — o design da vitrine virtual do vendedor, por exemplo, ou a própria ortografia que ele exibe aos outros quando escreve.

No ambiente controlado da experiência — a equipe de Resnick se esmerou para que as avaliações fossem a única diferença significativa entre os vários vendedores —, as boas avaliações valeram a pena. Os cartões vendidos sob a identidade conhecida e benquista de Swanson conseguiram uma média de 8,1% a mais do que o lote vendido pelas novas. Aparentemente, os compradores do eBay realmente usam as avaliações para guiar seu comportamento e uma boa reputação acaba se traduzindo em dinheiro.[1]

A ideia original de Omidyar, de permitir que os usuários do site avaliassem uns aos outros, foi um lance inspirado, mas o sistema tinha os seus pontos fracos. O fato de se transformar a reputação de um vendedor de uma coisa criada e mantida na mente e no burburinho dos clientes numa verdadeira etiqueta pregada no próprio vendedor permitiu facilmente que as pessoas pudessem inflacionar artificialmente suas reputações. Transformar uma reputação num número surtia o mesmo efeito. No mundo real, juntamos informações sobre a reputação de alguém a partir de várias fontes. É como acompanhar seu time de futebol: você pode ver as partidas pessoalmente, assisti-las pela televisão, ler artigos e blogs, conversar com outros fãs, ouvir rádio e criar uma imagem do desempenho dele cheia de detalhes e sutilezas. Já a reputação on-line é como acompanhar seu time de futebol simplesmente lendo a classificação no jornal de segunda-feira. Dá para dizer quem está indo bem, mas não como ou por quê. Fazer com que a reputação deixe de ser uma narrativa e passe a ser um número, sem nuances, tornou-a muito fácil de ser manipulada.

O resultado é que o eBay está numa verdadeira guerra contra aqueles que tentam viciar o sistema de avaliações. No começo, qualquer um podia avaliar qualquer pessoa por qualquer motivo — como ter deixado um comentário útil num painel de mensagens, por exemplo. Omidyar acreditava que assim a nota de alguém refletiria, de maneira ampla, suas contribuições para a comunidade. Isso é parecido com a nossa maneira de perceber a reputação na vida real — aceitamos que as pessoas têm pontos fortes e fracos, mas, em geral, ou nós confiamos nela, ou não confiamos. Se você se encontrar com uma pessoa repetidas vezes e tiver muitas fontes de informação, poderá ver o comportamento dela como um todo. Por outro lado, num mundo grande e anônimo, onde a reputação de alguém é reduzida a um número, é difícil saber o que aquele número significa. Permitir que as pessoas dessem feedback sobre o que quer que fosse significou que elas podiam se aliar para inflar as notas umas das outras, trocando frequentemente avaliações positivas até que parecessem pessoas confiáveis, de muito tempo.

No ano 2000, o eBay mudou as regras, de maneira que você só podia avaliar alguém se tivesse comprado ou vendido para ela. Essa foi a primeira de uma série de mudanças que deixou o feedback mais detalhado. Hoje em dia, o feedback de cada vendedor e comprador pode ser vistos separadamente. Também há a possibilidade de dar até cinco estrelas para quesitos como se a compra chegou rapidamente e se ela realmente batia com a descrição feita pelo vendedor. O histórico também pode ser acompanhado em períodos de um mês, três meses, seis meses e um ano, revelando se alguém andou inflando sua cotação até começar a explorá-la.

Detalhar mais as avaliações no eBay fez com que os "plantadores de reputação" tivessem mais trabalho, mas não os extinguiu. Permitir que apenas pessoas que fazem negócio umas com as outras se avaliassem criou um verdadeiro mercado de coisas sem valor — jpegs, poemas, piadas — vendidas unicamente para que o vendedor e o comprador pudessem inflar o score um do outro. Num artigo de 2006, Jennifer Brown e John Morgan descreveram as táticas de um operador do eBay que inflou sua reputação desse jeito, vendendo piadas por um centavo, antes de começar a vender lotes de terra no Texas por milhares de dólares.[2] O eBay proíbe esse tipo de manipulação de feedback, mas uma busca por "feedback" no eBay.com vai revelar que esse mercado ainda existe.

Além de criar novas oportunidades de trapaça, ter sua pontuação de imagem colada ao seu nome cria novas maneiras de ser tapeado.

Em 2008, o eBay proibiu que os vendedores deixassem comentários negativos sobre os compradores, como uma maneira de os compradores manifestarem sua insatisfação sem temer uma retaliação do vendedor (mais de 99% das avaliações no eBay são positivas). Sites como o eBay, que exibem comentários negativos, são especialmente vulneráveis a usuários malevolentes, porque esse tipo de feedback pode facilmente se transformar numa arma.

Para ficar apenas num exemplo: eu perguntei a Randall Farmer qual era o exemplo favorito dele de adulterar um sistema de reputação. Ele trabalha com sociedades on-line há mais de 30 anos, desde que adicionou um chat em tempo real a um jogo de aventura (em forma de texto) para múltiplos usuários, baseado em *Guerra nas estrelas* e veiculado na rede de computador de sua escola. Depois ele escreveu, efetivamente, um livro sobre como criar sistemas de reputação na internet.[3] Farmer contou a história da Máfia do Sims. *The Sims* é um jogo de computador onde as pessoas manipulam um avatar num mundo artificial. A versão on-line do game permitia que os jogadores mostrassem sua aprovação uns dos outros, e nesse caso o rosto do amigo aparecia no ponto de encontro social do jogador com uma flecha verde. Eles também podiam expressar seu descontentamento ou desconfiança com um jogador, e nesse caso aparecia uma marca vermelha. A Máfia do Sims, então, abordava os novos jogadores e mandava que eles lhe entregassem todos os seus Simoleons, que era a moeda usada no jogo. Quando a vítima perguntava por que ela deveria fazer isso, os chantagistas mandavam que ela desse uma olhada no ponto de encontro. Os membros da Máfia o haviam enchido de marcas vermelhas, impossibilitando que o novato formasse novas amizades ou conseguisse um apartamento virtual.

Transformar a reputação num número nos incentiva a vê-la como se fosse dinheiro, uma coisa que pode ser acumulada e que serve para toda e qualquer situação. Isso levou algumas pessoas a tentarem criar uma verdadeira moeda na internet baseada na reputação, uma contabilidade precisa e genérica do seu valor social baseada nas suas ações e nas avaliações feitas pelas outras pessoas. O auge desse tipo de esforço foi o romance de ficção científica *Down and Out in the Magic Kingdom*, de Cory Doctorow. Nele, Cory imagina um mundo onde a morte e a escassez não mais existem, por isso a riqueza e o acesso aos bens de luxo dependem da estima ofertada pelos outros, na forma de whuffies — um sistema inspirado pelas avaliações de carma do Slashdot, cujo nome surgiu de uma palavra que Doctorow costumava usar no ensino médio.[4] A ideia do whuffie é um meme poderoso e já houve muitas tentativas de transformá-lo numa espécie de reputação portátil de verdade, na internet.

No entanto, as únicas pessoas que realmente tratam a reputação como dinheiro são os vigaristas, que constroem um nome como se fossem uma coisa e então lucram ao revelar suas verdadeiras identidades de embusteiros. A reputação não pode ser gasta — apenas destruída. Não é um meio de troca; está mais para uma energia ou uma força da natureza, uma coisa que pode ser dirigida e distorcida. Uma pessoa com uma pontuação de 1.000 no eBay não é duas vezes mais confiável que uma pessoa com 500 pontos. O mais provável é que apenas tenha estado no site pelo dobro do tempo.

Os esforços para criar uma medida geral da reputação na internet são construídos com base numa noção de prestígio, na nossa tendência de acreditar que, como uma pessoa é boa ou má em algum aspecto da vida, ela também vai ser assim em outros aspectos. No entanto, a lição deixada pelos sistemas de reputação on-line bem-sucedidos — ou, pelo menos, nesses primeiros 15 anos — é que eles funcionam melhor quando se concentram numa questão específica, com intuito de regular e manipular aquele aspecto específico do comportamento humano. A reputação on-line é como um raio de luz do diâmetro de um lápis, que ilumina um pequeno aspecto do comportamento humano, e não uma iluminação cintilante que ilumina um enorme palco, onde muitas coisas podem acontecer. Essa é uma diferença importante entre a reputação on-line e o antigo conceito de reputação — e um dos possíveis limites sobre o que se pode conseguir numa comunidade on-line. Você não recrutaria alguém para a sua guilda do World of Warcraft baseado no feedback do eBay, e é discutível se o seu crédito revela qualquer outra coisa além de você ser um bom pagador — embora muitos empregadores o utilizem na hora de contratar ou não um funcionário.[5] As avaliações numéricas da confiança, ao contrário dos dólares e euros, não se convertem facilmente de uma forma em outra.

Essa limitação ocorre porque as comunidades on-line não são biológicas. Achamos que a internet nos inunda de informação, mas, como rede condutora de fofocas, ela é frágil. Transformar a reputação num número dá a ela uma ideia de precisão, mas a verdade é que os sistemas de reputação on-line capturam muito menos informações sociais do que as histórias que criamos no mundo real. Sistemas como o eBay transformam as emoções de uma pessoa na hora da avaliação num número frio, combinam esse número com as avaliações de outras e ligam o resultado à pessoa avaliada. Os usuários do sistema voltam a transformar esse número numa emoção e agem com base nisso. Em carne e osso, as pessoas leem e trocam emoções com inteligência e sem ter de pensar muito, mas transformar emoções em números que depois voltam a se transformar em emoções é uma arte cheia de imperfeições, com potencial para ruídos e distorções em todo o caminho. Mesmo quando trocamos palavras na internet, perdemos todas aquelas informações que extraímos só de olhar para o rosto de alguém e do tom de voz, o que torna muito mais difícil na hora de julgar a seriedade e a honestidade de uma pessoa.

Além disso, as relações on-line não são biológicas. Estamos acostumados (e evoluímos) numa sociedade em que as pessoas viviam muito próximas por longos períodos de tempo e interagiam e dependiam umas das outras em todos os quesitos. Tínhamos experiência quanto aos julgamentos anteriores das pessoas, suas realizações, suas alianças e favorecimentos — e um interesse mútuo numa relação contínua, para que compreendêssemos e confiássemos uns nos outros. Colocando de outra maneira, nós formávamos amizades. Se quisermos, podemos discriminar vários níveis de reputação — uma pessoa pode cozinhar muitíssimo bem, mas ter um gosto musical horrível. Contudo, as pessoas com quem eu interajo no eBay não podem ter esse tipo de relação comigo e não podem dispor desse leque mais amplo de informações, mesmo se quisessem e mesmo que isso lhes fosse útil. Se eu fosse dono de uma loja e tratasse mal meus fregueses, a vida na minha cidade ficaria muito difícil, mas eu posso ser um mercador horroroso no eBay, um resenhista brilhante na Amazon, um participante medíocre no Digg, e assim por diante, sem que uma coisa tenha relação com a outra. Até que a comunicação e as amizades on-line sejam muito mais semelhantes ao mundo real — o que, com a rapidez e a largura de banda cada vez maior, deve acabar acontecendo —, a reputação on-line vai continuar tendo suas limitações.

Um dos apelos das redes sociais como o Twitter e o Facebook é que elas incorporaram alguns dos benefícios da vida real nas comunidades da internet. Incluir relacionamentos digitais em uma rede social a deixa mais "biológica" e com isso fica mais fácil para as relações se desenvolverem e para as pessoas confiarem umas nas outras. As recomendações e as opiniões que fluem numa rede social provavelmente vão ser muito mais úteis e confiáveis do que informações cruas colhidas nas brumas da web. Se você encontrar uma crítica magnífica de um restaurante on-line, por exemplo, é possível que ela tenha partido da irmã do garçom; já uma crítica ácida pode ter vindo do restaurante ao lado. Mas se você já estiver conectado à fonte da informação, é mais fácil julgar o valor dessa informação. A redução no anonimato e uma maior estabilidade social viabilizam a construção de uma reputação e a troca de favores. Isso promove a cooperação, mesmo que com o risco de tornar as identidades on-line alvos fáceis de ataques e violências cibernéticas.

As avaliações do eBay são um bem público. Basta uma pequena quantidade de tempo e esforço para ser criada e os benefícios vão para o restante da comunidade, não para a pessoa que publicou — afinal de contas, ela já conhece o valor daquele participante específico. O benefício das avaliações também vai para o eBay, que, como qualquer site que explora o conteúdo fornecido pelos usuários, procura transformar a participação gratuita das pessoas em lucro particular. Alguns sites pagam para ter feedback — o site de resenhas Epinions compartilha seu faturamento com os melhores resenhistas e, em 2010, a Amazon deu início ao programa Vine, que permite aos melhores resenhistas obterem de graça as primeiras versões de seus produtos. No entanto, a maioria das coisas que é publicada foi feita inteiramente de graça, mostrando que as pessoas são motivadas por muitas outras coisas além de dinheiro e nos lembrando que as experiências de laboratório que só lidam com dinheiro revelam apenas uma faceta do comportamento humano. De resenhas de livros até posts em blogs a artigos para a Wikipedia e vídeos no YouTube, passando por projetos de software livre como o browser Firefox, a internet está cheia de conteúdo e de software criados de graça pelas pessoas. Ou, pelo menos, por alguma outra coisa que não exatamente dinheiro. O que poderia ser?

Quando falamos sobre a generosidade aparente e o altruísmo competitivo, vimos que rapazes costumam contribuir para o compartilhamento de arquivos on-line como uma maneira de se exibir. Essa é uma maneira arriscada de ajuda que faz as vezes de um sinal dispendioso, revelando sua capacidade tecnológica e sua intenção social. Websites legítimos não podem oferecer o incentivo da ilegalidade, mas podem explorar os sinais dispendiosos e a reciprocidade indireta a partir do desejo que as pessoas têm de parecer que são boas e úteis. Ao fazer isso, os sistemas de reputação ajudaram a fertilizar uma enorme quantidade de criatividade e de altruísmo, de modo que hoje consideramos quase certo que qualquer coisa que desejamos saber, ver e ouvir pode ser encontrada de graça na internet.

Se perguntarmos às pessoas o que elas ganham com o altruísmo na rede, a resposta é uma massagem no ego, que é como os aficcionados em tecnologia chamam aquele sentimento de satisfação por terem publicado algo de bom e útil on-line.[6] Também pode-se chamar isso de orgulho ou autoestima, uma recompensa interna por se sentir socialmente útil. A maioria das pessoas que escrevem software de código aberto (o software livre) ou resenham produtos dizem que fazem isso pelo prazer de se sentirem altruístas, e não porque querem fazer seu nome. Mas isso também não quer dizer que elas não estejam elevando sua reputação no meio.

Alguns sistemas de reputação on-line tentam estimular, recompensar (e explorar) os usuários de um site simplesmente aumentando a massagem que eles recebem no ego por seu trabalho. Praticamente qualquer site cujo trabalho seja filtrar ou recomendar dispõe de algum tipo de sistema de reputação, usado para avaliar tanto o conteúdo do site como as pessoas que fazem as avaliações. Se você receber muitos pontos de carma no Slashdot, acaba se tornando moderador, podendo colocar as histórias em lugares mais ou menos visíveis no site. A Amazon publica um ranking daqueles que os usuários consideram os mais úteis. Esse tipo de sistema está começando a criar pequenas celebridades, como Andrew Sorcini, que com o nome de usuário MrBabyMan desenvolveu um poder quase sobrenatural para saber que tipo de histórias os visitantes do Digg, o agregador de notícias sociais, vão preferir.[7] Harriet Klausner, a mais prolífica resenhista da Amazon, já foi tema de matéria tanto da revista *Time* como do *Wall Street Journal*.

Parece um jogo em que todos saem ganhando. Tanto o Digg quanto a Amazon conseguem agregar muito valor; Sorcini ganha uma pequena fama; Klausner recebe os últimos lançamentos das editoras; e o restante de nós é dirigido aos melhores livros e às melhores matérias. Algo semelhante acontece na comunidade de software livre, onde trabalhar de graça em projetos públicos serve como uma propaganda do seu talento de programador para aqueles que são capazes de pagar pelo seu trabalho (e também incentiva os outros a ajudá-lo a resolver suas próprias dúvidas de programação). No entanto, esse tipo de reputação também traz as suas artimanhas e incentivos perversos e é tão vulnerável à manipulação quanto aqueles onde há dinheiro de verdade em jogo. Aqui também, é um desafio constante criar uma fórmula para medir o comportamento de uma pessoa na internet que reflita aquilo que os outros dão valor.

Sistemas de reputação como os do Digg ou da Amazon são verdadeiros concursos de popularidade, com uma pitada daqueles recordes de videogame. Talvez a melhor analogia esportiva para esse tipo de campeonato não esteja no futebol, mas sim na Tour de France. Quando você vê quem está na liderança, acredita que aquelas posições indiquem um desempenho honesto, mas é difícil não desconfiar que uma parte dos líderes possa estar jogando sujo. Klausner, a Lance Armstrong dos resenhistas da Amazon, atraiu suspeitas e chacotas por sua capacidade de ler e resenhar sete livros por dia. O Digg tirou do ar sua tabela de líderes Top Diggers em 2007 porque, numa repetição da experiência do eBay, acreditava-se que grupos de usuários entravam em conluio para inflar as recomendações uns dos outros e com isso subir no ranking. (Em 2010, o site impediu temporariamente que os usuários pudessem dar bola preta para as histórias depois de perceber que um grupo de ativistas fazia um conluio para enterrar matérias políticas das quais eles discordavam.)

Em parte, as pessoas tentam manipular os sistemas de reputação porque qualquer coisa que exija tempo e esforço pode ser vista como um sinal dispendioso. Isso quer dizer que, toda vez que se faz um ranking de uma determinada atividade, chegar ao topo passa a ser um sinal dispendioso e algumas pessoas ficam simplesmente obcecadas por chegar lá. "Criar grupos de amigos" nas redes sociais, por exemplo, nos quais as pessoas fazem amizade com qualquer um, não seria tão comum se essas redes não mostrassem o número de amigos que você tem de maneira tão ostensiva. Se alguém criasse um campeonato mundial de piscadas e oferecesse um copinho de papel ao campeão, algumas pessoas iriam se inscrever e alguns desses inscritos jogariam Tabasco nos olhos dos outros só para dispor de uma vantagem indevida.

No entanto, pode-se obter benefícios mais concretos do que esses. Se uma publicação consegue colocar suas matérias no alto da lista do Digg, esse tráfego adicional vai acabar se traduzindo em maior receita de anunciantes e sabe-se que algumas pessoas chegam a contratar intermediários só para conseguir uma notoriedade desse tipo — pagando, é claro. Já existem empresas de marketing que se dispõem a encontrar os maiores "influenciadores" nas redes sociais — aqueles cujas opiniões têm mais peso — e lhes pagam para falar bem de um determinado produto, o que vale sempre como um lembrete de que benefícios privados podem corromper contribuições públicas, tanto quanto promovê-las.

Em contraste com a atitude do eBay, de ajudar as pessoas a julgar umas às outras da maneira mais precisa possível, deixando cada vez mais dados disponíveis (do mesmo jeito como cada temporada traz novas estatísticas esportivas), muitos sistemas de reputação e status se caracterizam pela falta de transparência — ou, como eles chamam, da segurança através do obscurantismo. Ao dificultar a maneira como um sistema elabora seu ranking, fica também mais difícil manipulá-lo, ainda que ao custo de uma menor transparência e de ele não parecer tão confiável. O Slashdot não mostra mais o carma dos usuários, porque o tipo de comportamento que faz com que esse carma se eleve não é o melhor para a comunidade como um todo. Sites como YouTube, Digg, Flickr e Amazon mantêm os critérios de ranqueamento dos usuários secretos, tornando-os assim mais difíceis de serem manipulados.

Nada disso é sinônimo de fracasso. Assim como as empresas se veem diante de demandas distintas e precisam de estratégias diferentes à medida que vão crescendo e amadurecendo, os sistemas de reputação on-line também precisam refletir as mudanças de sua comunidade. Quando um site é pequeno e tenta atrair novos usuários e estimular sua participação, as recompensas e os rankings são incentivos úteis — uma tabela dos usuários vai fazer com que todos queiram participar e competir para subir no ranking. Além disso, como já vimos, é fácil monitorar a reputação de todo mundo (seja por meio de um sistema de contagem, ou outro método qualquer) numa comunidade pequena. Entretanto, à medida que o site cresce, manter a qualidade, o frescor e excluir os usuários mal-intencionados passa a ser mais importante do que a mera quantidade. Se você ranquear as pessoas por todo o seu histórico de atividade, um líder logo vai se eternizar no topo, e os principais usuários terão resultados tão bons que vão acabar desmotivando os novos colaboradores. Assim, os sistemas de reputação on-line têm de equilibrar os benefícios da lealdade de recompensar os usuários mais antigos com as vantagens de deixar que uma reputação se esvazie — como acontece no mundo real, onde se espera que suas mancadas sejam esquecidas e só se possa viver de glórias passadas por um determinado tempo. Isso permite que novos usuários deixem a sua marca e desencoraja que os mais antigos repousem nos louros.

Foi exatamente o que a Amazon fez em 2008, mudando a maneira como seus resenhistas principais eram pontuados, para dar mais peso às críticas recentes; para recompensar a qualidade do trabalho de um resenhista, baseado na percentagem de comentários positivos que suas resenhas recebiam dos demais usuários (mais do que o simples número de resenhas postadas); e para esvaziar os chamados "votantes-fãs", que repetidas vezes elogiam o trabalho de um determinado resenhista. Contudo, o site não se livrou simplesmente dos velhos rankings, porque isso incomodaria muito os veteranos resenhistas. Em vez disso, ela dividiu o ranking. Foi feita uma tabela nova e outra no formato "clássico", que exibe a quantidade total de resenhas e avaliações positivas. Klausner, que escreveu mais de 23 mil resenhas, está no alto desta última, onde provavelmente ficará para sempre.

Os que desenham esses sistemas de reputação on-line precisam equilibrar os pontos fortes e fracos da interação social pela internet. Não existe uma resposta certa para tudo: vários sistemas de reputação tentam manipular o comportamento de maneiras diferentes. Um sistema pode querer criar confiança e evitar trapaças. Outro pode desejar fazer com que as pessoas criem recursos públicos. Um terceiro pode ter o intuito de transformar a competição e o exibicionismo num benefício mais amplo. Um quarto pode querer poupar trabalho e fornecer um atalho para tomar boas decisões. Na internet, a reputação é fracionada e refinada. É uma fonte de energia social da qual os engenheiros de software podem se aproveitar, da mesma maneira que um engenheiro mecânico se vale do carvão e da água corrente. Mas, se não for usada com cautela, ela pode ser tão destrutiva para os edifícios sociais quanto o fogo e as enchentes podem ser para as construções físicas. Um sistema de reputação equivocado pode simplesmente afundar uma comunidade on-line. Esses sistemas também oferecem novas maneiras para que os fraudadores e os guerreiros da informação subvertam e corrompam as reputações, criando uma corrida sem tréguas entre designers e usuários que desejam utilizar a reputação para o bem de seu grupo e aqueles que tentam manipular o sistema para seus próprios objetivos egoístas.

Todos os sistemas de reputação na internet procuram se opor à característica da vida on-line que mais prejudica a reputação e o bom comportamento: o anonimato. Quando você está num computador, não existem aquelas pistas (como os olhos) que utilizamos para monitorar o que os outros sabem a nosso respeito. Isso dá espaço a uma desinibição que pode trazer boas consequências, permitindo que as pessoas compartilhem e discutam seus problemas e preferências sem ficar com vergonha de si mesmas. Por outro lado, o anonimato não é exatamente um incentivo às boas maneiras, como qualquer pessoa que leia os comentários feitos na internet sabe muito bem.

Além de se esconder on-line, é muito fácil assumir identidades múltiplas ou falsas. Se um usuário *fake* no eBay é pego e expulso, ou afunda com uma péssima reputação — a chamada falência do carma —, basta um minuto para criar outro perfil falso e começar tudo de novo.

Existem tantas maneiras de atacar uma reputação através de identidades falsas na internet que esse comportamento já criou até um vocabulário próprio. "Trolls preocupados" (*concern trolls*) são o equivalente on-line para os "amigos preocupados" das celebridades: eles entram nos debates da internet se passando por fãs de equipes esportivas ou políticos que na verdade eles desprezam e tentam ridicularizá-los com frases bem boladas. "Astroturfing" é uma maneira de criar pessoas falsamente preocupadas, que na verdade são pagas por empresas para passarem como cidadãos indignados e de espírito cívico em blogs e painéis de discussão. Os "Sybil attacks", cujo nome deriva do caso psiquiátrico de uma mulher de múltiplas personalidades, criam múltiplas contas, que por sua vez são utilizadas tanto para atacar um site ou uma opinião quanto para fazer deles um sucesso — aqui também o alvo foi o Digg —, como no misterioso caso da falsa rede de pesquisadores de células-tronco criada no Facebook. Muitos escritores já se viram constrangidos por usar identidades falsas na rede para elogiar seus próprios livros e estraçalhar os dos rivais, o que inglês é chamado de *sockpuppeting*.

Aqui também, essas tentativas de manipular a reputação revelam o desencontro entre a vida na sociedade on-line e nossos instintos sociais. As pessoas são especialistas em fingir o que aparentam ser. Depois de milhões de anos de prática, administrar nossas identidades e mostrar ao mundo nosso lado mais bonito vem naturalmente, mas fingir ser outra pessoa ou não ser ninguém não é algo que ocorra naturalmente. Ficar pensando se você se revelou demais na internet, a ponto de vir a ser identificado, é um novo problema social em que não somos lá muito bons. Mesmo assim, mais um neologismo saído da web entrou na língua inglesa em 2002, quando Heather Armstrong, uma designer de sites de Los Angeles, se viu desempregada graças a comentários que fez sobre as colegas em seu blog, o dooce.com. A lista de pessoas que foram *dooced*, porque seus posts pouco lisonjeiros não eram tão anônimos quanto elas pensavam, não para de crescer.

É difícil imaginar que alguém vá correr esse tipo de risco no mundo real, em meio a sinais de alerta que nos ajudam a proteger nossas reputações. Veja o caso do *sockpuppeting*, por exemplo: é impossível saber quantos autores foram bem-sucedidos nisso, o que não quer dizer que seja algo inteligente de se fazer, da mesma maneira como o fato de você não ser pego 90% das vezes em que rouba um chiclete não valer o risco de ser preso naquela vez em que for pego.

Um *sockpuppeter* de sucesso se beneficia de uma cotação um pouquinho mais alta na Amazon, comentários ligeiramente mais positivos, ou uma definição mais generosa na Wikipedia. E corre o risco de, na melhor das hipóteses, virar alvo de chacota. Num mundo em que o Google é combinado com a tendência à negatividade das pessoas, o crítico Lee Siegel sempre será associado ao fato de ter se descrito como "brilhante, corajoso e mais inteligente do que [Jon] Stewart jamais vai ser" no fórum da revista *New Republic*, enquanto o historiador Orlando Figes será sempre o cara que usou a Amazon para descrever seu livro como "bonito e necessário", enquanto o livro de um rival ele chamou de "denso" e "pretensioso". Na pior das hipóteses, o *sockpuppeter* irá em cana. Em novembro de 2010, Raphael Golb foi condenado por bullying na internet, depois de desrespeitar professores universitários que discordaram das opiniões de seu pai historiador, sobre a origem dos Manuscritos do Mar Morto.

A maior preocupação com a sociedade na internet, porém, não é que ela exiba um grau de anonimato difícil de medir e igual a uma colcha de retalhos, mas que ela destrói a privacidade. Uma parte cada vez maior do nosso passado fica registrada e torna-se acessível a qualquer pessoa, para todo o sempre. Talvez, com aquilo que já sabemos sobre o poder que a visibilidade tem para incitar o bom comportamento, nós venhamos a viver uma era de ouro da civilidade.

No entanto, estar em público não é a mesma coisa que perder sua privacidade. Mark Zuckerberg, fundador do Facebook, já observou que o interesse dos seres humanos pelas outras pessoas está no sangue. No entanto, esse interesse evoluiu num ambiente específico. Pela cultura e pela biologia, já estamos bem adaptados a um mundo de fofocas e de policiamento. Sabemos como administrar essas forças e os tipos de demandas que elas despejam sobre nós. É por isso que estar em público faz com que nos comportemos melhor. Agora, para um mundo de espionagem e de escuta a conversas alheias, não somos bem adaptados. Nesse caso, é mais difícil de saber que informação está sendo exibida e quais não estão e onde é mais difícil de administrar nossas reputações. Como no canto dos pássaros, mandamos nossas mensagens sem saber quem pode estar ouvindo escondido. E, também como os pássaros, vamos precisar partir do velho princípio de que alguém possa estar escutando discretamente nossa mensagem. As pessoas já estão se adaptando. Por exemplo, elas contam menos mentiras quando usam um e-mail permanente e facilmente compartilhado do que quando conversam ao vivo, por telefone, ou por mensagens instantâneas.[8]

Em alguns casos, uma redução no anonimato pode fazer verdadeiras maravilhas. Frotas de veículos que colam adesivos do tipo "Como estou dirigindo?" com um número de telefone, para o qual os demais motoristas podem mandar seus comentários sobre o carro da empresa, viram o número de acidentes cair pela metade. Inspirado em exemplos como esse, Lior Strahilevitz, professor de direito na Universidade de Chicago, afirmou que a tecnologia pode "transformar ambientes muito abertos, onde a reputação não consegue frear comportamentos antissociais, em ambientes fechados, onde a reputação consegue frear com mais eficácia o mau comportamento".[9]

Strahilevitz defende que isso seja estendido a tudo e a todos, chegando a vislumbrar que um smartphone se transforme numa espécie de "computador vestível", capaz de carregar um registro do nosso comportamento na forma de whuffies, que podem então ser transmitidos para as pessoas à nossa volta. Ele sugere que isso pode acabar servindo como um antídoto contra as discriminações estatísticas (também chamadas de estereótipos), onde certos grupos saem em desvantagem porque seus membros têm um risco médio maior de exibirem determinados tipos de comportamento. Ele dá como exemplo as dificuldades que os afro-americanos têm de obter receitas médicas para analgésicos, porque os médicos correm o risco de serem processados e presos se os remédios forem parar no mercado negro. A reputação eletrônica, sugere Strahilevitz, tornará mais fácil fazer com que as pessoas sejam vistas como indivíduos que devem ser tratados com justiça, e vai dificultar que os vigaristas consigam escapar de suas reputações.

O poder conjunto das câmeras dos celulares e da internet para expor o mau comportamento já levou à criação de sites como o Ihollaback.org, que posta fotos e relatos de homens que ofendem mulheres na rua. Sites cujos nomes são dontdatehimgirl.com (nãonamoreessecaragarota.com) e iparklikeanidiot.com (eusouumidiotaestacionando.com) são autoexplicativos. Mas, além de trazer esse tipo de benefício, monitorar o comportamento das pessoas dessa maneira tem seus limites e suas armadilhas. Sempre haverá a possibilidade de as pessoas tentarem inflar suas avaliações, ou que esses sistemas sejam usados com má-fé. Porém, desde que ninguém cometa o erro de criar no sistema um ponto de encontro marcado pelo ódio, como aconteceu com o Sims, ele pode ser desenhado para se defender contra avaliações armadas, como, por exemplo, descartando as cotações extremas. As complicações humanas são mais difíceis de consertar.

Para começar, a pessoa exposta tem que realmente se sentir envergonhada pelo que fez. O movimento Hollaback contra abusos nas ruas começou em Nova York, em 2005, quando Thao Nguyen, uma designer de websites de 22 anos, fotografou um homem se masturbando em frente a ela num vagão de metrô e postou numa webzine feminista chamada *Laundromatic*. A imagem se espalhou pela internet e acabou indo parar na primeira página do *Daily News*. Posteriormente, o sujeito foi identificado como Dan Hoyt, um dono de restaurante e chefe de cozinha especializado em carne crua, que já havia sido condenado anteriormente por atentado ao pudor. Ele havia sido preso por este último crime e estava cumprindo dois anos de liberdade condicional, mas nem se preocupou com isso, declarando à revista *New York* que já viu "muita mulher que gosta" e que, se Nguyen o tivesse conhecido em outras circunstâncias, "talvez tivesse saído comigo".[10]

Sites como o Hollaback permitem que as mulheres se conectem, se comuniquem e publiquem os assuntos que as incomodam; permitem que os homens saibam com que tipo de coisa as mulheres têm de lidar no dia a dia; e dão a elas uma sensação de controle e de poder para punir. A fofoca on-line, assim como sua correspondente no mundo real, é uma arma bastante útil contra quem quer que abuse de um poder físico, político ou financeiro, sejam eles molestadores sexuais, policiais violentos, empresas inescrupulosas ou políticos hipócritas. O potencial para se ver exposto não para de crescer. O Google está tentando incorporar software de reconhecimento de rosto em suas buscas de imagem, de modo que, quando você fotografar o seu agressor no ônibus, já possa saber quem ele é, encontrar sua página no Facebook e contar para todos os amigos dele.

Pelo menos até agora, é um tanto duvidoso que a punição realmente atinja os culpados e os envergonhe a ponto de se emendarem. As feministas cibernéticas e os molestadores sexuais dificilmente vão ter conexões sociais ou normas em comum — sendo que alguns homens veriam sua imagem num site de molestadores sexuais como uma verdadeira honraria. De modo que é difícil que a pressão social e a reputação sejam transferidas de um grupo para o outro. Já foi sugerido que, ao facilitar a maneira para pessoas semelhantes se encontrarem, a sociedade virtual acaba transformando esses grupos sociais em guetos. Assim, pessoas que gostam de comer carne crua só falam com outros aficcionados por carne crua, criando uma câmara de eco onde as pessoas só falam às outras o que elas querem ouvir e se tornando intolerantes com qualquer outro ponto de vista. Em contrapartida, na escola, no trabalho e nos bairros em que moramos, vivemos misturados com outras pessoas e precisamos fazer algum esforço para nos dar bem com elas, mesmo que não sejam exatamente como nós, o que acaba nos tornando mais tolerantes.

Há outros problemas em se confiar demais nas conexões sociais on-line para formar uma reputação. Poucos de nós achariam que se masturbar em público seria uma questão delicada de etiqueta, mas a maioria de nós concorda que há muitas situações em que não dá para distinguir tão nitidamente o certo do errado, ou, para usar a terminologia do feedback, se uma coisa é +1 ou -1. Os indícios mostrados pelos sistemas de reputação on-line são de que a comunicação e o monitoramento eletrônicos são mais justos e eficientes na hora de regular o comportamento em circunstâncias específicas e limitadas, quando o que se julga são os atos e não as pessoas, e a definição de bom comportamento é clara e universalmente aceita. No momento, o mesmo deve valer na hora de usar essa tecnologia como um registro automático de reputação, para reger o comportamento de alguém no mundo real. Dirigir perigosamente é um bom exemplo, porque todo mundo sabe o que é e não há o que se desculpar. Outros não são tão fáceis quanto parecem. Quando eu entrei no site Howsmynanny.com (comoaminhababaestasecomportando.com), fiquei feliz de eu não ter um adesivo escrito "Você acha que eu sou um bom pai?" nas minhas costas, com um número de telefone que permita que outras pessoas me dedurem quando estou de pavio curto ou permissivo demais. Quanto mais a situação for complexa e subjetiva, mais problemático se torna o feedback pela internet: os usuários de sites de namoro on-line se dizem mais propensos do que qualquer outro grupo a encontrar coisas imprecisas ou constrangedoras sobre eles na internet.

 Só porque as reputações on-line se saem melhor quando são mais focadas, isso não quer dizer que é assim que as pessoas vão usá-la. As redes sociais dificultam a chamada compartimentalização da vida, porque criam links entre os grupos, como família, amigos e companheiros de trabalho, que antes quase não se sobrepunham. O anonimato da internet também faz com que as pessoas sejam muito agressivas e prontas para julgar facilmente as outras, e há muitos exemplos de pessoas que cometeram pequenos deslizes — como plagiar um artigo universitário, ou roubar um telefone celular — que acabaram gerando uma torrente de comentários furiosos em cima delas. Se lhe pegam fazendo uma besteira no YouTube, você corre o risco de receber uma tsunami de chacotas, como aconteceu com Ghyslain Raza, mais conhecido como o Garoto Guerra nas Estrelas (Star Wars Kid), que fez um vídeo de si mesmo manuseando um pegador de bolas de golfe como se fosse um sabre de luz. Seus coleguinhas de colégio puseram o vídeo na internet, e ele já atingiu 900 milhões visualizações. Ele precisou mudar de escola e ter acompanhamento psiquiátrico.[11]

 A privacidade está mais para uma conveniência do que para um direito. É uma coisa que podemos ter em nossa vida se estivermos inclinados a isso e tivermos a tecnologia necessária (ou seja, uma casa com paredes e quartos separados). Ela também vai depender do quanto as outras pessoas vão querer se meter na nossa vida e como elas vão julgar nossas tentativas de revelar ou esconder o que fazemos. Várias sociedades no mundo inteiro têm atitudes diferentes quanto à privacidade. Como o pesquisador de idiomas John Locke observou, há muitos grupos onde se parte do princípio de que, se uma pessoa não pode ser vista, é sinal de que ela está aprontando alguma coisa. Ele cita o estudo da antropóloga Gillian Feeley-Harnik sobre o povo Sakalava, de Madagascar: "Ficar sozinho em casa é considerado um sinal certo de más intenções. (...) O sigilo e o isolamento indicam, na melhor das hipóteses, falta de generosidade e uma busca pela distinção, que por sua vez é considerada suspeita e antissocial."[12]

No Ocidente, a sociedade on-line está reformulando nossas normas, criando tensões e obrigando as pessoas a optarem entre a privacidade e a liberdade de expressão, a autonomia e as ligações sociais e a expressividade e as boas maneiras. A palavra de 2008 do dicionário Webster foi *overshare* (compartilhar demais), inspirada, aparentemente, pela ansiedade que as pessoas têm de mandar sua privacidade às favas, antes que os outros tenham a oportunidade de arrancá-la delas.

Mas o que pode parecer um excesso de autorrevelações não precisa ser necessariamente ruim. Especialmente para os rapazes, o desleixo pode ser estratégico. Um grupo de pesquisadores franceses perguntou a mais de 12 mil usuários da internet que tipo de foto eles colocariam em seus perfis e descobriram que os rapazes tinham mais chances de colocar uma foto com um misto de nudez, exibicionismo, atividade física, bebedeira, alguma atividade arriscada ou coisas desse gênero.[13] Pelo menos alguns rapazes parecem usar seus perfis nas redes sociais da mesma maneira como disputam rachas em carros e compartilham arquivos ilegalmente — como sinais dispendiosos de força física e mental, ou de ter tantos recursos que podem até se dar ao luxo de destruir. Os biólogos evolucionistas chamam isso de princípio do handicap (ou da desvantagem), em que se acredita que o emissor do sinal mostra o quanto ele está bem de vida fazendo coisas idiotas e mesmo assim se safando. Utilizando perfis falsos, outra equipe de pesquisadores descobriu que, quando postavam comentários sobre bebedeiras no mural de um homem no Facebook — do tipo "Nossa, você estava chapado ontem à noite!" —, ele acabava sendo mais bem-visto pelos observadores.[14] Com as mulheres acontecia justamente o contrário, mostrando que a tecnologia pode ter mudado, mas o duplo padrão sexual continua existindo até hoje.

O excesso de compartilhamento a que se dedicam os jovens não serve só para transar. Os jovens estão estabelecendo suas identidades, formando alianças que podem durar a vida inteira e competindo por status. Compartilhamos informações sobre nós mesmos e sobre os outros para que as pessoas com quem compartilhamos gostem da gente e confiem em nós, e reunimos informações sobre os outros para decidir se vamos ser seus amigos ou diminuí-los. Contar um segredo a alguém é lhe dar algo de valioso e se colocar em seu poder.

Além da desinibição generalizada causada pela sensação de anonimato, outra razão para as pessoas compartilharem coisas demais na internet é, acredito eu, o fato de as informações sociais na rede terem menos poder do que num encontro pessoal. No mundo real, o simples fato de estar com outra pessoa é sinal de compromisso com a relação. O outro já sabe que você lhe dá valor antes mesmo de você abrir a boca. Na internet, nós não temos esse elemento para construir reputações, e no lugar disso acabamos acelerando a troca de informações, e as ligações vão sendo estabelecidas quando se oferecem detalhes mais íntimos. Um estudo revelou que os bloggers "de primeira linha", que têm mais de cem links de outros blogs, tendem a revelar mais sobre si mesmos do que um blogueiro mediano.[15] Outro estudo revelou que, quanto mais você passa informações sobre si mesmo no Facebook, mais amigos você tem, porque com isso as pessoas podem ver que vêm do mesmo lugar ou gostam das mesmas coisas que você.[16] A mesma fraqueza relativa das ligações sociais pode explicar, em parte, por que as críticas na internet são tão agressivas. Não temos nada a não ser palavras para punir as pessoas que desaprovamos, por isso escalamos os ataques verbais.

Esconder demais é tão prejudicial socialmente quanto revelar demais — mas o que é "demais" está sempre se modificando. Pode ser também que as pessoas possam estar aprendendo a administrar suas reputações não por esconder as coisas constrangedoras, mas por revelá-las e com isso, ao assumir o comando da narrativa, reduzirem o valor do incidente como fofoca — e consequentemente sua capacidade de produzir algum dano. Se você mesmo é que conta a história, é mais difícil os outros a usarem contra você. A dificuldade cada vez maior de manter segredos já fez com que algumas empresas adotassem uma linha de "transparência radical", utilizando táticas como os blogs dos empregados para revelar como é feita a tomada de decisão nas empresas, incluindo as mancadas que elas dão pelo caminho. E o mesmo está começando a acontecer com as pessoas.

A flexibilidade da atitude humana em relação à privacidade e a capacidade de que dispomos de nos adaptar a novas condições sociais me deixam relativamente tranquilo em relação ao efeito que as interações e exposições on-line vão ter em nossa vida social. Algumas pessoas certamente vão ter mais talento em lidar com isso, enquanto outras vão se machucar, mas o mundo sempre foi assim. À medida que soubermos mais uns dos outros, nossos julgamentos vão mudar, porque certos tipos de informação não vão mais fazer diferença ou ter utilidade alguma. Como os parlamentares ingleses e os banqueiros de investimentos mostraram, se todas as pessoas de um grupo estão fazendo a mesma coisa, e todo mundo sabe, então isso é considerado normal, e não uma vergonha. As pessoas estão aprendendo a moldar sua comunicação para proteger suas reputações — como, por exemplo, orientando seus perfis no Facebook para atividades que vão impressionar os reitores das universidades, em vez dos amigos.[17] Uma pesquisa realizada pela Pew Internet e pelo American Life Project, publicada em maio de 2010, descobriu que aqueles que eles chamam de "geração milênio" (cujas idades vão dos 18 aos 29 anos) têm mais chances do que qualquer outro grupo de publicar na internet coisas das quais depois se arrependerão, e mais chances de terem encontrado algo de constrangedor ou equivocado sobre eles.[18] Mesmo assim, eles eram os curadores mais esmerados de seus perfis on-line, tinham mais chance de terem pedido a alguém para excluir informações sobre eles e mais chance de terem customizado suas configurações de privacidade nas redes sociais — além de serem os que mais desconfiavam das empresas que administram esses sites.

A ameaça vem não do fato de nos revelarmos uns aos outros e todas as fofocas inflamáveis que podem surgir — Ghyslain Raza não deixou de entrar na faculdade de direito por causa disso —, mas de nos revelarmos a empresas e governos que sabem mais sobre nós do que nós sobre eles. Nesse momento, 35% dos empregadores americanos admitem que rejeitam um candidato depois de examinarem seu perfil numa rede social.[19] As empresas fornecem perfis que resumem a atividade de alguém na internet e se você se revelar num site pode acabar sendo identificado em outro, mesmo que tenha usado o primeiro site anonimamente. Pode-se até ansiar por mudanças legais, de modo que certas partes de nossas vidas continuem inacessíveis aos poderosos — como acontece com os registros médicos —, mas é difícil imaginar que isso vá acontecer e que algum dia será transformado em lei. O mais provável é uma corrida comportamental e tecnológica entre indivíduos e instituições sobre que pistas se devem deixar na internet.

O escritor Arthur C. Clarke é visto, muitas vezes, como um visionário tecnológico, mas ele também pensava um pouco sobre evolução. Em seu romance de 1953, *O fim da infância*, as crianças do mundo perdem sua individualidade e passam a ser parte de uma entidade pan-galática chamada Overmind. Falando como alguém cuja adolescência foi registrada em meia dúzia de rolos de filme e que se lembra de ter esperado as páginas da web serem carregadas num browser Mosaic, parece que estamos passando por uma versão light disso. Como dizia a escritora Susan Maushart, o uso da mídia se tornou "invasivo, invisível e envolvendo quase tudo o que as crianças pensam, falam e fazem".[20] Os que já nasceram na era digital estão sempre ligados na internet e uns nos outros, e a diferença entre as sociedades on-line e offline fica menos significativa a cada minuto que passa.

No romance de Clarke, o salto para a total interconexão social leva à extinção da humanidade e à destruição da Terra, mas parece que estamos até indo muito bem com a nossa versão atual e não galáctica da socialidade. Nossa espécie se vê diante de problemas de ação coletiva e tragédias de pessoas comuns que ameaçam desfazer o trabalho de milhares de anos de cooperação. A reputação ajudou a resolver esses problemas dentro dos grupos em que vivemos. Mas será que isso funcionaria com o mundo inteiro?

CAPÍTULO 12

Nós e eles

Quando Richard Alexander era menino numa fazenda do Illinois, várias décadas antes de pensar em assuntos como evolução, comportamento humano e reciprocidade indireta, a mãe dele costumava levar a família para uma pequena igreja numa cidade que, segundo ele, desapareceu. Toda semana, o padre terminava a missa pedindo que Deus abençoasse os presentes e todos os da congregação que estavam doentes e não puderam comparecer. "Eu costumava ficar sentado ali quando criança", conta Alexander, "e pensar. Caramba, ele realmente limita muito as coisas."

Aquele padre estava ensinando uma lição sobre a natureza humana. As pessoas são sociáveis e cooperativas — mas não com todo mundo. Somos mais bondosos com as pessoas da nossa tribo, nossa fé e nossa nação do que com as outras. Tapear ou perseguir um membro do nosso grupo costuma ser um ato de desespero ou psicopatia. No entanto, quando grupos diferentes entram em conflito — sobre território, comida, água, recursos minerais ou religião —, esses mesmos seres humanos tão altruístas vão se tratar com selvageria, desde que acreditem que suas vítimas são de um grupo diferente. Antes de as pessoas tentarem destruir umas às outras, elas as rotulam de outsiders.

A necessidade de favorecer as pessoas de nosso grupo é tão arraigada que não é preciso nem ter uma história, ideais ou interesses comuns. Pode acontecer em qualquer momento que as pessoas são divididas em grupos de qualquer tipo, mesmo que as diferenças sejam mínimas. Um pioneiro no estudo de nossos instintos discriminatórios foi o psicólogo Henri Tajfel, um judeu nascido na Polônia, que teve a maior parte da família assassinada pelos nazistas. Num artigo clássico publicado em 1971, Tajfel e seus colegas descreveram suas experiências com o que se tornou conhecido como grupos mínimos.[1] Tajfel pediu a uma sala de meninos ingleses, de cerca de 15 anos de idade, para fazerem um julgamento arbitrário. Numa experiência, pediu que eles adivinhassem o número de pontos que piscavam numa tela. Aí, dividiu os meninos naqueles que chutaram mais para cima e naqueles que chutaram mais para baixo. Em outra experiência, Tajfel lhes mostrou quadros de Paul Klee e de Wassily Kandinsky e criou grupos de fãs de Klee e admiradores de Kandinsky. O fato é que as duas experiências simplesmente ignoraram as decisões dos meninos e os colocaram aleatoriamente em grupos.

Um grupo mínimo parece ser uma coisa ridícula. Os integrantes não se conhecem. Não sabem quem mais faz parte do grupo, que só dura o tempo da experiência. Ser membro de um grupo não oferece benefícios, nem implica qualquer desvantagem. Mas para Tajfel, essa era exatamente a questão: os grupos mínimos permitiam que ele separasse o ato de participar do grupo de todas aquelas coisas que influenciam a maneira como tratamos uns aos outros.

Depois que os grupos mínimos foram criados, cada menino foi mandado sozinho a uma sala, onde deveria dividir uma quantia em dinheiro entre dois outros garotos que só eram identificados através de um número. Quando um menino dividia o dinheiro entre membros do mesmo grupo — fosse o seu, ou outro qualquer —, a tendência era que ele dividisse da maneira mais justa possível. Mas quando lhe pediam que dividisse o montante entre uma pessoa do seu grupo e um membro de outro grupo, os meninos escolhiam a divisão que maximizava a diferença entre ambos, colocando assim sua equipe — anônima, arbitrária e efêmera — o máximo que pudesse à frente da outra.

Tajfel concluiu que as pessoas se definem ao mesmo tempo como "eu" e "nós", tanto como indivíduos quanto como membros de diversos grupos. Esse senso de identidade social, como ele o chamou, nos leva a fazer comparações e a criar diferenças entre a nossa turma e a dos outros, e promover os interesses do grupo às custas dos demais. Como o nosso grupo é responsável por parte de nossa identidade, tratá-lo bem ou tratar mal as pessoas dos outros grupos nos deixa com uma boa sensação. Aqui estão, talvez, as sementes do preconceito que, num ambiente político e social errado, podem gerar frutos realmente tenebrosos.

Desde então, vários outros estudos repetiram a descoberta de que as pessoas preferem seu próprio grupo, mesmo que este seja mínimo. Agora, dizer que as pessoas querem se sentir bem em seu grupo é como dizer que elas querem ter autoestima porque isso nos faz sentir bem, ou desejam comer bolo de chocolate porque é gostoso. O que é que ganhamos ao direcionar nosso altruísmo a um membro do nosso grupo? A resposta, aqui também, parece ser... reputação.

Toshio Yamagishi, psicólogo na Universidade de Hokkaido, no Japão, já realizou muitos estudos com grupos mínimos, geralmente dividindo as pessoas da mesma maneira que Tajfel fez com o teste de Klee x Kandinsky e obtendo resultados semelhantes. Mas ele também sabe como fazer essa predileção desaparecer.

Yamagishi e seus colegas conseguem isso manipulando o que as pessoas sabem sobre a identidade das outras. Por exemplo, em algumas experiências, cada jogador teve que escolher que proporção de 100 ienes daria ao parceiro. Os pesquisadores dobravam a soma no meio do caminho, de modo que dois jogadores que confiavam um no outro e que davam todo o dinheiro ao outro acabavam recebendo 200 ienes cada um. Ao mesmo tempo, haveria a tentação de ficar quieto e se aproveitar do outro, na expectativa de sair do jogo com 300 ienes.

Quando dois jogadores sabiam que pertenciam ao mesmo grupo mínimo, a contribuição média girava em torno de 30 ienes. Quando pertenciam a grupos diferentes, ela caía para 20 ienes. No entanto, quando diziam a um jogador que ele e o parceiro eram do mesmo grupo, mas que sua própria identidade ficaria em segredo, sua generosidade caía muito e ele só dava 24 ienes, o que estatisticamente era a mesma coisa que dar a alguém de um grupo diferente.[2]

Se as pessoas favorecessem seu próprio grupo porque sentiam afeição pelos integrantes e quisessem vê-los se dar bem, isso não deveria ter acontecido. Não deveria fazer diferença os outros saberem a que grupo você pertence. No lugar disso, a tese de Yamagishi e equipe é de que as pessoas favorecem os membros do próprio grupo porque o grupo é uma arena onde favores podem ser trocados, através das reciprocidades direta e indireta. "As categorias de grupo são apenas contêineres de vários tipos de interação social; o que conta é o que está dentro de cada contêiner e não o contêiner em si, vazio", escreveram.[3] Ser altruísta com os demais membros do grupo é o preço para entrar no contêiner, mas se ninguém lá dentro souber que você teve que pagar a entrada, então não há por que pagar. Da mesma maneira, Manfred Milinski e seus colaboradores descobriram que, se você criar conexões, em vez de cortá-las, e disser às pessoas de um grupo como um novo membro se comportou em seu grupo anterior, nesse caso a reputação promove a cooperação, tanto quanto dentro de um grupo.[4] Essas experiências mostram como a informação pode se sobrepor ao preconceito, mas os pesquisadores tiveram que dar muito duro para manter todas as outras coisas iguais. Fora de um laboratório, todas as outras coisas não são iguais, e os grupos de que as pessoas participam estão muito longe de serem mínimos. Os preconceitos têm raízes na história, na cultura e nas fofocas. Um estereótipo é um tipo de reputação; e, assim como ocorre com a reputação de um indivíduo, ele serve mais às pessoas que o manipulam do que às pessoas rotuladas — e pode ter muito pouca relação com o comportamento em si.

Na experiência original de Tajfel, os meninos que dividiam o dinheiro não sabiam quem os estava recompensando, mesmo assim exibiam um favorecimento. Yamagishi acredita que isso acontece porque o favorecimento dentro de um grupo é ativado toda vez que uma pessoa sabe que faz parte de uma turma, e é preciso muito esforço consciente e uma informação muito clara para passar por cima desse comportamento. A vida em grupo e a reciprocidade são aspectos tão antigos, universais e fundamentais da vida humana que, a não ser que você receba uma instrução em sentido contrário, ter uma tendência a favorecer o seu grupo é a melhor atitude-padrão que você pode ter. É muito mais seguro partir do princípio de que você faz parte de um grupo cooperativo (que entretanto pode julgar cruelmente as pessoas) e por isso tratar bem os seus membros, do que se arriscar a ser expulso do grupo por não fazer a sua parte. Ao fazer com que os garotos distribuíssem o dinheiro entre si, Tajfel criou a ilusão de uma vida em grupo. Em outras experiências, todavia, a equipe de Yamagishi descobriu que essa propensão a favor do grupo desaparece se você tirar do jogo a reciprocidade e a interdependência. Se você pagar às pessoas um valor fixo para participar de uma experiência, por exemplo, em vez de atrelar seus ganhos à maneira como os outros voluntários se comportam, elas nem ligam para o grupo.

Outra experiência de Yamagishi e equipe mostra como é fácil ser considerado responsável por um grupo.[5] Os pesquisadores dividiram os voluntários em grupos de admiradores de Klee e de Kandinsky e então os fizeram jogar uma versão em computador do jogo do ditador, dividindo 900 ienes com um parceiro invisível, que não sabia a que grupo o ditador pertencia. Em situação de anonimato, os ditadores trataram os membros do grupo e de fora dele da mesma maneira e embolsaram a maior parte do dinheiro. No entanto, a coisa mudava se houvesse a imagem de um olho em cima do computador — no caso, um olhar fixo e ameaçador, com uma maquiagem de tigre usada pelos atores do teatro Kabuki, que por sua vez foi tirado de um cartaz de prevenção a crimes usado pelo Governo Metropolitano de Tóquio. O olhar era suficiente para ativar o favorecimento ao grupo. Os ditadores continuavam sem se mostrar dispostos a dividir seu montante com uma pessoa de outro grupo, mas ficaram significativamente mais generosos em relação a um membro de seu próprio grupo. Os olhos parecem ter ativado uma sensação de que o restante do grupo estava vendo e julgando.

Colocando de outra maneira: favorecemos nosso grupo porque são dessas pessoas que dependemos e a quem respondemos — e precisamos que elas nos aprovem. Duas pessoas sem conexões sociais se preocupam muito menos com a opinião e com o destino uma da outra. Uma coisa que faz com que as pessoas se aproveitem de outros grupos é que a reputação delas não conta. Se você estiver com um membro de outro grupo e o tratar bem, as pessoas do seu grupo não vão recompensá-lo, porque não vão saber da sua bondade; e as pessoas do outro grupo não vão recompensá-lo, porque não terão essa oportunidade. Se os grupos estiverem em conflito, seu próprio grupo poderá ver essa demonstração de altruísmo como uma verdadeira traição. Sua reputação termina onde seu grupo termina, e é por isso que, como no caso dos doadores anônimos, aqueles que ajudam as pessoas de outros grupos podem ser vistos como especialmente nobres. A parábola do Bom Samaritano mostra exatamente isso: que a caridade atravessou a fronteira do grupo, tendo ele ajudado um judeu, mesmo com toda a animosidade existente entre os povos.

Se Michael Bay algum dia vier a filmar o Novo Testamento, ele pode dar mais vigor a essa cena, ainda que preservando sua essência, fazendo o Bom Samaritano entrar em cena antes e derrotando os ladrões. Isso porque a punição, assim como a cooperação, também precisa lutar para ultrapassar os limites do grupo. Em outra experiência que combinou o jogo do ditador com uma oportunidade de pagar para exercer uma punição, Yamagishi percebeu que os carrascos dirigiam sua fúria contra o próprio grupo, se preocupando mais em punir os membros não cooperativos internos do que os trapaceiros de outro grupo.[6] Os carrascos também sentiam mais raiva e uma sensação maior de injustiça quando os trapaceiros eram pessoas próximas a eles do que quando eram de um grupo diferente.

Uma equipe de pesquisadores liderada pelo economista Ernst Fehr, cujo trabalho sobre punições altruístas e reciprocidade forte foi analisado no Capítulo 6, realizou uma experiência semelhante nas montanhas da Papua Nova Guiné, onde várias tribos diferentes vivem em diferentes estados de tolerância e hostilidade.[7] Os voluntários saíram de dois grupos, os Wolimbka e os Ngenika, que eram neutros entre si — não viviam em guerra, mas também não mantinham contato próximo. Aqui também, eles disputaram um jogo onde se podia punir um terceiro. Duas pessoas participavam do jogo do ditador — em que uma delas decidia se deveria dividir algum dinheiro com a outra — e então um observador tinha a chance de exercer uma punição.

Quando os três jogadores vinham do mesmo grupo, os carrascos eram particularmente duros com os ditadores injustos. Mas se o ditador e o carrasco vinham de um grupo e o receptor do outro — por exemplo, se um wolimbkano tinha que tomar a decisão de punir, às suas custas, outro wolimbkano por ter sido injusto com um ngenikano —, aí os ditadores davam menos e os carrascos puniam menos. Os ditadores acreditavam, acertadamente, que um membro de seu próprio grupo não gastaria muito para punir um parceiro de tribo que havia sido maldoso com um participante do outro grupo. Da mesma maneira, se um wolimbkano tivesse que julgar as ações de dois ngenikanos — caso em que ele teria que gastar dinheiro para policiar outro grupo —, ele gastava menos em punições, porque não tinha motivo para se preocupar se os membros da outra tribo estavam se tratando de maneira desleal. À medida que aumenta a distância social, diminui a probabilidade de que o comportamento das outras pessoas vá nos afetar — e o mesmo ocorre com a nossa disposição em fazer algo a respeito. Um assalto no seu bairro pode lhe deixar mais abalado do que um massacre num país distante. O limite do seu grupo é aquele ponto em que o que você faz deixa de ser problema dos outros, e o que os outros fazem deixa de ser problema seu.

A lógica de priorizar os membros do próprio grupo na eventualidade de uma punição é bastante óbvia. Punir alguém é dispendioso, por isso, para valer a pena, é preciso que se receba algo em troca, como a reputação de ser um vingador com espírito público, ou com um comportamento mais correto da pessoa que é punida. No entanto, sem ter contato regular com a pessoa que você puniu, ou com a plateia que viu você punir, não vai receber nenhuma das duas coisas.

Mas o fato é que tanto as experiências de Yamagishi como os estudos de Fehr trouxeram também algumas surpresas. No caso de Yamagishi, os jogadores que deram o mínimo para seu próprio grupo foram os que mais gastaram na hora de punir os membros do outro grupo. Talvez isso tenha acontecido, sugeriram os pesquisadores, porque os jogadores egoístas não se viram movidos por uma sensação de ressentimento moral, mas pela competição pura e simples e quiseram aumentar o máximo possível a diferença de ganhos entre eles e os outros — mais ou menos como os meninos da experiência original de Tajfel. Para apoiar essa tese, quando não podiam utilizar a punição para criar desigualdade — ou seja, quando o custo era igual ao impacto causado, de maneira que cada iene gasto na punição só tirava um iene do castigado —, esse tipo de punição extragrupo praticamente sumiu.

Esse resultado mostra uma maneira como as sociedades podem aumentar o poder das punições. Aparentemente, elas vão ser mais eficazes, não quando são mais duras ou humilhantes, mas quando parecem partir da própria comunidade do ofensor, das pessoas de quem ele é mais próximo. O criminologista australiano John Braithwaite faz uma diferenciação entre uma "vergonha reintegrativa", que fortalece os laços entre o ofensor e a sociedade e com isso o incentiva a voltar para o rebanho, e a "vergonha estigmática", que corta esses laços e aumenta ainda mais a distância entre ele e o grupo. Essa ideia dá suporte à chamada justiça restaurativa, onde os ofensores enfrentam as consequências do crime encontrando suas vítimas, construindo assim laços sociais — mesmo que seja só pelo contato visual — com as pessoas que prejudicaram. Os infratores nesses casos também falam sobre como suas ações afetaram sua própria família e amigos, enfatizando assim os laços sociais que eles já têm. Essa abordagem parece especialmente eficaz na hora de reduzir a reincidência. Por outro lado, um ponto fraco em potencial das punições vexatórias, como fazer os criminosos ficarem de pé, do lado de fora das lojas que roubaram, com uma bandeja de sanduíche no pescoço anunciando os crimes que cometeram, ou fazer os presidiários usarem roupas de cores berrantes enquanto trabalham, é o fato de eles ficarem estigmatizados e geralmente serem administradas de cima para baixo, por pessoas que não têm qualquer ligação com aqueles alvos. Esses, no caso, podem se sentir mais atacados do que envergonhados.

É fácil se esquecer de que a melhor razão para investir em punições é mudar um comportamento, e não fazer os infratores sofrerem ou dar prazer aos cidadãos que respeitam as leis (Santo Tomás de Aquino acreditava que uma das vantagens do Céu era poder ver os amaldiçoados sofrerem). Parece uma obviedade, mas essa raramente é a maneira como utilizamos as punições. Seria melhor para nós se os criminosos achassem que são parte da vida cotidiana, e não do submundo criminoso, ou se os encrenqueiros das escolas se identificassem com os colegas bonzinhos, e não com os mal-educados. No entanto, quando lidamos com pessoas que tornam a nossa vida mais difícil, tendemos a enfatizar o que elas têm de diferentes do restante de nós. Pesquisas sobre reputação mostram que, frequentemente, essa é exatamente a decisão errada. O ostracismo — que é, basicamente, o objetivo da prisão e da exclusão — deveria ser uma medida de último recurso, porque excluir alguém também é uma forma de deixá-lo solto no mundo. Depois que uma pessoa (ou grupo, ou país) sai do convívio comum, sem ligações com pessoas que têm padrões diferentes e sem chance de se redimir, seu interesse próprio não lhe dá nenhuma razão para se comportar de uma maneira que não seja egoísta.

 A experiência na Papua Nova Guiné também revelou um entusiasmo inesperado em punir os integrantes de outros grupos. Fehr e seus companheiros esperavam poucas punições quando o ditador fosse de um grupo e o receptor e o carrasco do outro. Nesse tipo de situação, o ditador não viola nenhuma norma se for mesquinho, porque não se espera que as pessoas sejam generosas com quem está no outro grupo. No entanto, o fato é que os carrascos nesse tipo de situação foram ainda mais severos do que quando todos os três jogadores pertenciam ao mesmo grupo. Esse padrão de punição é difícil de explicar, tanto em termos de benefício individual para o carrasco, ou pelo tipo de efeito grupal que a reciprocidade forte prevê. Talvez, imaginaram os pesquisadores, ao se vingar fortemente de um outsider que joga duro com um membro de seu próprio grupo, os carrascos estivessem tentando evitar um ataque vindo de fora. Se for esse o caso, o comportamento daqueles ilhéus da Papua Nova Guiné se encaixa como uma luva em vários milênios de raciocínio sobre como evitar um ataque.

 Adam Smith conhecia bem as ligações entre a reputação, o contato social e o comportamento humano. Em sua *Lecture on the Influence of Commerce on Manners* (Palestra sobre a Influência do Comércio nas Boas Maneiras), ele escreveu:

> Onde as pessoas raramente lidam umas com as outras, vemos que elas são mais predispostas a tapear, porque podem ganhar mais com um truque esperto do que pelo mal que isso possa render a seu caráter. Aqueles a quem chamamos de políticos não são os melhores exemplos do mundo em matéria de probidade e correção. Menos ainda os embaixadores das diversas nações: ao contrário,

são elogiados por qualquer vantagem mínima que consigam obter e se empenham bastante nesse tipo de refinamento. O motivo é que os países não lidam uns com os outros mais do que duas ou três vezes num século, e podem ganhar mais com uma única fraude do que podem perder com sua falta de caráter.[8]

Contudo, uma característica que os países sempre se esmeraram em mostrar uns para os outros é a determinação. Desde que existem registros, os grupos sempre temeram que, se recuarem de certo confronto, seus outros inimigos vão perceber e pensar que eles são fracos, e assim ficariam mais propensos a atacar. Na *História da Guerra do Peloponeso*, escrita no século V a.C., o historiador Tucídides escreveu que seus compatriotas de Atenas conquistaram a ilha de Melos em parte para evitar parecer fracos para aqueles que pudessem desafiar seu império. O envolvimento dos Estados Unidos nos conflitos da Guerra Fria se ligava com frequência a questões de reputação. "Perdemos trinta mil homens na Coreia para manter uma boa imagem para os Estados Unidos e a ONU, e não para salvar a Coreia do Sul para os sul-coreanos", escreveu o economista Thomas Schelling em 1966, "e isso com certeza valeu a pena".[9] Um ano antes, John McNaughton, um professor que Schelling havia recomendado como conselheiro para o Departamento de Defesa americano, havia escrito um memorando ao secretário de Defesa Robert McNamara, alegando que o principal motivo para o envolvimento militar americano no Vietnã do Sul era "evitar uma derrota humilhante para os Estados Unidos (e para a nossa reputação de fiadores)".[10]

Mais recentemente, o presidente Bill Clinton alegou que a intervenção militar nos Bálcãs ajudaria a evitar limpezas étnicas em outros lugares, e em 2006 o presidente George W. Bush afirmou que uma retirada do Iraque "fortaleceria a posição dos terroristas e os ajudaria a alistar novos recrutas".[11]

Os indivíduos dão valor à honra e à determinação em situações em que eles têm que se defender, mas não podem contar com a ajuda da comunidade como um todo. Um país não pode esperar que outro venha a ajudá-lo se for atacado, e não há uma polícia militar internacional em posição de obrigar o cumprimento das normas e punir eventuais transgressões. Normalmente se diz que as principais características das relações internacionais são a anarquia e o autointeresse. Isso é muito parecido com uma cultura da honra, de modo que não é de surpreender que os países sempre tenham dado muito valor a parecerem determinados.

No entanto, desde que a Guerra Fria acabou, os professores acadêmicos têm se mostrado muito mais céticos se a paz realmente funciona. Alguns, como Jonathan Mercer, da Universidade de Washington, chegaram a afirmar que, quando dois estados se encontram em conflito, as preocupações do presente — a saber, a força de cada parte e que valor elas dão ao que está em jogo — passa por cima do histórico de cada participante.[12] Mercer analisou uma série de confrontos entre as potências europeias nos anos anteriores à I Guerra Mundial e descobriu que, em cada crise, o passado pouco importava em relação ao presente. Com efeito, os confrontos internacionais se tornam jogos sem um histórico em que se basear. O passado não ensina nada e o olhar fixo no momento presente destrói a sombra do futuro, porque, se você der um passo em falso, pode não ter futuro. Consequentemente, os países têm mais chances de quebrar os compromissos que assumiram, quando há muita coisa em jogo.

Alguns estudos vão ainda mais longe e parecem colocar toda a lógica de evitar um combate de cabeça para baixo. No final de 2003, Mark Crescenzi, que estuda relações internacionais na Universidade da Carolina do Norte, tentava conseguir um DVD do *Toy Story* para dar de presente de Natal para o filho. O único lugar que parecia ter um à venda era o eBay, que na época era um lugar novo e onde poucas pessoas faziam compras. Experimentando o mercado da internet pela primeira vez, Crescenzi ficou interessado em saber que cada vendedor tinha uma avaliação que resumia seu comportamento prévio. Naquela época, Crescenzi estava tentando descobrir como modelos matemáticos poderiam ser utilizados para analisar de que forma a história influenciava a maneira como os países lidavam uns com os outros. Modelos matemáticos vêm sendo usados em ciência política desde a década de 1930, mas os modelos normalmente lidam com as interações entre nações num momento específico, porque a outra alternativa — analisar quem está observando quem e a que conclusões eles chegam — é tão complexa que fica difícil saber até de onde começar. Crescenzi pensou que, se ele pudesse bolar um tipo de avaliação ao estilo eBay para os países, poderia ser capaz de desenhar um quadro mais amplo e efetivamente medir o efeito da reputação nas relações internacionais.

Crescenzi teve a sorte de os seus colegas já terem reunido os dados em que essas avaliações poderiam se basear. Desde os anos 1960, bancos de dados bastante grandes foram desenvolvidos para reunir informações sobre interações internacionais de forma quantitativa. O Correlates of War Project (Projeto Correlações de Guerra), por exemplo, fundado em 1963, tenta transformar toda "disputa militarizada entre estados" desde 1816 (ou seja, logo depois que Napoleão saiu de cena) num formato numérico, com um ranking que vai de 0 (para um incidente resolvido sem qualquer atividade militar) a 5 (para uma guerra total), com manobras de infantaria, tiros de advertência e acontecimentos similares recebendo cotações entre um extremo e outro.

Crescenzi e sua equipe construíram um modelo que pegava todas as possíveis interações entre estados de 1817 a 2000 e, utilizando os dados sobre disputas militares, analisaram o que tornava uma guerra provável de acontecer.[13] Eles viram que uma fronteira comum aumentava as chances de uma hostilidade armada, assim como um histórico de conflitos entre dois países. De maneira menos intuitiva, porém, o modelo mostrou que, quando dois países se bicam, uma guerra se torna mais provável se um deles tem um histórico de brigar com outras nações. A reputação exerce uma influência, mas não da maneira prevista pela tradicional teoria de evitar conflitos. Se um país mostra uma predisposição em lutar, o público internacional não o vê como determinado, e sim como agressivo e por isso passa a tratá-lo de maneira mais desconfiada e hostil. Isso bate com a ideia revelada nas experiências com indivíduos e tribos de que uma ação punitiva vinda de fora do grupo não é vista como punição, e sim como mero ataque e por isso provoca uma resposta emocional diferente. Em certo sentido, não é de surpreender. Se você sair por aí semeando confusão, diz o estudo de Crescenzi, vai acabar se metendo em mais brigas, efetivamente. Ele sugere que, se tem uma coisa que os países ganham com essas lutas, não é evitar um combate.

Pelo menos, é isso o que dizem os números. Os modelos de Crescenzi revelam uma tendência estatística sugerindo que a reputação é um fator na maneira como os países lidam uns com os outros — uma das muitas coisas que, somadas, fazem dois países partirem para a guerra, ou evitá-la. É difícil encontrar uma prova historiográfica de uma guerra específica que tenha sido travada ou evitada especificamente por uma questão de reputação — os líderes dos países são sempre muito zelosos na hora de alardear o histórico de determinações de seus povos, mas raramente invocam a reputação do país rival como motivo de sua política em relação a ele. Mesmo assim, Crescenzi acredita que artigos do início da década de 1950 mostram que a política americana em relação à União Soviética nos primeiros anos da Guerra Fria foi motivada pelas observações dos diplomatas sobre como o regime de Stálin reprimia os próprios cidadãos.[14]

Em algumas áreas da vida internacional, a reputação funciona exatamente da maneira que se espera dela. O economista David Tomz analisou os empréstimos feitos pelos países nos mercados internacionais de títulos de dívida entre meados do século XVIII e o início do século XX. E descobriu que países que não honravam seus compromissos (como a Grécia) tinham que pagar juros mais altos nos empréstimos posteriores, e aqueles que mantinham os pagamentos em dia até nos piores momentos — como durante a depressão mundial da década de 1930 — eram recompensados com taxas mais baixas.¹⁵ Os emprestadores do mercado internacional de títulos, que não têm um líder e são movidos pelo interesse próprio, não têm muitos meios para obrigar os estados a honrar suas dívidas, mas a reputação lhes confere um enorme poder.

Desde o tempo de Adam Smith, as pessoas, o dinheiro, os bens e a informação ficaram cada vez mais móveis. As conexões internacionais que a mobilidade cria transformaram a reputação internacional numa força poderosa. Em 1990, o especialista em relações internacionais Joseph Nye enfatizou a importância do que ele chama de *soft power* para descrever a capacidade de um país de exercer sua influência através da atração, dando às pessoas as coisas que elas valorizam e um exemplo a seguir, em contraste com a dureza do poder militar que os estados sempre utilizaram para conseguir o que queriam. O poder duro (*hard*) e o *soft* correspondem exatamente aos conceitos de dominação e prestígio de que tratamos repetidas vezes ao longo deste livro.

No entanto, países e outros players na arena internacional, como as multinacionais, não têm essa mesma disposição para tratar as pessoas numa área, baseados na maneira como se comportam em outra. Tomz, por exemplo, verificou que os países raramente usam a punição (se é que usam) na forma militar ou de sanções comerciais, para ajudar seus credores a receber o dinheiro devido por governos estrangeiros. Em vez disso, os países têm várias reputações, tanto no quesito em como as outras nações os veem — a impressão passada pelos Estados Unidos vai mudar se você vir o país da Inglaterra ou da Coreia do Norte — e de vários outros aspectos de seu comportamento.¹⁶ No Chile da década de 1970, a ditadura militar de Augusto Pinochet derrubou um governo eleito democraticamente e sequestrou, torturou e matou seus opositores. Mas a reputação do país em matéria de desrespeito aos direitos humanos teve pouco impacto em relação aos investidores internacionais. Estes estavam mais preocupados com sua reputação de estabilidade econômica, que a junta militar aumentou, ao devolver os ativos que o regime anterior havia estatizado.[17] Como os chilenos se tratavam uns aos outros não era uma grande preocupação para os membros de outros grupos, mais interessados em si mesmos, e, no geral, a comunidade internacional não parece se preocupar muito com a maneira como um país trata seus cidadãos ou o meio ambiente, desde que ele seja um parceiro confiável e bom pagador em transações diretas, como as comerciais. Aparentemente, um país tem que fazer algo totalmente injusto, comparável ao apartheid na África do Sul, antes que um tipo de reputação comece a contaminar os outros.

Essa aparente falta de integração entre os diferentes aspectos de uma reputação lembra muito a maneira como ela se comporta na internet. Como na web, as transações internacionais criam relacionamentos e dilemas com que as ferramentas sociais fornecidas pela biologia e pela cultura nunca tiveram de lidar no passado, em que o conceito mais amplo de amizade é substituído por um conjunto de interesses e interações que não se sobrepõem — no lugar de eBay, Amazon e World of Warcraft, pode-se ler acordos comerciais, direitos humanos e tratados de controle de armas. Em situações como essas, não se pode esperar que a reputação funcione da mesma maneira que entre vizinhos.

E essa é uma má notícia para qualquer um que deseje lidar com essas questões internacionais, como o trabalho dos pescadores e as mudanças no clima, que mais parecem um jogo do bem público, onde o espectro de um destino trágico para todos desponta no horizonte. As experiências de Manfred Milinski e de outros teóricos do mesmo nível mostraram que, no caso de indivíduos, a reputação aponta para uma saída desses dilemas, ao transformar a virtude pública em benefício privado. Os que trabalham para o bem comum são recompensados e aqueles que tapeiam ou tentam se aproveitar dos outros são punidos. No entanto, os países não se mostram dispostos a punir uns aos outros por serem aproveitadores, e não costumam recompensar a virtude alheia.

Acrescente-se a isso a maior facilidade de os espertos se aproveitarem dos outros em grupos maiores, a falta de cooperação entre pessoas pertencentes a grupos diferentes, as mudanças climáticas com que a humanidade se defronta sem a ameaça de um grupo externo para nos unir. Neste último caso, o que se pede aos países ricos não é que eles mudem de comportamento para corrigir um erro atual e abominável — como aconteceu, por exemplo, no movimento para abolir a escravidão —, mas para beneficiar pessoas que ainda nem nasceram, em países distantes, razão por que as negociações internacionais sobre o clima são tão confusas. No entanto, os contínuos fracassos nessas negociações são um perverso atestado do poder dos tratados internacionais — se fossem inúteis, os países os assinariam e os descumpririam impunemente. Mas os países não costumam assinar tratados que não pretendem cumprir e a maioria honra seus compromissos, na maior parte do tempo. Num mundo de anarquia e autointeresse, isso seria difícil de explicar, mas a reputação parece exercer um papel preponderante em mostrar por que os países procuram manter as promessas que fazem. Quanto mais confiáveis eles parecerem hoje, mais os outros confiarão nele no futuro. Mark Crescenzi, por exemplo, verificou que os países que honram suas alianças atuais têm mais facilidade de formar alianças no futuro, e o contrário também.[18]

Para fazer nosso melhor lado se preocupar com a construção de uma cooperação global, precisamos repetir o mesmo truque que a língua e a internet conseguiram: o de aumentar o alcance e a longevidade de forças sociais como a reputação. Na internet, apesar de todos os problemas do anonimato e da irresponsabilidade, as pessoas se mostraram engenhosas em se valer dos diferentes aspectos da reputação para fomentar a confiança, o altruísmo e a cooperação. A mudança no clima é um bom teste para saber se a reputação pode funcionar em escala global, por causa da grande semelhança do caso e complexidade, da urgência do assunto com um jogo do bem público, no qual os aproveitadores e os enganadores ameaçam um bem comum.

Os teóricos da evolução passam dias inteiros tentando imaginar como a cooperação pode surgir num mundo de trapaceiros, e como ela pode se manter, apesar das vantagens de curto prazo de uma trapaça. Em nenhum modelo isso acontece mediante uma "conversão em massa" para o altruísmo — que era, basicamente, o que as negociações de Copenhague, em 2009, procuravam alcançar. Na verdade, os colaboradores aparecem num pequeno número e conseguem se encontrar uns aos outros. Um ambiente estável, onde os vizinhos continuam a ser os mesmos, favorece isso, porque fica mais fácil para os colaboradores construírem relações de longo prazo.

No que toca às mudanças climáticas, a semente para a cooperação já foi plantada, na forma de muita gente que se preocupa com o assunto e que está disposta a fazer alguma coisa a respeito. Há indícios de que a reputação pode ajudar a espalhar e recompensar essas regras. Milinski fez uma experiência onde alternava um jogo do bem público, no qual os jogadores contribuíam para um monte comum, com um jogo de reciprocidade indireta, onde os jogadores podiam passar dinheiro uns para os outros. Já vimos esse tipo de jogo, mas aqui o monte comum não era dividido entre os jogadores: era usado para comprar anúncios no jornal *Hamburger Abendblatt*, alertando para os perigos das mudanças no clima e a importância de reduzir o consumo de combustíveis fósseis. Milinski descobriu que os jogadores contribuíam mais para o monte comum quando as doações eram públicas, e que os jogadores mais generosos acabavam sendo recompensados nas rodadas seguintes, de negócios particulares.[19]

Na maioria dos jogos do bem público realizados em laboratório, o recurso comum é o monte de dinheiro do grupo. É fácil ver por que os jogadores recompensam os que contribuem para o monte comum, porque os mais generosos estão dividindo seu dinheiro com os demais membros do grupo. A experiência de Milinski demonstra que um comportamento solidário melhora sua reputação, mesmo quando se contribui para um recurso muito mais difuso e distante, como é o caso da atmosfera terrestre. Isso talvez não devesse surpreender: se você for um cidadão ativo e preocupado com o meio ambiente, há uma boa chance de você já recompensar, hoje, empresas e pessoas como você, sendo amigo ou cliente delas. O que, no entanto, foi mais marcante na experiência de Milinski foi que os jogadores que não contribuíram para o fundo do clima acabaram recompensando aqueles que contribuíram. As pessoas, aparentemente, se mostram dispostas a recompensar as ações dotadas de espírito público, mesmo que elas mesmas não as apoiem.

Talvez isso ocorra porque a generosidade pública seja vista como um sinal dispendioso, uma demonstração geral de riqueza, inteligência e consciência social, de maneira que os demais jogadores mostraram sua simpatia com os generosos, mesmo que pessoalmente não se preocupassem com o assunto. Esse lado competitivo do altruísmo é especialmente útil no caso das mudanças no clima, porque confere aos altruístas benefícios num mundo de aproveitadores. Produtos que respeitam o meio ambiente tornam-se sinais dispendiosos — há indícios de que esse tipo de produto é mais popular exatamente porque são mais caros e menos eficazes que as alternativas comuns. Vladas Griskevicius, professor de marketing na Universidade de Minnesota, e seus colegas descobriram que as escolhas dos universitários ficavam "mais verdes" quando eles eram condicionados a pensar em status, quando imaginavam estar fazendo compras num shopping e quando a melhor opção para o meio ambiente era mais cara. Eles sugerem que provavelmente foi por isso que a Toyota passou a vender mais automóveis Prius depois que aumentou o preço.

Os sinais dispendiosos não são à prova de erros. Engenheiros britânicos criticaram o "eco-exibicionismo", na forma de turbinas de vento e painéis solares caros e espalhafatosos que, apesar de serem um sinal visível de riqueza, não ajudam a diminuir realmente as emissões dos lares. Quando o problema está no consumo, o consumo conspícuo — mesmo que de produtos ecologicamente corretos — não é a solução. O problema está na palavra-chave *dispendioso* ou *caro* — o que vale é a despesa, não o resultado. Isso faz com que os sinais dispendiosos se tornem vulneráveis a novas regras e a mudanças econômicas: há cem anos, ser gordo era sinônimo de riqueza e status. Hoje, que as calorias são baratas, as pessoas gastam tempo e dinheiro querendo emagrecer. Infelizmente para qualquer caso de sinal dispendioso, a opção mais ecologicamente correta, que é *não* mandar o sinal — não viajar de avião, não comprar aquele carro — geralmente é vista como um sinal de baixo status social.

Mesmo assim, esses sinais dispendiosos, emanados por líderes ansiosos por mostrar sua riqueza e suas virtudes, poderiam ser uma força importante na arena internacional. A União Europeia, o Japão e o Canadá foram todos movidos, em parte, por suas boas reputações na hora de assinar o Protocolo de Kyoto sobre emissões de carbono e, quando fizeram isso, enviaram um sinal para o restante do mundo.[20] Em qualquer tentativa de cooperação, se você for esperar todo mundo entrar para começar, vai ficar esperando para sempre. Nisso, só estamos repetindo o que falamos sobre como acreditamos que a cooperação se espalha. No entanto, se, por exemplo, um país na Europa Ocidental (o candidato mais provável) começar a remodelar sua economia na direção de baixas emissões de carbono, a vergonha e a inveja podem arrastar boa parte do restante do continente na mesma direção. Se isso levar a Europa Ocidental a concordar em bloco com reduções significativas nas emissões de carbono, seus líderes conquistariam o direito de fazer muito alarde e se gabar bastante nas reuniões internacionais. Como a União Europeia é um grupinho, onde os países lidam mais uns com os outros do que com os de fora, os estados-membros estariam interagindo com outros colaboradores mais do que com os aproveitadores, limitando assim suas possíveis perdas. Eu sonho com um potlatch* ambiental global,

---

*Cerimônia comum entre os índios americanos, principalmente no Oeste do país, em que os convidados recebem presentes e os proprietários destroem suas coisas, numa exibição de riqueza, que depois os convidados tentam ultrapassar (*N. do T.*)

em que os líderes mundiais demonstrem seu poder pela extensão de sua generosidade. Talvez esse não seja um sonho totalmente maluco: cada vez mais, as cidades competem em âmbito global para serem agradáveis, vibrantes e lugares da moda para se visitar e se morar, através de sinais dispendiosos como edifícios de Frank Gehry e candidaturas aos Jogos Olímpicos. Porém, assim como a burguesia é sempre muito preocupada com a maneira como seu comportamento afeta sua posição na sociedade, a reputação é mais importante para os países que estão na zona mediana, que desejam manter ou melhorar suas posições. Nas duas pontas da curva, a reputação não é tão importante assim. A Somália e a República Democrática do Congo já têm problemas demais no presente, enquanto a China e os Estados Unidos sempre vão exercer uma enorme influência, independentemente de como se comportarem.

No entanto, às vezes aquilo que parece ser um sinal dispendioso acaba sendo apenas papo furado: muitas empresas plantam meia dúzia de árvores num espaço visível, enquanto continuam fazendo negócios destrutivos em outro lugar. E as grandes promessas que os países fazem nas conferências de cúpula podem acabar tornando-os verdadeiros aproveitadores depois que as luzes se apagam, como demonstrou o fracasso de muitos países ricos em atingir as metas de Kyoto e de ajuda a outros países. A diferença entre falar e fazer, demonstradas por países que não cumprem o que prometem e das falsas preocupações das empresas, cria o ambiente perfeito para o cinismo, que, ao partir do princípio de que tudo é apenas um jogo de aparências e que as intenções reais são maléficas, acaba desvalorizando a reputação. Compromissos públicos são reféns úteis para a reputação, mas aparentemente não se dá muito valor a esses reféns no momento.

Todos os indícios em relação às pessoas sugerem que o poder da reciprocidade precisa ser amparado por sanções se os países e as empresas tiverem que pagar pelo resgate de suas reputações. Para as pessoas — citando o biólogo evolucionista Geoffrey Miller —, fazer troça com seus vizinhos que consomem exageradamente é uma espécie de dever público. Já para um grupo, o quadro é mais problemático. Como Miller aponta, as armas do comportamento social humano, como o vexame e o ostracismo, não têm utilidade contra instituições sem rosto e sem cérebro, administradas por gente que não tem ligações sociais com as pessoas a quem deveriam dar satisfações.[21] O professor de direito Joel Bakan já disse que o comportamento das empresas pode parecer psicopático (embora as marcas "voltadas para o consumidor" se preocupem profundamente com suas imagens, mesmo quando são parte de uma empresa maior).[22] O mesmo vale para os governos, mas provavelmente isso não acontece porque empresas ou governos sejam comandados por psicopatas. É porque as condições que forjam a cooperação não estão presentes. Na verdade, dar às empresas a obrigação legal de maximizar o retorno sobre o investimento dos acionistas, aconteça o que acontecer, praticamente injeta a psicopatia dentro do sistema.

Além de tudo, os países não têm vontade de impingir sanções materiais nos trapaceiros e aproveitadores internacionais, por medo de prejudicar seus próprios interesses. Como no caso da reputação pela internet, a reputação internacional parece funcionar melhor num sentido limitado e específico e ter mais influência em assuntos, como a economia e o meio ambiente, que não são questões imediatas de vida ou morte.[23] Talvez isso seja o melhor que nós podemos esperar ao utilizar a reputação em situações novas e pouco naturais. Os grupos veem as punições externas como um ato de agressão, em vez de censura, e podem, pelo menos no curto prazo, ter mais chance de agir como se estivessem sitiados do que se emendar. Mesmo assim, talvez ainda haja um espaço para recompensas e punições sociais baratas, que proporcionem um imenso orgulho ou vergonha. O esporte, sendo aparentemente uma das poucas coisas em que o mundo inteiro presta atenção, é o veículo ideal para isso. No início da década de 1970, os Estados Unidos melhoraram sua relação com a China mandando para lá uma equipe de tênis de mesa para levar uma sova. Isso levantou o moral da China e não foi nada que pudesse abalar a autoestima americana. Da mesma maneira, um dos sinais mais claros de que a África do Sul era um pária internacional foi seu ostracismo dos jogos internacionais de rúgbi e de críquete. Talvez toda vez que a equipe canadense de hóquei no gelo saísse de seu país (que renegou o Protocolo de Kyoto e continua a extrair areia) para jogar no exterior, ela devesse atuar num ringue com vários centímetros de lixo simbólico.

As punições esportivas também têm a vantagem de que as equipes e as pessoas de países diferentes interagem umas com as outras, mais ou menos no mesmo nível. Se um time não aparecer, não tem importância se a outra equipe é boa ou não. Contrastando com isso, na maioria das interações internacionais, os diversos jogadores têm uma quantidade de poder totalmente diferente. Os mais poderosos trabalham para manter suas vantagens, e raramente permitem que países mais fracos tenham os meios para chamá-los às suas responsabilidades. A velha observação de Tucídides continua valendo: "do jeito que vai o mundo, o correto só está em questão quando as partes têm o mesmo poder, senão os fortes fazem o que podem e os fracos sofrem o que precisam."[24]

A perspectiva de utilizar sanções internacionais para criar um altruísmo internacional, contudo, não está totalmente fora de questão. Países poderosos não gostam de ser expostos como hipócritas. Por exemplo, quando o governo americano pressionou a Bayer para diminuir o preço do antibiótico Cipro, depois dos ataques com Antraz em 2001, ficou difícil para o país se contrapor ao uso de retrovirais baratos no tratamento do vírus HIV nos países em desenvolvimento. Acabaram fazendo um acordo. No entanto, essa política de "envergonhar para enquadrar" (*shaming and taming*), como é chamada pelos cientistas políticos Kelly Greenhil e Joshua Busby, exige um determinado conjunto de circunstâncias.[25] Uma delas são compromissos públicos feitos por líderes, que possam ser usados contra eles. Outra, muito mais importante, é o engajamento público.

Líderes costumam se preocupar mais com sua imagem em casa do que no exterior, porque essas são as pessoas que detêm mais poder sobre eles. De modo que é improvável que haja alguma ação internacional se não houver uma pressão doméstica, apoiada na ameaça de que a não contribuição para o bem público será punida nas urnas. Na questão das mudanças climáticas, essa pressão não acontece, o que dá aos líderes mais um motivo para não fazer nada.

Acima de tudo, a cooperação internacional precisa de conexões internacionais pelas quais ela possa se alastrar. Quanto mais contatos as pessoas tiverem, mais cooperativas elas serão umas com as outras. Quanto mais isolado for um país, mais provável será que a preocupação de seus líderes com sua reputação entre os pares vá se sobrepor a qualquer consideração por sua reputação internacional. Quanto mais hostilidade aos estrangeiros sentirem os cidadãos de um país, mais antipáticos eles vão ser com um líder que pareça conceder muito aos estrangeiros. Os países mais isolados são os que menos se preocupam com sua reputação internacional, e também os que menos cooperam e os menos confiáveis. Se as instituições internacionais, como a OTAN e a OMC, têm algum valor é porque elas são pontos de encontro sociais, em que os países podem fofocar, observar uns aos outros, desenvolver regras e formar relacionamentos de longo prazo, em que a reputação e a reciprocidade podem florescer.[26] Da mesma maneira, ativistas e ONGs vão formando uma rede de contatos internacionais que tem sido chamada de sociedade civil global. No entanto, nada disso vai ter muita tração sem uma sensação mais generalizada de que todos nós pertencemos ao mesmo grupo.

A internet, evidentemente, é fantástica para conectar as pessoas e há muita empolgação sobre seu poder de catalisadora de ações coletivas, como no caso da Primavera Árabe. Porém, o papel das redes sociais nas mudanças sociais ainda não está claro, e é provável que, para uma rede se transformar num movimento, com a coragem e o sacrifício necessários, ainda vão ser necessários laços fortes e pessoais entre os participantes.

Já há indícios parcos, mas esperançosos, de que as coisas estejam caminhando nessa direção. A economista Nancy Buchan e sua equipe verificaram os efeitos da globalização na cooperação.[27] Os pesquisadores colocaram pessoas em seis cidades, em cinco continentes diferentes, para promoverem jogos do bem público. Cada jogador tinha três opções: guardar todo o dinheiro para si, colocá-lo num monte que era então dobrado e dividido com outros três jogadores do mesmo lugar, ou depositar numa conta internacional, que era então triplicada e dividida entre 12 jogadores do mundo inteiro. Desse modo, a conta global era a que oferecia o maior potencial de retorno, desde que todos depositassem na mesma conta, mas também era a que exigia o maior nível de confiança, porque os recursos comuns eram repartidos entre muito mais gente.

Buchan descobriu que as pessoas dos países mais globalizados, medindo-se por fatores como comércio exterior, turismo, imigração, acesso à internet e contatos diplomáticos, eram os que mais contribuíam para o bolo global. (Da cidade mais globalizada para a menos, elas eram: Columbus, em Ohio, EUA; Milão, na Itália; Kazan, na Rússia; Buenos Aires, na Argentina; Joanesburgo, na África do Sul; e Teerã, no Irã.) Dentro de um país, as pessoas mais globalizadas, medidas por fatores como o fato de assistirem a filmes estrangeiros, fazer ligações internacionais e trabalhar para multinacionais (descontando-se a objeção de que as multinacionais possam ser vistas como inimigas dos bens públicos globais, em muitos outros aspectos), foram as que mais se mostraram dispostas a confiar nas pessoas de outros países e colocar dinheiro na conta internacional.

Evidentemente, essas sugestões e esses sinais positivos podem parecer esperanças bobas, que estão mais para uma lista de por que nós não conseguimos preservar os bens públicos da Terra do que para qualquer manual para ajudar o projeto. Quase tudo aquilo que precisamos fazer vai contra as forças que deixam as pessoas mais propensas a serem altruístas. Precisamos pegar um grupo bem grande — que por sua vez é dividido em diversos grupos com interesses conflituosos e pontos de partida totalmente desiguais — e fazer com que esse grupo concorde em pagar um preço agora que vem beneficiar pessoas em lugares distantes e gerações que não poderão lhes agradecer, nem os punir. Em contrapartida, aqui vai o que joga a favor da cooperação: uma tendência de ficar exibindo suas virtudes e um desejo de não ser amaldiçoado pelos nossos netos. E assim, precisamos dar tudo para que as forças da cooperação funcionem da melhor maneira possível.

No livro *The Biology of Moral Systems*, escrito quando a ameaça nuclear parecia ser a maior ameaça à civilização, Richard Alexander ponderou como seria possível chegar a uma trégua e ao desarmamento. Suas palavras também valem para todas as ameaças atuais e futuras à nossa sociedade. "O problema", escreveu ele, "é incutir nas sociedades, e entre elas, os mesmos processos de pressões moralizantes e de democratização que se desenvolveram de maneira tão intrincada dentro delas." Ou, colocando-se de outro jeito: há não muito tempo, Alexander dirigia pelo estado de Michigan e passou por uma igrejinha local, bem parecida com a que ele frequentava quando menino — com exceção de uma placa que estava na frente e dizia: "Deus abençoe a todos — sem exceção". É esse o abismo que nós temos que cruzar, ele pensou: em vez de abençoar todas as pessoas do nosso grupo, abençoar *todas*. A reputação é o poder que as pessoas têm para abençoar e amaldiçoar. Ela nos permite ajudar e controlar uns aos outros, de maneiras que nenhuma outra espécie consegue, e por isso nos ajudou a realizar coisas que nenhuma outra espécie conseguiu. O que precisamos é encontrar maneiras de aumentar ainda mais esse seu alcance.

AGRADECIMENTOS

Se tem uma coisa que pesquisar e escrever este livro me ensinou é que as pessoas normalmente conseguem as coisas, não porque derrotam os concorrentes, mas porque recebem ajuda. Com esse trabalho, não foi diferente.

Comecei a pensar num livro sobre reputação no outono de 2007, numa visita ao Instituto de Santa Fé. É o lugar mais bonito e luxuoso — intelectualmente falando — em que já tive a sorte de trabalhar, e serei eternamente grato aos profissionais de lá por sua hospitalidade e suas ideias, especialmente a Geoffrey West, que me convidou.

Também teria sido impossível fazer o que eu fiz sem a boa vontade de vários pesquisadores em explicar seus métodos de raciocínio a um estranho. Sou grato a todos os que responderam a meus e-mails ou concederam entrevistas, e especialmente aos que leram e comentaram os capítulos quando ainda eram rascunhos: Quentin Atkinson, Mark Crescenzi, Daniel Fessler, Nicole Hess, Kevin Laland, Hassan Masum, Peter McGregor, Manfred Milinski, Karl Sigmund, Daniel Silverman, Eric Smith e Jessica Tracy.

Meu agente, Jim Levine, na Levine Greenberg, e meu editor, Eric Nelson, na Wiley, ajudaram muito este livro em vários estágios de sua redação, e ele com certeza ficou melhor graças a esses esforços. É um prazer trabalhar com eles.

Tenho muita sorte de ter recebido altas doses de altruísmo familiar, tanto por parte de pai, quanto por parte de mãe. A ciência ainda tem que me explicar por que Sara, minha mulher, é tão legal comigo, mas é seu amor e seu apoio que me permitem escrever livros e fazer todas as coisas possíveis.

NOTAS

Introdução

1. Cohen, A. *The Perfect Store: Inside EBay* (Boston: Little, Brown and Company, 2003)
2. "Feedback", eBay.co.uk, http://pages.ebay.co.uk/services/forum/feedback/foundersnote.html.
3. Smith, A. "Lecture on the Influence of Commerce on Manners", republicado em Klein, D.B. (org.), *Reputation: Studies in the Voluntary Elicitation of Good Conduct* (Ann Arbor: University of Michigan Press, 1977), 17-20.
4. Craik, K.H. *Reputation: A Network Interpretation* (Nova York: Oxford University Press, 2009).

1. Siga o líder

1. Coolen, I., Y.V. Bergen, R.L. Day e K.N. Laland. Species difference in adaptive use of public information in sticklebacks, *Proceedings in the Royal Society of London*, Series B: Biological Studies 270, 2413-2419 (2003).
2. Valone, T.J. From eavesdropping on performance to copying the behavior of others: A review of public information use, *Behavioral Ecology and Sociobiology* 62, 1-14 (2007).
3. Coolen, I., O. Dangles e J. Casas. Social learning in noncolonial insects? *Current Biology* 15, 1931-1935 (2005).

4. Dugatkin, L.A. e J.J. Godin. Reversal of female mate choice by copying in the guppy (Poecilia reticulata), *Proceedings of the Royal Society of London*, Series B: Biological Sciences 249, 179-184 (1992).
5. Uller, T. e L.C. Johansson. Human mate choice and the wedding ring effect, *Human Nature* 14, 267-276 (2003).
6. Jones, B.C., L.M. DeBruine, A.C. Little, R.P. Burriss e D.R. Feinberg. Social transmission of face preferences among humans, *Proceedings of the Royal Society of London*, Series B: Biological Sciences 274, 899-903 (2007).
7. Place, S.S., P.M. Todd, L. Penke e J.B. Asendorpf. Humans show mate copying after observing real mate choices, *Evolution and Human Behavior* 31, 320-325 (2010).
8. Gilbert, D.T., M.A. Killingsworth, R.N. Eyre e T.D. Wilson. The surprising power of neighborly advice, *Science* 323, 1617-1619 (2009).
9. Olsson, A. e E.A. Phelps. Social learning of fear, *Nature Neuroscience* 10, 1095-1102 (2007).
10. Henrich, J. e F.J. Gil-White. The evolution of prestige: Freely conferred deference as a mechanism for enhancing the benefits of cultural transmission, *Evolution and Human Behavior* 22, 165-196 (2001).
11. Rendell, L. et al. Why copy others? Insights from the social learning strategies tournament, *Science* 328, 208-213 (2010).
12. Giraldeau, L., T.J. Valone e J.J. Templeton. Potential disadvantages of using socially acquired information, *Philosophical Transactions of the Royal Society of London:* Series B: Biological Sciences 357, 1559-1566 (2002).
13. Coolen, I., A.J. Ward, P.J. Hart e K.N. Laland. Foraging nine-spined sticklebacks prefer to rely on public information over simpler social cues, *Behavioral Ecology* 16, 865-870.
14. Van Bergen, Y., I. Coolen e K.N. Laland. Nine-spined sticklebacks exploit the most reliable resource when public and private information conflict, *Proceedings of the Royal Society of London*, Series B: Biological Sciences 271, 957-962 (2004).
15. Boulinier, T., K.D. McCoy, N.G. Yoccoz, J. Gasparini e T. Tveraa. Public information affects breeding dispersal in a colonial bird: Kittiwakes cue on neighbours, *Biology Letters* 4, 538-540 (2008).
16. Dugatkin, L.A. Genes, copying, and female mate choice: Shifting thresholds, *Behavioral Ecology* 9, 323-327 (1998).

17. Duffy, G.A., T.W. Pike e K.N. Laland. Size-dependent directed social learning in nine-spined sticklebacks, *Animal Behaviour* 78, 371-375 (2009).
18. Horner, V., D. Proctor, K.E. Bonnie, A. Whiten, e F.B.M. de Waal. Prestige Affects Cultural Learning in Chimpanzees, *PLoS ONE* 5, e10625 (2010).
19. Amlacher, J. e L.A. Dugatkin. Preference for older over younger models during mate-choice copying in younger guppies, *Ethology Ecology & Evolution* 17, 161 (2005).
20. Yorzkinski, J.L. e M.L. Platt. Same-sex gaze attraction influences mate-choice copying in humans, *PLoS ONE* 5, e9115 (2010); Waynforth, D. Mate choice copying in humans, *Human Nature* 18, 264-271 (2007).
21. Walther, J.B., B. Van Der Heide, S. Kim, D. Westerman e S.T. Tong. The role of friends' appearance and behavior on evaluations of individuals on Facebook: Are we known by the company we keep? *Human Communication Research* 34, 28-49 (2008).
22. Ryckman, R.M., W.C. Rodda e M.F. Sherman. Locus of control and expertise relevance as determinant of changes in opinion about student activism, *Journal of Social Psychology*, 88, 107-114 (1972).
23. Bauer, G.P., R.S. Schlottmann, J.V. Bates e M.A. Masters. Effect of state and trait anxiety and prestige of model on imitation, *Psychological Reports* 52, 375-382 (1983).
24. Plath, M., S. Richter, R. Tiedemann e I. Schlupp. Male fish deceive competitors about mating preferences, *Current Biology* 18, 1138-1141 (2008); Bierbach, D. et al. Male fish use prior knowledge about rivals to adjust their mate choice, *Biology Letters* (2010), doi:10.1098/rsbl.2010.0982.

2. Uma oferta inicial

1. Smith, E.A., R.B. Bird e D.W. Bird. The benefits of costly signaling: Meriam turtle hunters, *Behavioral Ecology* 14, 116-126 (2003).
2. Sell, A. et al. Adaptations in humans for assessing physical strength from the voice, *Proceedings of the Royal Society of London*, Series B: Biological Sciences, doi:10.1098/rspb.2010.0769.
3. Lyle, H.F. e R.J. Sullivan. Competitive status signaling in peer-to-peer file-sharing networks, *Evolutionary Psychology* 5, 363-382 (2007).

4. Sylwester, K. e G. Roberts. Cooperators benefit through reputation-based partner choice in economic games, *Biology Letters* 6, 659-662 (2010).
5. Raihani, N.J. e T. Hart. Free-riders promote free-riding in a real-world setting, *Oikos* 119, 1391-1393 (2010).
6. Van Vugt, M. e C.L. Hardy. Cooperation for reputation: Wasteful contributions as costly signals in public goods, *Group Processes & Intergroup Relations* 13, 101-111 (2010).
7. Lyle, H.F., E.A. Smith e R.J. Sullivan. Blood donations as costly signals of donor quality, *Journal of Evolutionary Psychology* 7, 263-286 (2009).
8. Burkitt, L., "Companies' Good Deeds Resonate with Consumers", Forbes.com (2010), www.forbes.com/2010/05/26/microsoft-google-apple-ford-cmo-network-most-inspiring-companies.html.
9. Barclay, P. e R. Willer. Partner choice creates competitive altruism in humans. *Proceedings of the Royal Society of London*, Series B: Biological Sciences 274, 749-753 (2007).
10. Boehm, C. *Hierarchy in the Forest: The Evolution of Egalitarian Behavior* (Cambridge, MA: Harvard University Press: 2001).

3. Uma mão lava a outra

1. Warneken, F. e M. Tomasello. Varieties of altruism in children and chimpanzees. *Trends in Cognitive Sciences* 13, 397-402 (2009).
2. Oates, K. e M. Wilson. Nominal kinship cues facilitate altruism. *Proceedings of the Royal Society of London*, Series B: Biological Sciences 269, 105-109 (2002); e Krupp, D.B., L.M. Debruine e P. Barclay. A cue of kinship promotes cooperation for the public good. *Evolution and Human Behavior* 29, 49-55 (2008).
3. Trivers, R.L. The evolution of reciprocal altruism, *Quarterly Review of Biology* 46, 35-57 (1971).
4. Hammerstein, P. *Genetic and Cultural Evolution of Cooperation* (Cambridge, MA: MIT Press, 2003).
5. Alexander, R.D. Ostracism and indirect reciprocity: The reproductive significance of humor. *Ethology and Sociobiology* 7, 253-270 (1986).
6. Alexander, R.D. *The Biology of Moral Systems* (Nova York: Aldine de Gruyter, 1987).

7. Boyd, R. e P.J. Richerson. The evolution of indirect reciprocity. *Social Networks* 11, 213-236 (1989).
8. Pollock, G. e L.A. Dugatkin. Reciprocity and the emergence of reputation. *Journal of Theoretical Biology* 159, 25-37 (1992).
9. Nowak, M.A. e K. Sigmund. Evolution of indirect reciprocity by image scoring. *Nature* 393, 573-577 (1998).
10. Wedekind, C. e M. Milinski. Cooperation through image scoring in humans. *Science* 288, 850-852 (2000).
11. Olson, K.R. e E.S. Spelke. Foundations of cooperation in young children. *Cognition* 108, 222-231 (2008).
12. Hamlin, J.K., K. Wynn e P. Bloom. Social evaluation by preverbal infants. *Nature* 450, 557-559 (2007).
13. Leimar, O. e P. Hammerstein. Evolution of cooperation through indirect reciprocity. *Proceedings of the Royal Society of London*, Series B: Biological Sciences 268, 745-753 (2001).
14. Veja no www.youtube.com/watch?v=E3h-T3KQNxU.
15. "Three Teenage Suspects Held Over Homophobic Murder in London", *Guardian*, 16/out/2009 em www.guardian.co.uk/uk/2009/oct/16/teenagers-arrested-homophobic-murder. (Posteriormente, dois dos três adolescentes foram condenados por homicídio e o terceiro por agressão.)
16. O economista Robert Sugden foi o pioneiro no uso da teoria dos jogos para analisar esse tipo de estratégia. Ver seu livro *The Economics of Rights, Co-operation and Welfare* (Londres: Palgrave Macmillan, 2004).
17. Ohtsuki, H. e Y. Iwasa. The leading eight: Social norms that can maintain cooperation by indirect reciprocity. *Journal of Theoretical Biology* 239, 435-444 (2006). Essas regras, entretanto, apesar de serem úteis para preservar a cooperação onde ela já existe, não são tão boas na hora de promover a cooperação onde ela não é comum, quando é impossível de distinguir entre traidor e carrasco. Ver Panchanathan, K., Two wrongs don't make a right: The initial viability of different assessment rules in the evolution of indirect reciprocity. *Journal of Theoretical Biology* 277, 48-54 (2011).
18. Milinski, M. e D. Semmann, T.C. Bakker e H.J. Krambeck. Cooperation through indirect reciprocity: Image scoring or standing strategy? *Proceedings of the Royal Society of London*, Series B: Biological Sciences 268, 2495-2501 (2001).

19. Bloom, P. "The Moral Life of Babies", *New York Times*, 5/maio/2010, http://www.nytimes.com/2010/05/09/magazine/09babies-t.html
20. Milinski, M., D. Semmann e H. Krambeck. Reputation helps solve the "tragedy of the commons". *Nature* 415, 424-426 (2002). Para uma versão teórica da mesma ideia, vide Panchanathan, K. e R. Boyd, Indirect reciprocity can stabilize cooperation without the second-order free rider problem. *Nature* 432, 499-502 (2004).
21. Semmann, D., H. Krambeck e M. Milinsk . Strategic investment in reputation. *Behavioral Ecology and Sociobiology* 56, 248-252 (2004).
22. Jacquet, J., C. Hauert, A. Traulsen e M. Milinski. Shame and honour drive cooperation. *Biology Letters*, doi: 10.1098/rsbl.2011.0367 (2011).
23. Milinski, M., D. Semmann e H. Krambeck. Donors to charity gain in both indirect reciprocity and political reputation. *Proceedings of the Royal Society of London*, Series B: Biological Sciences 269, 881-883 (2002).

4. Lançando uma sombra

1. Moore, H.T. Further data concerning sex differences. *Journal of Abnormal Psychology and Social Psychology* 17, 210-214 (1922). (Dos 42 trechos de conversa citados por Moore, pode-se dizer que cerca de metade se referia a pessoas que não estavam presentes.)
2. Wert, S.R. e P. Salovey. A social comparison account of gossip. *Review of General Psychology* 8, 122-137 (2004).
3. Dunbar, P.R. *Grooming, Gossip and the Evolution of Language* (Londres: Faber and Faber, 2004).
4. Nowak, M.A., Generosity: A winner's advice. *Nature* 456, 579 (2008).
5. Sommerfeld, R.D., H. Krambeck, D. Semmann e M. Milinski. Gossip as an alternative for direct observation in games of indirect reciprocity. *Proceedings of the Natural Academy of Sciences* 104, 17435-17440 (2007).
6. Mesoudi, A., A. Whiten e R. Dunbar. A bias for social information in human cultural transmission. *British Journal of Psychology* 97, 405-423 (2006).
7. Cosmides, L. e J. Tooby, "Cognitive Adaptations for Social Exchange", in Barkow, J.H., L. Cosmides e J. Tooby (orgs.), *The Adapted Mind: Evolutionary Psychology and the Generation of Culture* (Nova York: Oxford University Press, 1992), 163-228.

8. Gross, A. *Lincoln's Own Stories* (Nova York: New York Garden City Publishing Co., 1862.)
9. Christakis, N.A. e J.H. Fowler, *Connected: The Amazing Power of Social Networks and How They Shape Our Lives.* (Londres: HarperPress, 2010.) [No Brasil: *O poder das conexões.* A importância do networking e como ele molda nossas vidas. Rio de Janeiro, Campus, 2009.]
10. Nowak, M.A. Five rules for the evolution of cooperation. *Science* 314, 1560-1563 (2003).
11. Richman, B.D. Community enforcement of informal contracts: Jewish diamond merchants in New York, em http://works.bepress.com/barak_richman/12/.
12. Burt, R.S., "Closure and Stability—Persistent Reputation and Enduring Relations among Bankers and Analysts", in Rauch, J.E. (org.), *The Missing Links: Formation and Decay of Economic Networks* (Nova York: Russell Sage Foundation, 2007), 100-141.
13. Anderson, C. e A. Shirako. Are individuals' reputations related to their history or behavior? *Journal of Personality and Social Psychology* 94, 320-333 (2008).
14. Burt, R. Gossip and reputation, Globalisation Seminar Series, Queen Mary University of London, anotações do autor, 13/fev/2008.
15. Higgins, E.T. Achieving "shared reality" in the communication game: A social action that creates meaning. *Journal of Language and Social Psychology* 11, 107-131 (1992).
16. Gilovich, T. Secondhand information and social judgment. *Journal of Experimental Social Psychology* 23, 59-74 (1987).
17. Burt, R.S. *Brokerage and Closure: An Introduction to Social Capital* (Nova York: Oxford University Press, 2007).

5. Mantendo as aparências

1. Leary, M. Sociometer theory and the pursuit of relational value: Getting to the root of self-esteem. *European Journal of Social Psychology* 16, 75-111 (2005).
2. Hazlitt, W. *An Essay on the Principles of Human Action* (Londres: J. Johnson, 1805), 3.
3. Chiu, P. et al. Self responses along cingulate cortex reveal quantitative neural phenotype for high-functioning autism. *Neuron* 57, 463-473

(2008); Frith, C. e U. Frith, The self and its reputation in autism. *Neuron* 57, 331-332 (2008).
4. Humphrey, N.K. "The Social Function of Intellect", *in* P.P.G. Bateson e R.A. Hinde (orgs.), *Growing Points in Ethology* (Cambridge, UK: Cambridge University Press, 1976), 303-317.
5. Byrne, R.W., A. Whiten, *Machiavellian Intelligence: Social Expertise and the Evolution of Intellect in Monkeys, Apes, and Humans* (Nova York: Oxford University Press, 1988).
6. Dickerson, S.S., T.L. Gruenewald e M.E. Kemeny. When the social self is threatened: Shame, physiology, and health. *Journal of Personality* 72, 1191-1216 (2004).
7. Tracy, J.L., R.W. Robins e P. Tangney (orgs.), *The Self-Conscious Emotions: Theory and Research* (Nova York: Guilford Press, 2007).
8. Keltner, D. e A. Anderson. Saving face for Darwin: The functions and uses of embarrassment. *Current Directions in Psychological Science* 9, 187-192 (2000); Harris, C. Embarrassment: A form of social pain, *American Scientist* 94, 524-533 (2006).
9. Fessler, D.M.T. Shame in two cultures: Implications for evolutionary approaches. *Journal of Cognition and Culture* 4, 207-262 (2004).
10. Tracy, J.L. e R.W. Robins. The nonverbal expression of pride: Evidence from cross-cultural recognition. *Journal of Personality and Social Psychology* 94, 516-530 (2008).
11. Semin, G.R. e A.S.R. Manstead. The social implications of embarrassment displays and restitution behaviour. *European Journal of Social Psychology* 12, 367-377 (1982).
12. De Jong, P.J., M.L. Peters e D. De Cremer. Blushing may signify guilt: Revealing effects of blushing in ambiguous social situations. *Motivation and Emotion* 27, 225-249 (2003).
13. Levin, J. e A. Arluke. Embarrassment and helping behavior. *Psychological Reports* 51, 999-1002 (1982).
14. Apsler, R. Effects of embarrassment on behavior toward others. *Journal of Personality and Social Psychology* 32, 145-153 (1975).
15. Tracy, J.L. e D. Matsumoto. The spontaneous expression of pride and shame: Evidence for biologically innate nonverbal displays. *Proceedings of the National Academy of Sciences* 105, 11655-11660 (2008).
16. Tracy, J.L., A.F. Shariff, e J.T. Cheng. A naturalist's view of pride. *Emotion Review* 2, 163-177 (2010).

17. Fessler, Shame in two cultures.
18. Cheng, J.T., J.L. Tracy e J. Henrich. Pride, personality, and the evolutionary foundations of human social status. *Evolution and Human Behavior* 31, 334-347 (2010).
19. Fessler, D.M.T. "From Appeasement to Conformity: Evolutionary and Cultural Perspectives on Shame, Competition and Cooperation", in Tracy, J.L., R.W. Robins e J.P. Tangney (orgs.), *The Self-Conscious Emotions: Theory and Research* (Nova York: Guilford Press, 2007), 174-193.

6. Tudo por uma reputação

1. Índice de criminalidade no Texas 1960-2009, http://disastercenter.com/crime/txcrime.htm; índice de criminalidade em Massachusetts 1960-2009, http://disastercenter.com/crime/macrime.htm.
2. Cohen, D., R.E. Nisbett, B.F. Bowdle e N. Schwarz. Insult, aggression and the southern culture of honor: An "experimental ethnography". *Journal of Personal and Social Psychology* 70, 945-959 (1996).
3. Nisbett, R.E. e D. Cohen. *Culture of Honor: The Psychology of Violence in the South* (Boulder, CO: Westview Press, 1996).
4. Henrich, J. et al. In search of Homo Economicus: Behavioral experiments in 15 small-scale societies. *American Economic Review* 91, 73-78 (2001); Henrich, J. et al., Costly punishment across human societies. *Science* 312, 1767-1770 (2006).
5. Cameron, L.A. Raising the stakes in the ultimatum game: Experimental evidence from Indonesia. *Economic Inquiry* 37, 47-59 (1999).
6. Fehr, E. e U. Fischbacher. The nature of human altruism. *Nature* 425, 785-791 (2003).
7. Bloom, P. "The Moral Life of Babies". *New York Times*, 5/maio/2010, http://www.nytimes.com/2010/05/09/magazine/09babies-t.html.
8. Fehr, E. e U. Fishbacher. Third-party punishment and social norms. *Evolution and Human Behavior* 25, 63-87 (2004).
9. Fehr, E. e S. Gatcher. Altruistic punishment in humans. *Nature* 415, 137-140 (2002).
10. Gürerk, Ö, B. Irlenbusch e B. Rockenbach. The competitive advantage of sanctioning institutions. *Science* 312, 108-111 (2006).
11. Kurzban, R., P. Descioli e E. Obrien. Audience effects on moralistic punishment. *Evolution and Human Behavior* 28, 75-84 (2007).

12. Barclay, P. Reputational benefits for altruistic punishment. *Evolution and Human Behavior* 27, 325-344 (2006).
13. Fehr, E. e S. Gatcher. Altruistic punishment in humans. *Nature* 415, 137-140 (2002).
14. Kümmerli, R., M.N. Burton-Chellew, A. Ross-Gillespie e S.A. West. Resistance to extreme strategies, rather than prosocial preferences, can explain human cooperation in public good games. *Proceedings of the National Academy of Sciences*, doi:10.1073/pnas.1000829107 (2010).
15. Gintis, H. Strong reciprocity and human sociality. *Journal of Theoretical Biology* 206, 169-179 (2000).
16. Figueiredo, A.J., I.R. Tal, P. McNeil e A. Guillén. Farmers, herders, and fishers: The ecology of revenge. *Evolution and Human Behavior* 25, 336-353 (2004).
17. Bourgois, P.I. *In Search of Respect: Crack in El Barrio* (Cambridge, UK: Cambridge University Press, 2003).
18. Hattenstone, Simon. "Jay-Z: The Boy from the Hood Who Turned Out Good". *Guardian*, 20/nov/2010, http://www.guardian.co.uk/music/2010/nov/20/jay-z-interview-simon-hattenstone.
19. Silverman, D. Street crime and street culture. *International Economic Review* 45, 761-786 (2004).
20. Schackelford, T.K. An evolutionary psychological perspective on cultures of honor. *Evolutionary Psychology* 3, 381-391 (2005).
21. Akman, H. Honour, feuding and national fragmentation in Kurdistan, *in* Aase, T. (org.) *Tournaments of Power: Honor and Revenge in the Contemporary World* (Farnham, UK: Ashgate, 2002), 101-114.
22. Spacks, P.M. *Gossip* (Nova York: Knopf, 1985).
23. Rose, J. "A Piece of White Silk", *London Review of Books* 31, 5-8 (5/nov/2009).
24. Felson, R.B. Impression management and the escalation of aggression and violence. *Social Psychology Quarterly* 45, 245-254 (1982).
25. Johnstone, R.A. e R. Bshary. Evolution of spite through indirect reciprocity. *Proceedings of the Royal Society of London*, Series B: Biological Sciences 271, 1917-1922 (2004).
26. Jones, B.C., L.M. DeBruine, A.C. Little, C.D. Watkins e D.R. Feinberg. "Eavesdropping" and perceived male dominance rank in humans. *Animal Behaviour* 81, 1203-1208 (2011).

27. Milgrom, P. e J. Roberts. Predation, reputation, and entry deterrence. *Journal of Economic Theory* 27, 280-312 (1982).
28. Gilligan, J. *Violence: Our Deadly Epidemic and its Causes.* (Nova York: G.P.) Putnam, 1996).
29. Maquiavel, N. *The Prince.* Tradução de G. Bull. (London: Penguin, 1961). [No Brasil: *O Príncipe.* Várias editoras.]
30. Id., ibid.
31. Dur, R. *Status-Seeking in Criminal Subcultures and the Double Dividend of Zero-Tolerance*, CESIFO Working Paper no. 1762 (jul/2006), www.cesifo.de/DocCIDL/cesifo1_wp1762.pdf.
32. Appiah, K.A. *The Honor Code: How Moral Revolutions Happen* (New York: W.W. Norton & Company, 2010). [No Brasil: *O código de honra.* Como ocorrem as revoluções morais. São Paulo: Companhia das Letras, 2012.]

7. Vizinhos abelhudos

1. Peake, T.M., A.M. Terry, P.K. McGregor e T. Dabelsteen. Male great tits eavesdrop on simulated male-to-male vocal interactions. *Proceedings of the Royal Society of London*, Series B: Biological Sciences 268, 1183-1187 (2001).
2. Akçay, Ç, V.A. Reed, S.E. Campbell, C.N. Templeton e M.D. Beecher. Indirect reciprocity: Song sparrows distrust aggressive neighbours based on eavesdropping. *Animal Behaviour* 80, 1041-1047 (2010).
3. Grosenick, L., T.S. Clement e R.D. Fernald. Fish can infer social rank by observation alone. *Nature* 445, 429-432 (2007).
4. Earley, R.L. e L.A. Dugatkin. Eavesdropping on visual cues in green swordtail (Xiphophorus helleri) fights: A case for networking. *Proceedings of the Royal Society of London*, Series B: Biological Sciences 269, 943-952 (2002).
5. Dabelsteen, T., P.K. McGregor, H.M. Lampe, N. Langmore e J. Holland. Quiet song in song birds: An overlooked phenomenon. *Bioacoustics* 9, 89-105 (1998).
6. Doutrelant, C. e P.K. McGregor. Eavesdropping and mate choice in female fighting fish. *Behaviour* 137, 1655-1669 (2000).
7. Ophir, A.G. e B.G. Galef. Female Japanese quail that "eavesdrop" on fighting males prefer losers to winners. *Animal Behaviour* 66, 399-407 (2003).

8. Otter, K. et al. Do female great tits (Parus major) assess males by eavesdropping? A field study using interactive song playback. *Proceedings of the Royal Society of London*, Series B: Biological Sciences 266, 1305-1309 (1999).
9. Mennill, D.J., L.M. Ratcliffe e P.T. Boag. Female eavesdropping on male song contests in songbirds. *Science* 296, 873 (2002).
10. Heinsohn, R. e C. Packer. Complex cooperative strategies in group-territorial African lions. *Science* 269, 1260-1262 (1995).
11. Angier, N. "Please Say It Isn't So, Simba: The Noble Lion Can Be a Coward". *New York Times*, 5/set/1995, http://www.nytimes.com/1995/09/05/science/please-say-it-isnt-so-simba-the-noble-lion-can-be-a-coward.html.
12. Doutrelant, C. e R. Covas. Helping has signalling characteristics in a cooperatively breeding bird. *Animal Behaviour* 74, 739-747 (2007).
13. Call, J. e M. Tomasello. Does the chimpanzee have a theory of mind? 30 years later. *Trends in Cognitive Science* 12, 187-192 (2008).
14. De Waal, F.B.M. *Chimpanzee Politics* (Baltimore, MD: Johns Hopkins Univ. Press, 2007).
15. Hare, B., J. Call e M. Tomasello. Chimpanzees deceive a human competitor by hiding. *Cognition* 101, 495-514 (2006).
16. Slocombe, K.E. e K. Zuberbühler. Chimpanzees modify recruitment screams as a function of audience composition. *Proceedings of the Natural Academy of Sciences* 104, 17228-17233 (2007).
17. Melis, A.P., B. Hare e M. Tomasello. Chimpanzees recruit the best collaborators. *Science* 311, 1297-1300 (2006).
18. Russell, Y.I., J. Call e R.I.M. Dunbar. Image scoring in great apes. *Behavioural Processes* 78, 108-111 (2008).
19. Subiaul, F., J. Vonk, S. Okamoto-Barth e J. Barth. Do chimpanzees learn reputation by observation? Evidence from direct and indirect experience with generous and selfish strangers. *Animal Cognition* 11, 611-623 (2008).
20. Melis, A.P., B. Hare e M. Tomasello. Do chimpanzees reciprocate received favours? *Animal Behaviour* 76, 951-962 (2008).
21. Kundey, S.A.M., A. De Los Reyes, E. Royer, S. Molina, B. Monnier, R. German e A. Coshun. Reputation-like inference in domestic dogs (*Canis familiaris*). *Animal Cognition* 14, 291-302 (2011); e Marshall-Pescini, S., C. Passalacqua, A. Ferrario, P. Valsecchi e E.

Prato-Previde. Social eavesdropping in the domestic dog. *Animal Behaviour* 81, 1177-1183 (2011).
22. Grutter, A.S. e R. Bshary. Cleaner wrasse prefer client mucus: Support for partner control mechanisms in cleaning interactions. *Proceedings of the Royal Society of London*, Series B: Biological Sciences 270, S242-S244 (2003).
23. Bshary, R. e A.S. Grutter. Image scoring and cooperation in a cleaner fish mutualism. *Nature* 441, 975-978 (2006).
24. Bshary, R. e A.S. Gutter. Punishment and partner switching cause cooperative behaviour in a cleaning mutualism. *Biology Letters* 1, 396-399 (2005).
25. Bshary, R. Biting cleaner fish use altruism to deceive image-scoring client reef fish. *Proceedings of the Royal Society*, Series B: Biological Sciences 269, 2087-2093 (2002).

8. Panóptico

1. Bateson, M., D. Nettle e G. Roberts. Cues of being watched enhance cooperation in a real-world setting. *Biology Letters* 2, 412-414 (2006).
2. Ernest-Jones, M., D. Nettle e M. Bateson. Effects of eye images on everyday cooperative behavior: A field experiment. *Evolution and Human Behavior* 32, 172-178 (2011).
3. Bentham, J. *Writings on the Poor Laws*, org. M. Quinn. (Oxford: Oxford University Press, 2001), 277. Veja também Bentham, J., *The Panopticon Writings*, org. M. Bozovic (London: Verso, 1995).
4. Soetevent, A.R. Anonymity in giving in a natural context—a field experiment in 30 churches. *Journal of Public Economics* 89, 2301-2323 (2005).
5. Burnham, T.C. e B. Hare. Engineering human cooperation. *Human Nature* 18, 88-108 (2007); e Haley, K. e D. Fessler, Nobody's watching? Subtle cues affect generosity in an anonymous economic game. *Evolution and Human Behavior* 26, 245-256 (2005).
6. Oda, R., Y. Niwa, A. Honma, K. Hiraishi. An eye-like painting enhances the expectation of a good reputation. *Evolution and Human Behavior* 32, 166-171 (2011).
7. Rigdon, M., K. Ishii, M. Watabe e S. Kitayama. Minimal social cues in the dictator game. *Journal of Economic Psychology* 30, 358-367 (2009).

8. Fehr, E. e F. Schneider. Eyes are on us, but nobody cares: Are eye cues relevant for strong reciprocity? *Proceedings of the Royal Society of London*, Series B: Biological Sciences 277, 1315-1323 (2010).
9. Diener, E. e M. Wallbom. Effects of self-awareness on antinormative behavior. *Journal of Research in Personality* 10, 107-111 (1976); Diener, E., S.C. Fraser, A.L. Beaman e R.T. Kelem. Effects of deindividuation variables on stealing among Halloween trick-or-treaters. *Journal of Personality and Social Psychology* 33, 178-183 (1976).
10. Emery, N.J. The eyes have it: The neuroethology, function and evolution of social gaze. *Neuroscience & Behavioral Reviews* 24, 581-604 (2000).
11. Farroni, T., G. Csibra, F. Simion e M.H. Johnson. Eye contact detection in humans from birth. *Proceedings of the National Academy of Sciences of the United States of America* 99, 9602-9605 (2002).
12. Bayliss, A.P. e S.T. Tipper. Predictive gaze cues and personality judgments: Should eye trust you? *Psychological Science* 17, 514-520 (2006).
13. Tomasello, M., B. Hare, H. Lehmann e J. Call. Reliance on head versus eyes in the gaze following of great apes and human infants: The cooperative eye hypothesis. *Journal of Human Evolution* 52, 314-320 (2007).
14. Kobayashi, H. e S. Kohshima. Unique morphology of the human eye. *Nature* 387, 767-768 (1997).
15. Bering, J.M., K. McLeod e T. Shackelford. Reasoning about dead agents reveals possible adaptive trends. *Human Nature* 16, 360-381 (2005).
16. Shariff, A.F. e A. Norenzayan. God is watching you: Priming God concepts increases prosocial behavior in an anonymous economic game. *Psychological Science* 18, 803-809 (2007).
17. Pettazzoni, R. On the attributes of God. *Numen* 2, 1-27 (1955).
18. Atkinson, Q.D. e P. Bourrat. Beliefs about God, the afterlife and morality support the role of supernatural policing in human cooperation. *Evolution and Human Behvaior* 32, 41-49 (2011).
19. Blogowska, J. e V. Saroglou. Religious fundamentalism and limited prosociality as a function of the target. *Journal for the Scientific Study of Religion* 50, 44-60 (2011).

20. Johnson, D.D.P. God's punishment and public goods. *Human Nature* 16, 410-446 (2005).
21. Henrich, J. et al. Markets, religion, community size, and the evolution of fairness and punishment. *Science* 327, 1480-1484 (2010).
22. Johnson, D. e J. Bering. Hand of god, mind of man: Punishment and cognition in the evolution of cooperation. *Evolutionary Psychology* 4, 219-233 (2006).

9. Uma ferramenta e uma arma

1. Kniffin, K.M. e D.S. Wilson. Utilities of gossip across organizational levels. *Human Nature* 16, 278-292 (2005).
2. Landers, A. "Gossip's a Vicious Killer". *Spokane Daily Chronicle*, 5/abr/1976, no Google News Archive, http://bit.ly/cT5o4c.
3. Ellickson, R. *Order without Law: How Neighbors Settle Disputes* (Cambridge, MA: Harvard University Press, 1994).
4. Wilson, D. S., C. Wilczynski, A. Wells e L. Weiser. "Gossip and Other Aspects of Language as Group-Level Adaptations", *in* Heyes, C.M. e L. Huber, *The Evolution of Cognition* (Cambridge, MA: MIT Press, 2000), 347-365.
5. Kniffin, K.M. e D.S. Wilson. The effect of nonphysical traits on the perception of physical attractiveness: Three naturalistic studies. *Evolution and Human Behavior* 25, 88-101 (2004).
6. Dunbar, R., A. Marriott e N. Duncan. Human conversational behavior. *Human Nature* 8, 231-246 (1997).
7. Anderson, E., E.H. Siegel, E. Bliss-Moreau e L.F. Barrett. The visual impact of gossip. *Science*, doi:10.1126/science.1201574 (2011).
8. Hamlin, J. Kiley, K. Wynn e P. Bloom. Three-month-olds show a negativity bias in their social evaluations. *Developmental Science* 13, 923-020 (2010).
9. Riskey, D.R. e M.H. Birnbaum. Compensatory effects in moral judgment: Two rights don't make up for a wrong. *Journal of Experimental Psychology* 103, 171-173 (1974).
10. McAndrew, F., E.K. Bell e C.M. Garcia. Who do we tell and whom do we tell on? Gossip as a strategy for status enhancement. *Journal of Applied Social Psychology* 37, 1562-1577 (2007).

11. Hansen, L.K., Arvidsson, F.Å., Nielsen, E. Colleoni e M. Etter. Good friends, bad news—affect and virality in Twitter, 2011, em http://arxiv.org/abs/1101.0510.
12. Sommerfeld, R.D., H. Krambeck e M. Milinski. Multiple gossip statements and their effect on reputation and trustworthiness. *Proceedings of the Royal Society of London*, Series B: Biological Sciences 275, 2529-2536 (2008).
13. Sommerfeld, R.D., H. Krambeck, D. Semmann e M. Milinski. Gossip as an alternative for direct observation in games of indirect reciprocity. *Proceedings of the National Academy of Sciences* 104, 17435-17440 (2007).
14. Hess, N. e E. Hagen. Psychological adaptations for assessing gossip veracity. *Human Nature* 17, 337-354 (2006).
15. McAndrew, F.T. e M.A. Mienkovic. Of tabloids and family secrets: The evolutionary psychology of gossip. *Journal of Applied Social Psychology* 32, 1064-1082 (2002).
16. *OK! Magazine*. Celebrity Media Pack 2011, www.ok.co.uk/pdfs/Celebrityfactbook.pdf.
17. Hess, N.C. e E.H. Hagen. Informational warfare, http://citeseerx.ist.psu.edu/viewdoc/summary?doi=10.1.1.147.4070.
18. Hess, N. e E. Hagen. Sex differences in indirect aggression: Psychological evidence from young adults. *Evolution and Human Behavior* 27, 231-245 (2006).
19. Hess, N., C. Helfrecht, E. Hagen, A. Sell e B. Hewlett. Interpersonal aggression among Aka hunter-gatherers of the Central African Republic. *Human Nature* 21, 330-354 (2010).
20. Dunbar, Marriott e Duncan. Human conversational behavior.
21. Rodseth, L. et al. The human community as a primate society. *Current Anthropology* 32, 221-254 (1991).
22. Campbell, A. Staying alive: Evolution, culture, and women's intrasexual aggression. *Behavioral and Brain Sciences* 22, 203-252 (1999).
23. De Backer, C. *Like Belgian Chocolate for the Universal Mind: Interpersonal and Media Gossip from an Evolutionary Perspective*. Tese de PhD. Universidade de Ghent (Bélgica), 2005, http://www.ethesis.net/gossip/gossip_contence.htm.
24. Hyde, J.S. The gender similarities hypothesis. *American Psychologist* 60, 581-592 (2005).

10. Descontos futuros

1. Knoch, D., F. Schneider, D. Schunk, M. Hohmann e E. Fehr. Disrupting the prefrontal cortex diminishes the human ability to build a good reputation. *Proceedings of the National Academy of Sciences* 106, 20895-20899 (2009).
2. Lykken, D.T. *The Antisocial Personalities* (Hillsdale, NJ: Lawrence Erlbaum, 1995).
3. Colman, A.M. e J.C. Wilson. Antisocial personality disorder: An evolutionary game theory analysis. *Legal and Criminological Psychology* 2, 22-34 (1997).
4. Jonason, P.K. e J. Tost. I just cannot control myself: The Dark Triad and self-control. *Personality and Inidvidual Differences* 49, 611-615 (2010). Jonason, P.K. et al. The Dark Triad: Facilitating a short-term mating strategy in men. *European Journal of Personality* 23, 5-18 (2009).
5. Blair, R.J.R. e L. Cipolotti. Impaired social response reversal. *Brain* 123, 1122-1141 (2000); Mendez, M.F. et al. Acquired sociopathy and fronto-temporal dementia. *Dementia and Geriatric Cognitive Disorders* 20, 99-104 (2005).
6. Lykken. The Antisocial Personalities, 118.
7. Book, A.S. e V.L. Quinsey. Psychopats: Cheaters or warrior-hawks? *Personality and Individual Differences* 36, 33-45 (2004).
8. Mullins-Sweatt, S.N., N.G. Glover, K.J. Derefinko, J.D. Miller e T.A. Widiger. The search for the successful psychopath. *Journal of Research in Personality* 44, 554-558 (2010).
9. Mealey, L. The sociobiology of sociopathy: An integrated evolutionary model. *Behavioral and Brain Sciences* 18, 523-541 (1995).
10. Alencar, A., J. Deoliveirasiqueira e M. Yamamoto. Does group size matter? Cheating and cooperation in Brazilian school children. *Evolution and Human Behavior* 29, 42-48 (2008).
11. Putnam, R.D. *Bowling Alone: The Collapse and Revival of American Community* (Nova York: Simon & Schuster, 2001).
12. "Duck Island MP 'feels humiliated'", BBC News, 23/maio/2009, http://news.bbc.co.uk/1/hi/england/hampshire/8065083.stm.
13. "Talk to the Times: Andrew Ross Sorkin", *New York Times*, 19/out/2009, www.nytimes.com/2009/10/19/business/media/19askthe times.html.

14. Merry, S.E. "Rethinking Gossip and Scandal", in Klein, D. (org.) *Reputation: Studies in the Voluntary Elicitation of Good Conduct* (Ann Arbor: University of Michigan Press, 1997), 47-74.
15. Hutton, W. "I've Watched the Economy for 30 Years. Now I'm Truly Scared", *Observer*, 28/set/2008, www.guardian.co.uk/commentisfree/2008/sep/28/globaleconomy.creditcrunch.
16. Marx, K. "The Power of Money", www.marxists.org/archive/marx/works/1844/manuscripts/power.htm.
17. Wilkinson, R. e K. Pickett. *The Spirit Level: Why Equality Is Better for Everyone* (London: Penguin Group, 2010).
18. Yassukovich, S. "Whatever Happened to Shame?" *Spectator*, 12/mar/2005, 34-37.
19. Elleray, K. e M. Morley. "Big Brother's Watching You—and Your Rubbish". *Stockport Express*, 21/nov/2007, http://menmedia.co.uk/stockportexpress/news/s/1025209_big_brothers_watching_you_and_your_rubbish.

11. Panóptico 2.0

1. Resnick, P., R. Zeckhauser, J. Swanson e K. Lockwood. The value of reputation on eBay: A controlled experiment. *Experimental Economics* 9, 79-101 (2006).
2. Brown, J. e J. Morgan. Reputation in online auctions: The market for trust. *California Management Review* 49, 61-81 (2006).
3. Farmer, F.R. e B. Glass. *Building Web Reputation Systems* (Sebastopol: O'Reilly Media, Inc., 2010).
4. "Trying to Predict the Present: An Interview with Cory Doctorow", http://sites.duke.edu/writingthefuture/2010/04/26/trying-to-predict-the-future-an-interview-with-cory-doctorow/.
5. Martin, A. "As a Hiring Filter, Credit Checks Draw Questions". *New York Times*, 10/abr/2010, http://www.nytimes.com/2010/04/10/business/10credit.html.
6. Utz, S. "Egoboo" vs. altruism: The role of reputation in online consumer communities. *New Media & Society* 11, 357-374 (2009); Baytiyeh, H. e J. Pfaffman. Open source software: A community of altruists. *Computers in Human Behavior* 26, 1345-1354 (2010).
7. Manjoo, F. "Why Digg's MrBabyMan Is the King of All Social Media". *Slate*, 3/fev/2009, www.slate.com/id/2210365.

8. Hancock, J.T., J. Thom-Santelli e T. Ritchie. Deception and design: The impact of communication technology on lying behavior. *Proceedings of the SIGCHI Conference on Human Factors in Computing Systems* 129-134 (2004), doi:10.1145/985692.985709.
9. Strahilevitz, J.J. "How's my driving?" for everyone (and everything). *NYU Law Review* 81, 1699-1765 (2006).
10. Smith, R.S. "Onan the Vegetarian--a Raw-food Guru Turns 'Subway Perv'". *New York*, 2/abr/2006, www.nymag.com/news/features/16576/.
11. Solove, D.J. *The Future of Reputation: Gossip, Rumor, and Privacy on the Internet* (New Haven: Yale University Press, 2007).
12. Locke, J.L. "Looking for, Looking At: Social Control, Honest Signals and Intimate Experience in Human Evolution and History", *in* McGregor, P.K. (org.), *Animal Communication Networks* (Cambridge, UK: Cambridge University Press, 2005), 416-441.
13. Aguiton, C. et al. "Does Showing Off Help to Make Friends? Experimenting a Social Game on Self-Exhibition and Social Networks", Third International AAAI Conference on Weblogs and Social Media (2009), http://www.aaai.org/ocs/index.php/ICWSM/09/paper/viewPaper/178.
14. Walther, J.B., B. Van Der Heide, S. Kim, D. Westerman e S.T. Tong. The role of friends' appearance and behavior on evaluations of individuals on Facebook: Are we known by the company we keep? *Human Communication Research* 34, 28-49 (2008).
15. Trammell, K.D. e A. Keshelashvili, A. Examining the new influencers: A self-presentation study of A-list blogs. *Journalism and Mass Communication Quarterly* 82, 968-982 (2005).
16. Lampe, C.A.C., N. Ellison e C. Steinfield. A familiar face(book): Profile elements as signals in an online social network. *Proceedings of the SIGCHI Conference on Human Factors in Computing Systems* 435-444 (2007), doi:10.1145/1240624.1240695.
17. Adee, S. Keeping up e-ppearances. *New Scientist*, 19/fev/2011, 47-49.
18. Madden, M. e A. Smith. "Reputation Management and Social Media", http://www.pewinternet.org/Reports/2010/Reputation-Management.aspx.
19. Eaton, K. "If You're Applying for a Job, Censor Your Facebook Page", 19/ago/2009, http://www.fastcompany.com/blog/kit-eaton/technomix/if-youre-applying-for-a-job-censor-your-facebook-page.

20. Maushart, S. *The Winter of Our Disconnect: How Three Totally Wired Teenagers (and a Mother Who Sleeps with Her iPhone) Pulled the Plug on Their Technology and Lived to Tell/Text/Tweet the Tale* (Londres: Profile Books Limited, 2011).

12. Nós e eles

1. Tajfel, H., M.G. Billig, R.P. Bundy e C. Flament. Social categorization and intergroup behaviour. *European Journal of Social Psychology* 1, 149-178 (1971).
2. Yamagishi, T., J. Nobuhito e T. Kiyonari. Bounded generalized reciprocity: Ingroup boasting and ingroup favoritism. *Advances in Group Processes* 16, 161-197 (1999).
3. Yamagishi, T. e N. Mifune. Does shared group membership promote altruism? *Rationality and Society* 20, 5-30 (2008).
4. Semmann, D., H. Krambeck e M. Milinski. Reputation is valuable within and outside one's own social group. *Behavioral Ecology and Sociobiology* 57, 611-616 (2005).
5. Milfune, N., H. Hashimoto e T. Yamagishi. Altruism toward in-group members as a reputation mechanism. *Evolution and Human Behavior* 31, 109-117 (2010).
6. Shinada, M., T. Yamagishi e Y. Ohmura. False friends are worse than bitter enemies: "Altruistic" punishment of in-group members. *Evolution and Human Behavior* 25, 379-393 (2004).
7. Bernhard, H., U. Fischbacher e E. Fehr. Parochial altruism in humans. *Nature* 442, 912-915 (2006).
8. Smith, A. "Lecture on the Influence of Commerce on Manners", reproduzido em Klein, D.B. (org.), *Reputation: Studies in the Voluntary Elicitation of Good Conduct* (Ann Arbor: University of Michigan Press, 1997).
9. Schelling, T.C. *Arms and Influence* (New Haven: Yale University Press, 1966).
10. Sheehan, N. *The Pentagon Papers* (Nova York: Bantam, 1971).
11. Fletcher, M.A. "Bush Attacks Party of 'Cut and Run'". *Washington Post*, 29/set/2006, http://www.washingtonpost.com/wp-dyn/content/article/2006/09/28/AR2006092801844.html.
12. Mercer, J. *Reputation and International Politics* (Ithaca, NY: Cornell University Press, 2009).

13. Crescenzi, M.J., D. Kathman e S.B. Long. Reputation, history, and war. *Journal of Peace Research* 44, 651-667 (2007).
14. Ver, por exemplo, Kennan, G.F. "America and the Russian Future". *Foreign Affairs* 3, 351-370 (1951).
15. Tomz, M. *Reputation and International Cooperation: Sovereign Debts across Three Centuries* (Princeton, NJ: Princeton University Press, 2007).
16. Downs, G.W. e M.A. Jones. Reputation, compliance, and international law. *Journal of Legal Studies* 31, S95-S114 (2002).
17. Guzman, A.T. *Reputation and International Law*, UC Berkeley Public Law Research Paper no. 1112064 (2008), http://papers.ssm.com/sol3/papers.cfm?abstract_id=1112064.
18. Crescenzi, M.J.C., J.D. Kathman, K.B. Kleinberg e R.M. Wood. "Reliability, Reputation, and Alliance Formation", SSRN eLibrary (2009), http://papers.ssm.com/Sol3/papers.cfm?abstract_id=1450539.
19. Milinski, M., D. Semmann, H. Krambeck e J. Marotzke. Stabilizing the Earth's climate is not a losing game: Supporting evidence from public goods experiments. *Proceedings of the National Academy of Sciences* 103, 3994-3998 (2006).
20. Busby, J. "The Hardest Problem in the World: Leadership in the Climate Regime", *in* Brem, S. e K. W. Stiles, *Cooperating without America: Theories and Case Studies of Non-Hegemonic Regimes* (Londres: Routledge, 2009), 64-82.
21. Miller, G. *Spent: Sex, Evolution and Consumer Behavior* (Nova York: Penguin Group, USA, 2010). [No Brasil: *Darwin vai às compras. Sexo, evolução e consumo.* Rio de Janeiro: Best Business, 2012.]
22. Bakan, J. *The Corporation: The Pathological Pursuit of Profit and Power* (Nova York: Free Press, 2005).
23. Guzman, A.T. A compliance-based theory of international law. *California Law Review* 90, 1823-1887 (2002).
24. Thucydides (Tucídides). *The Peloponnesian War* (London: J.M. Dent, 1910). http://www.perseus.tufts.edu/hopper/text?doc=Perseus:text:1999.01.0200:book=5:chapter=89:section=1. [No Brasil: *História da Guerra do Peloponeso.* São Paulo: WMF Martins Fontes, 2013.]
25. Greenhill, K. e J. Busby. "Ain't That a Shame? Hypocrisy, Punishment, and Weak Actor Influence in International Politics". Artigo apresenta-

do na Convenção Anual da International Studies Association de 2011, www.allacademic.com/meta/p502454_index.html.
26. Keohane, R.O. *After Hegemony: Cooperation and Discord in the World Political Economy* (Princeton, NJ: Princeton University Press, 2005).
27. Buchan, N.R. et al. Globalization and human cooperation. *Proceedings of the National Academy of Sciences* 106, 4138-4142 (2009).

Este livro foi composto na tipologia Sabon
LT Std, em corpo 11/16, e impresso em
papel off-white no Sistema Cameron da
Divisão Gráfica da Distribuidora Record.